CORRUPÇÃO URBANÍSTICA
Da Ausência de Diferenciação entre Direito e Política no Brasil

VANÊSCA BUZELATO PRESTES

CORRUPÇÃO URBANÍSTICA
Da Ausência de Diferenciação entre Direito e Política no Brasil

1ª reimpressão

Belo Horizonte

FÓRUM
CONHECIMENTO JURÍDICO

2019

© 2018 Editora Fórum Ltda.
2019 1ª reimpressão

É proibida a reprodução total ou parcial desta obra, por qualquer meio eletrônico,
inclusive por processos xerográficos, sem autorização expressa do Editor.

Conselho Editorial

Adilson Abreu Dallari
Alécia Paolucci Nogueira Bicalho
Alexandre Coutinho Pagliarini
André Ramos Tavares
Carlos Ayres Britto
Carlos Mário da Silva Velloso
Cármen Lúcia Antunes Rocha
Cesar Augusto Guimarães Pereira
Clovis Beznos
Cristiana Fortini
Dinorá Adelaide Musetti Grotti
Diogo de Figueiredo Moreira Neto (*in memoriam*)
Egon Bockmann Moreira
Emerson Gabardo
Fabrício Motta
Fernando Rossi
Flávio Henrique Unes Pereira

Floriano de Azevedo Marques Neto
Gustavo Justino de Oliveira
Inês Virgínia Prado Soares
Jorge Ulisses Jacoby Fernandes
Juarez Freitas
Luciano Ferraz
Lúcio Delfino
Marcia Carla Pereira Ribeiro
Márcio Cammarosano
Marcos Ehrhardt Jr.
Maria Sylvia Zanella Di Pietro
Ney José de Freitas
Oswaldo Othon de Pontes Saraiva Filho
Paulo Modesto
Romeu Felipe Bacellar Filho
Sérgio Guerra
Walber de Moura Agra

FÓRUM
CONHECIMENTO JURÍDICO

Luís Cláudio Rodrigues Ferreira
Presidente e Editor

Coordenação editorial: Leonardo Eustáquio Siqueira Araújo

Av. Afonso Pena, 2770 – 15º andar – Savassi – CEP 30130-012
Belo Horizonte – Minas Gerais – Tel.: (31) 2121.4900 / 2121.4949
www.editoraforum.com.br – editoraforum@editoraforum.com.br

Técnica. Empenho. Zelo. Estes foram alguns dos cuidados aplicados na edição desta obra. No entanto, podem ocorrer erros de impressão, digitação ou mesmo restar alguma dúvida conceitual. Caso se constate algo assim, solicitamos a gentileza de nos comunicar através do e-mail <editorial@editoraforum.com.br> para que possamos esclarecer, no que couber. A sua contribuição é muito importante para mantermos a excelência editorial.
A Editora Fórum agradece a sua contribuição.

P936c Prestes, Vanêsca Buzelato

Corrupção urbanística: da ausência de diferenciação entre direito e política no Brasil/ Vanêsca Buzelato Prestes. 1ª reimpressão. – Belo Horizonte : Fórum, 2018.

279 p.
ISBN: 978-85-450-0396-0

1. Direito Público. 2. Direito Municipal. 3. Direito Administrativo. 4. Direito Urbanístico. I. Título.

CDD 341
CDU 347

Informação bibliográfica deste livro, conforme a NBR 6023:2002 da Associação Brasileira de Normas Técnicas (ABNT):

PRESTES, Vanêsca Buzelato. Corrupção urbanística: da ausência de diferenciação entre direito e política no Brasil. 1ª reimpr. Belo Horizonte: Fórum, 2018. 279 p. ISBN 978-85-450-0396-0.

Aos meus filhos Thomas, Nathália e
Arthur, frutos do melhor de mim e que já
são seres humanos melhores que eu...

Ao Luis Fettermann Bosak, por entender o meu
jeito de ser, participar ativamente das "invenções"
da minha vida e ser meu companheiro em todos
os sentidos que um casamento possibilita.

Dedico este livro aos que apostam em estudar
e aprofundar temas como uma necessidade do nosso
tempo, cuja principal característica tem sido formar
opinião com resenhas de internet e notícias de
Facebook. Produzir diferenciações é nossa tarefa.

AGRADECIMENTOS

Ao Professor Raffaele De Giorgi por todo o ensinamento e acolhida em Lecce, Itália, pela enorme generosidade, por instigar as mudanças a partir do conhecimento teórico que produz as diferenciações necessárias à compreensão do mundo; não estudei somente Luhmann, a partir de Luhmann e De Giorgi compreendi a mim mesma.

Aos colegas da Procuradoria-Geral do Município, em especial Cristiane Nery, Andrea Vizzoto, Ana Luisa Soares de Carvalho, Roberto Rocha, Paulo Rama, Agueda Paim e Luciano Varela, ativos parceiros da atuação da PGM, que foi o embrião que impulsionou a necessidade de estudar este tema; à colega e amiga Maren Taborda e ao amigo Ney Bello pelo "empurrão" fundamental para estudar em Lecce.

SUMÁRIO

INTRODUÇÃO 13

CAPÍTULO 1
DAS ESPECIFICAÇÕES DA CORRUPÇÃO 23

1.1 Descrições históricas da corrupção 26

1.1.1 Descrição histórica da corrupção no Brasil 38

1.2 Estudos sobre corrupção: dos americanos dos anos 1970
aos contemporâneos 61

1.3 Critérios para identificar a corrupção: interesse público, da
opinião pública em geral 63

1.3.1 Os diversos discursos da corrupção – concepção moralista
da corrupção 66

1.3.2 Concepção da corrupção como elemento do
desenvolvimento econômico 68

1.3.3 Corrupção científica 71

1.3.4 Corrupção religiosa 72

1.4 Corrupção política e parlamentar 72

1.4.1 Corrupção política 72

1.4.1.1 Das espécies de corrupção: difusa, de mau governo,
ambiciosa e sistêmica 76

1.4.1.2 Da corrupção no setor urbanístico 78

1.4.2 Corrupção parlamentar 79

CAPÍTULO 2
MARCOS IMPORTANTES E TRATADOS
INTERNACIONAIS DE CONTROLE DA CORRUPÇÃO 83

2.1 A racionalidade dos controles da corrupção: diferenciar
para enxergar 83

2.1.1 Da racionalidade dos controles da corrupção 83

2.1.2 Democracia e corrupção 90

2.1.3 Administração pública e corrupção: observações na Itália ... 94

2.2	Marcos importantes do combate à corrupção	97
2.2.1	Itália	101
2.3	Tratados internacionais, marcos legislativos e controle da corrupção no século XXI – Tratamento e prevenção da corrupção na Europa atual – evolução legislativa	104
2.4	Marcos legislativos do tratamento da corrupção no Brasil – Adesão e internalização dos tratados internacionais de combate à corrupção – Evolução legislativa de 2000 a 2013	107

CAPÍTULO 3
A CORRUPÇÃO DOS SISTEMAS E A EXTENSÃO DA CORRUPÇÃO ... 113

3.1	Evolução do pensamento filosófico. Sistemas, códigos e modernidade: Resgatando estruturas e conceitos que não se podem esquecer	113
3.2	Sistema e meio na Teoria dos Sistemas	116
3.3	Sistemas Conforme Parsons – O Agil	119
3.3.1	A questão da democracia para Parsons	122
3.3.2	Sistema para Parsons conforme Luhmann	123
3.4	A Teoria dos Sistemas para Luhmann e De Giorgi	128
3.4.1	Comunicação	132
3.4.2	Complexidade	133
3.5	A corrosão dos códigos destes sistemas: conceito, extensão e efeitos – reflexos no tema da corrupção	139
3.6	Controles voltados aos homens ou aos sistemas? A corrupção é dos homens ou dos sistemas?	141

CAPÍTULO 4
CIDADES E CORRUPÇÃO URBANÍSTICA ... 145

4.1	O processo de formação das cidades: o que significa urbanismo	145
4.2	A corrupção corrompe a cidade: o ilícito se transforma em lícito	159
4.3	Ilícito que se transforma em lícito	160
4.4	Corrosão do sistema urbanístico	164
4.5	O valor dos "valores imateriais" nas cidades: Aquilo que nem sempre se vê. A valorização da imaterialidade da cidade e alguns instrumentos urbanísticos	166

4.6	Compreendendo a extensão do solo criado, das operações concertadas, das contrapartidas, da alteração de uso de solo e das parcerias público-privadas nas cidades – enxergando o valor econômico e as decorrências jurídicas que não se vê: um diálogo com o sistema das cidades	169
4.6.1	Solo criado (Outorga onerosa do direito de construir e transferência do direito de construir – Instrumentos previstos no Estatuto da Cidade)	169
4.6.2	Operações urbanas concertadas	173
4.6.3	Contrapartidas	176
4.6.4	Alteração de uso previsto no Plano Diretor	178
4.6.5	Parcerias Público-Privadas – PPPs	180

CAPÍTULO 5
CORRUPÇÃO URBANÍSTICA – DESCRIÇÕES RELEVANTES ... 183

5.1	Corrupção urbanística: Descrições relevantes	183
5.2	O Relatório de Bruxelas das Nações Unidas	191
5.3	As experiências de Portugal, Itália e Espanha a partir dos anos 1990	192
5.3.1	A identificação da corrupção urbanística em Portugal e o crime urbanístico da Lei Portuguesa	192
5.3.2	Corrupção urbanística na Espanha	196
5.3.3	Corrupção na gestão do território na Itália	201
5.4	Registros encontrados do Brasil	205
5.4.1	Projeto Nova Luz/Caso Santa Ifigênia – Concessão urbanística em São Paulo	205
5.4.2	O Caso Deutsche Bank – Lavagem de dinheiro oriundo da construção da Avenida Água Espraiada e obra do Túnel Ayrton Sena	212
5.4.3	A inspeção procedida na SMOV/SMURB em Porto Alegre em 2012	214
5.4.3.1	DMs – Declarações Municipais de Uso do Solo	216
5.4.3.2	Protocolo Setorial	217
5.4.3.3	Recompra – Conversão de área pública de loteamentos em moeda	218
5.4.3.4	Aprovação e Licenciamento de Projetos: SALP e Vistoria	219
5.4.3.5	Comissões	220
5.4.3.6	Ações e programas descontinuados	221

5.4.3.7	Serviços de conservação permanente de vias públicas	222
5.4.3.8	Índices Construtivos	222
5.4.3.9	Termos de Compromisso	222
5.4.3.10	Atuação Conjunta com o Ministério Público Estadual	223
5.5	Fatores que favorecem a corrupção urbanística	227
5.5.1	A desregulamentação: o caso das contratações urbanísticas	227
5.5.2	A discricionariedade	229
5.5.3	Lentidão do processo administrativo	229
5.5.4	Falta de estruturas compatíveis com a necessidade de gestão	229
5.5.5	Quantidade de normas a serem atendidas	230

CAPÍTULO 6
AS POSSIBILIDADES ABERTAS FRENTE À IDENTIFICAÇÃO DA CORRUPÇÃO URBANÍSTICA 233

6.1	O Ordenamento Urbanístico como matéria de Estado e não de Governo	233
6.1.1	Da necessidade de servidores estáveis com continuidade	237
6.2	Procedimentos como limites à intervenção política impessoal no urbanismo	239
6.3	Desenvolvimento de controle das estruturas	244
6.3.1	Dos códigos de ética	246
6.3.2	Atualização do estatuto dos servidores públicos	249
6.3.3	Do *compliance* – programas de integridade	251
6.4	Publicidade dos instrumentos e das possibilidades de aprovação existentes, assim como das concertações realizadas e uso de tecnologias no processo de aprovação urbanística	255
6.5	Função das Procuradorias Jurídicas	256
6.6	As inspeções coordenadas pela PGM de Porto Alegre nos anos de 2012 a 2016	259
6.7	Previsão legislativa no Brasil incidente à corrupção urbanística	260

CONCLUSÃO 263

REFERÊNCIAS 271

INTRODUÇÃO

A pesquisa realizada se ocupa do tema da Corrupção e, especificamente, da Corrupção Urbanística, como elemento integrante do tema das Cidades.

Analisarei os sentidos da corrupção, as teorias desenvolvidas em torno da corrupção e utilizarei a história e o tratamento atual do assunto para descrever e identificar as diferenciações que foram já estabelecidas, bem como refletir sobre as distinções operadas. O objetivo de realizar estas descrições é observar como, ao longo do tempo, direito e política se comportaram, bem como identificar a função exercida pelo direito. A função do direito a que me refiro é a de estabilização de se ter uma expectativa de normativa de comportamento. As descrições apontam o modo pelo qual isso ocorreu.

Mas, o que significa corrupção? O que quer dizer corrupção? O que é o sentido corrupção? É o mesmo em todos os tempos históricos? E para o Direito, o que vem a ser corrupção?

As teorias lineares da sociedade, conhecidas como tradicionais, enxergam o tema a partir da relação sujeito/objeto. O mundo do conhecimento, para essas teorias, tem a verdade e a certeza como sinônimos. Todavia, no momento em que não foi mais possível sustentar respostas usando a busca da essência, do princípio, da origem, do fundamento, ou seja, a partir do reconhecimento da complexidade, esse modelo entra em crise. E aí se inicia a tradição filosófica que perseguem Luhmann e De Giorgi,[1] refutando o discurso de que é possível conhecer a verdade, a ideia de que o objeto está fora de nós e se pode conhecer o todo.

Nessas teorias, a exemplo da Kantiana, há um caráter dedutível, um complexo de derivação no raciocínio. Por conseguinte, derivam-se conceitos autoevidentes, sendo corrupção um desses.

Refutando as teorias lineares, a fim de procurar responder às perguntas acima arroladas, a pesquisa realizada adota a teoria dos sistemas, expressa na teoria da sociedade de Luhmann e De Giorgi, sendo este o marco teórico da investigação.

---

[1] LUHMANN, Niklas; DE GIORGI, Raffaele. *Teoria della Società*. Milano: Franco Angeli, 2003, 11. edizione (1. edizione, 1991).

A teoria dos sistemas é uma construção das possibilidades de observar a sociedade. Não busca uma "verdade única". Para a teoria dos sistemas o mundo se caracteriza pela contingência. O conhecimento não é um desvelar, uma descoberta, ou a busca de uma verdade que é pré-existente, na forma que apresentam as teorias tradicionais. Conhecimento é uma construção de significados, com base nas distinções operadas. Por isso, a verdade não é algo pré-existente que aparece, mas decorre de um processo de construção que tem validade no âmbito examinado.

Segundo essa teoria, todas as observações da sociedade são também sociedade, pois considera a si mesma como parte do seu objeto e, tratando a si mesma como parte do seu objeto, se transforma junto com o objeto. Apresenta-se como uma teoria universal, não no sentido de que nunca possa ser substituída, mas universal no sentido de que pretende observar tudo o que é social.

Para a teoria dos sistemas sua tarefa não é construir possibilidades melhores de futuro, expectativas de condições mais iguais, mais justas. Ou no âmbito do direito, expectativas de construir um direito melhor possível do que temos, a expectativa de uma crítica do poder, uma crítica da verdade. A função da teoria é descrever, por meio de observações, como tudo isso se produz. Dito de outro modo, descrever como se produz, descrever como se estrutura o poder, descrever como opera o poder seletivo universal da política, descrever como opera o direito e todos os universos da sociedade.

Por isso, ao adotarmos o referencial teórico da teoria dos sistemas no âmbito deste trabalho, assumimos a tarefa de descrever a corrupção e os vários sentidos que ela apresenta. Uma tarefa que se realiza para trás, para o passado, pois não se descreve o futuro, aquilo que ainda não ocorreu. O futuro é construção que se opera no presente.

Ponto central da teoria dos sistemas são as diferenças. Para afirmar uma identidade faz-se necessário estabelecer a diferença de outras identidades. No âmbito do sistema jurídico é relevantíssimo. Isso porque, no mundo antigo não havia diferença entre direito, ética, ciência e teologia. Todos eram parte de uma mesma raiz e de um mesmo modo de decidir.

No mundo moderno direito, ciência, religião e política são subsistemas com seus códigos próprios e funções específicas. E, a fusão ou contaminação desses subsistemas, tornam-se uma ameaça destrutiva a cada um destes. A permissão jurídica para o aborto, por exemplo, que muitos países adotam, para a moral da Igreja católica é um mal. No mundo antigo, a mulher quando era comparada ao diabo devia apanhar ou ser queimada, para se purificar e assim o era; a ciência no nazismo buscava a purificação da raça e trabalhava para isso, sendo que, desse modo, realizava a justiça daquele período. As diversas descrições demonstram como a fusão desses temas ocorreu ao longo dos tempos.

Nesse sentido, importante ter claro as conquistas da modernidade, dentre as quais está o direito universal, no sentido de válido para todos. O direito se organiza e constitui num âmbito no qual as condições de operatividade dependem do próprio direito, sendo esta uma das conquistas da modernidade. O direito é uma técnica de qualificação de sentido e esse sentido é normativo. O que está ao redor dessa qualificação não tem relação com o direito. Assim como a ciência não trabalha mais com verdades, mas com verificação da falsidade das velhas realidades e assim produz nova ciência, no direito temos um sistema que se modifica a partir dele mesmo.

O direito positivo moderno e constitucionalizado existe porque é produzido por ele mesmo. Tem no seu interno a igualdade, a justiça, mas não tem a tarefa específica de realizá-las. O direito que realiza a justiça nele mesmo é o dos regimes totalitários, nazistas, religiosos, socialistas. Por isso, o "dever ser" não pode ter uma referência externa, seja ela moral, religiosa ou política. A fusão destes subsistemas (religião, moral, política) torna-se uma ameaça destrutiva ao direito, porque destrói o potencial do direito em realizar o direito. É diverso de todo direito ter sua justiça. O direito nazista tinha sua justiça que buscava a eliminação das raças inferiores. O estado liberal tem a sua justiça preconizada pela liberdade de iniciativa, exercício de propriedade privada e a sua justiça se realiza com exclusão social.

O pensamento moderno europeu desenvolveu, e o conceito foi adotado no processo de colonização da América e África, ideias de organização da sociedade por meio de uma organização política das decisões que se chama Estado. O Estado é uma organização que funciona com base no direito e o direito é uma organização de autolimitação do poder e da força. Essas ideias tiveram seu ápice no Iluminismo, com a ideia da razão universal, no sentido que permitia a todos ascender a ela, sendo possível democratizar a política (não a participação de todos, mas fazer possível tomar decisões por aqueles que podiam tomá-las), eliminando o privilégio da construção jurídica e, com isso, foi possível permitir a todos o acesso ao conhecimento. A ideia de igualdade e liberdade para todos. Contudo, os conceitos iluministas que tinham explicações racionais para todos os fenômenos tornaram-se velhos. Também não podemos mais explicar a sociedade a partir de Deus ou do Poder supremo dos reis, retornando ao medievo, por isso precisamos fazer uma "construção iluminista"[2] do presente. Vivemos em um presente que não tem explicações capazes de descrever o que acontece, por isso, para Luhmann e De Giorgi,[3] a capacidade explicativa dessas teorias lineares terminou. Fazem-se necessárias novas descrições, a partir de novas observações e é isso a que a teoria dos sistemas se propõe, a partir da descrição da sociedade como um sistema diferenciado. As diferenciações possibilitam o conhecimento das alternativas possíveis, a partir de distinções.

Se pensarmos em aquecimento global, democracia, crise financeira, estado islâmico, corrupção percebemos uma falta de conceitos capazes de explicar o que acontece. As descrições existentes não dão conta de explicar o que ocorre. Nessa falta de explicações, chega-se ao que os teóricos que discorrem sobre a sociedade a partir das teorias tradicionais chamam de crise, de promessas não cumpridas da democracia. Assim, temos a crise da democracia, a crise gerada pela corrupção, a crise gerada pelo aquecimento global, a crise nas relações humanas, a crise da sociedade e conseguintes.

A teoria dos sistemas, construindo distinções, dá-nos a possibilidade de ver o que através das velhas teorias não podemos enxergar. É uma tentativa de ver de outra maneira, o que agora vemos com olhos ao passado e não ao futuro.

Essa teoria tem na compreensão da circularidade um dos seus pontos centrais. Circularidade significa que não há uma relação sujeito/objeto, mas uma teoria que se autoimplica. As teorias tradicionais foram construídas de forma linear: sujeito – objeto / causa – consequência / observador – objeto que está fora do observador. Tinham distinções tais como em cima – embaixo, causa-efeito, sujeito-objeto. A ideia de circularidade tinha uma conotação negativa. As construções circulares eram chamadas de ideologia (estas construções circulares consideravam o objeto como parte de seu objeto) e, por consequência, imaginava-se que a grande expansão de possibilidades da sociedade moderna era consequência de uma cadeia de ações e de representações do futuro que tinham o sujeito como um ser superior que constrói possibilidades.

Todavia, o tema circularidade transformou-se em uma das questões mais relevantes da epistemologia moderna. Na construção moderna da epistemologia (Kant), o conhecimento é que coloca ordem no universo: de um lado está o sujeito e do outro o objeto, que

---

[2] LUHMANN, Niklas. *Illuminismo Sociologico*. Introduzione di Danilo Zolo. A cura di Reinhard Schmidt. Milano: Il Saggiatore, 1983.

[3] LUHMANN; DE GIORGI, *op. cit.*, 2003.

precisa ser conhecido. Conhecimento é o resultado de um processo de reunificação entre o sujeito e o objeto, entre o que se está conhecendo e o que já é conhecido. Desenvolveram-se, especialmente a partir do século XVI, muitas metodologias para chegar ao conhecimento. Esse conhecimento tinha que ser verdadeiro, universal, objetivo, igual, e assim se estabeleceu a centralidade.

Uma interrupção dessa longa tradição foi feita por Hegel, o primeiro filósofo que construiu uma teoria sobre a circularidade. Todavia, essa teoria mantinha a ideia de um centro, de um sujeito.

Para a teoria dos sistemas, circularidade significa voltar a ela mesma, porém essa volta já se dá de outro modo, não sendo estanque, pois o objeto pensado faz parte, integra o objeto estudado. E há uma evolução decorrente da circularidade, aliás, é ela que possibilita a evolução, pois há um movimento contínuo que produz sociedade.

Para o direito, circularidade vem a significar que o direito se refere só a ele mesmo. O direito existe não porque é justo, porque realiza um fim, valores ou corresponda a valores ou à sociedade. O direito positivo moderno e constitucionalizado existe, porque é produzido por ele mesmo. Tem no seu interno a igualdade, a justiça, mas não os realiza. Antes da modernidade, escravos, deficientes, mulheres, crianças não eram sociedade. A distinção operada nesse período era entre sujeito e objeto e o sujeito era o titular de direito. Eram sujeitos os chefes de família e os proprietários (para Kant, os senhores de si), sendo que os que não eram sociedade não tinham a qualificação de sujeito, e, por conseguinte, de titulares de direito. Uma das conquistas da modernidade foi o reconhecimento de outras diferenciações e o direito produzido pelo próprio direito faz tais distinções. Nesse sentido, importa frisar que o direito deriva da forma como é produzido e da exclusividade, sendo que as qualificações jurídicas – lícito e ilícito – constroem realidade. Constituições democráticas, produzidas a partir de procedimentos, reconhecem direitos que construíram o direito hoje existente. Por isso, não se aplica o direito à realidade, mas o direito constrói o que usa como realidade e a realidade do direito de hoje é diferente daquela descrita no passado.

Tratando da corrupção, importante salientar que é definida juridicamente de um determinado modo, porque foi observada e diferenciada e, a cada mudança no sentido do conceito, corrupção representa o resultado de novas observações. Veja-se que as distinções não são ingênuas ou inócuas. São carregadas de semântica e de história. A teoria da escravidão, por exemplo, foi construída a partir de distinções: negros e não negros, índios e não índios, escravos e colonizadores. As diferenças biológicas identificadas como naturais assim justificavam o apontamento como incapazes ou a morte, no caso do mundo antigo que matava aqueles que nasciam com deformidades. À diferenciação das mulheres, até pouco tempo consideradas incapazes, ou necessitavam de uxória do marido ou do pai para atos da vida civil. As distinções são carregadas de história e são efetuadas de acordo com as observações realizadas.

A partir desse marco teórico será examinado o tema da corrupção, analisando as descrições já produzidas.

Adota-se a teoria da sociedade (Luhmann e De Giorgi) para pensar toda essa complexidade – complexidade entende-se como um universo de possibilidades –, que se apresentam a partir das diferenciações operadas.

As respostas às perguntas formuladas dão conta do que vemos. A partir do momento que enxergamos o problema de outro modo, é por que o observamos de modo diverso. E nisso estão as distinções. As distinções representarão os mecanismos de redução de complexidade do tema a ser abordado. Dito de outro modo, examinaremos a "crise" da corrupção, apontada como crise da democracia por ser uma das promessas não realizadas pela democracia (Bobbio),[4] operando com diferenças e, desse modo reduzindo a complexidade e debatendo as alternativas apresentadas. Será mesmo uma crise ou decorre do próprio sistema? A "crise" é do sistema ou dos homens? O que pode fazer o direito como mecanismo de estabilização do sistema que é para auxiliar na redução da complexidade que o tema corrupção apresenta? E, as várias qualificações da corrupção têm algum sentido? Existe uma corrupção urbanística? Como ela opera? Identificada a corrupção urbanística a partir das diferenciações, quais as possibilidades que se apresentam?

Essa é a construção da abordagem do tema. Construção significa compreender que o sentido que temos hoje para corrupção poderia ter sido diverso do que é, e isso se chama evolução.

A sociedade é um sistema complexo e tem dentro de si vários subsistemas que desenvolvem alguma função. A função do direito é de estabilização das expectativas normativas de comportamento. A função da política é possibilitar decisões vinculantes.

De Giorgi assinala que é importante ter claro o seguinte: as certezas com as quais ainda pensamos foram despedaçadas já no séc. XVIII.

---

[4] BOBBIO, Norberto. *O Futuro da Democracia: uma defesa das regras do jogo*. Rio de Janeiro: Paz e Terra, 1986.

As certezas não têm mais consistência. Ninguém mais crê numa razão única e universal. Qual razão é mais racional? A dos meninos ou a dos pais; a dos trabalhadores ou a dos capitalistas, a dos heterossexuais ou a dos homossexuais, do budismo ou do cristianismo, etc. Essas distinções não fazem mais sentido. E o que podemos fazer? Podemos pensar de maneira diferente. E nisso está a complexidade, no enxergar a série de opções, alternativas a partir de novas observações.

Em suma, explica De Giorgi, complexidade quer dizer que: se o elemento A pode se conectar com o elemento B tem-se uma linearidade, que não apresenta problemas. Os problemas surgem quando A pode se conectar com B, C, D, E, e outros tantos. Nesse momento ocorrem as escolhas realizadas a partir do que a teoria denomina operações. E as escolhas se dão a partir do fato em si e retornam a ele, estando aí a circularidade.[5]

No direito moderno, a origem do direito é o próprio direito, ou seja, o direito é produzido pelo direito. O direito se refere só a ele mesmo e nisso está a circularidade. O direito não existe porque é justo, porque realiza um fim, porque representa valores externos ou porque corresponda a fins ou à sociedade. O direito positivo moderno e constitucionalizado existe porque é produzido por ele mesmo. Tem no seu interno a igualdade, a justiça, mas não os realiza. O direito não deriva de fatos externos a ele, mas da forma que é produzido, aliado à exclusividade em que opera. O direito positivo moderno se legitima nele mesmo. As qualificações jurídicas produzem realidade, constroem o que usa como realidade; não se aplica à realidade, mas constrói o que usa como realidade.

Esses conceitos são basilares para compreensão do exame realizado nesta pesquisa.

Ao tratarmos da corrupção, e da corrupção jurídica, tem-se que esta, na sociedade moderna que é funcionalmente diferenciada, e na qual o direito tem uma função de estabilização e que se autoimplica, ou seja, evolui a partir dele mesmo, dos mecanismos de ativação internos a ele, não se espera decisões justas ou interpretações que procurem o espírito das leis. Na modernidade, tendo o direito essa função de estabilização, a linha de demarcação entre o que é corrupção e o que não é corrupção é definida pelo próprio direito. As diferenças fixadas no sistema jurídico determinam o que é e o que não é corrupção.

O primeiro caráter da normatividade é a exclusividade em respeitos a todos os outros sentidos e, desse modo, constitui a realidade

---

[5] Conteúdo de aulas e seminários com o Professor De Giorgi ao longo do doutorado.

jurídica. Para Kelsen, o que ativa o direito é a violação deste na medida em que o direito foi ameaçado, e isso se constitui em um paradoxo. O direito é uma técnica de qualificação e esse sentido é normativo e exclusivo. Não tem direito fora do direito, o que está ao redor deste não tem relação com o direito. A norma é válida porque existe e existe porque foi produzida conforme as outras normas existentes.

No que diz respeito à corrupção urbanística, a pesquisa observa/descreve o que ocorre nesse âmbito e procura produzir diferenciações. Para tanto, faz descrições, visando a observar de outra forma. Há uma distinção entre direito e política no urbanismo brasileiro? Como opera o acoplamento estrutural entre direito e política no Brasil em matéria de urbanismo? Como se dá a diferenciação entre esses sistemas? Onde estão às resistências a esse processo de diferenciação e quais as dificuldades apresentadas? Até que ponto as leis exercem a função de estabilização e até que ponto a política influi com as suas decisões vinculantes?

As distinções realizadas mediante observações é que permitirão enxergar, de um lado o que é e integra e, de outro, o que não faz parte da qualificação jurídica corrupção urbanística, bem como o porquê de ainda não ser tratada desse modo no Brasil.

De outra parte, a pesquisa pretende discutir as possibilidades abertas para enxergar e tratar o tema da corrupção urbanística, a partir de novas diferenciações operadas.

Para apresentar o percurso da pesquisa efetuada, dividimos o trabalho em seis capítulos.

O primeiro trata das especificações da corrupção, dos sentidos atribuídos a ela, das principais escolas teóricas desenvolvidas em torno do tema, bem como discorre sobre o conteúdo jurídico da corrupção, a fim de sublinhar as diferenças com os demais sentidos da corrupção.

No segundo capítulo, analisamos a evolução do sistema jurídico no tema da corrupção, apresentamos os principais marcos internacionais de combate à corrupção, bem como a legislação existente no Brasil. Visa este capítulo a debater as diferenciações produzidas a partir do enxergar a corrupção.

O terceiro capítulo discorre sobre a corrupção dos sistemas e sua extensão. Debate a evolução da teoria dos sistemas e traz a teoria da sociedade como aporte teórico para compreender a função do direito e do sistema jurídico na prevenção e combate à corrupção, de um lado, e, de outro, a mistura entre o sistema do direito e da política no âmbito do urbanismo, um dos motivos que geram um não enxergar da corrupção. De outra parte, discute a corrosão dos sistemas no momento em que há uma mistura destes, sobretudo, a ameaça do retorno ao sistema da moral, em detrimento do sistema jurídico que tem a função de proteger a sociedade dela mesma.

O quarto capítulo descreve o tema das cidades e discute assuntos que se correlacionam com a corrupção urbanística. Discorre sobre o processo de evolução das cidades, aponta os modos pelos quais a corrupção corrompe a cidade, indicando os modos pelos quais a planificação, as aprovações impessoais, as alterações legislativas pontuais e os "buracos negros" que somente alguns técnicos conhecem exercem esta função. Debate, também, a corrosão do sistema urbanístico como elemento deste contexto, além de descrever como o não enxergar da corrupção, por não ter operado as diferenciações necessárias e a separação do direito e da política no urbanismo brasileiro de modo suficiente, se realiza.

O quinto relata a experiência da Espanha, Itália e Portugal, bem como debate os motivos pelos quais o processo de diferenciação ainda não foi produzido de modo satisfatório no Brasil.

No sexto capítulo, dialoga com as possibilidades abertas frente à identificação da corrupção urbanística. Que mecanismos podem ser utilizados para estabilização deste sistema? Como os procedimentos auxiliam na transparência e impessoalidade das decisões? E a tecnologia, é possível ter um papel de destaque no processo de aprovação das licenças urbanísticas como meio de prevenção da corrupção? Controle das áreas vulneráveis à corrupção na administração pública, códigos de conduta, controle popular também são elementos trazidos neste capítulo.

A reflexão sobre esses aspectos e a partir das bases teóricas acima citadas representa o conteúdo que nos propusemos estudar e a tarefa que nos impusemos desenvolver. Uma tarefa que tem início, porém não tem fim, pois o processo de evolução não se encerra, desenvolve-se com a sociedade produzindo sociedade de modo incessante e permanente, movimento este que não podemos cessar, mas compreender a partir das diferenciações produzidas.

CAPÍTULO 1

DAS ESPECIFICAÇÕES DA CORRUPÇÃO

As alusões à corrupção, regras punindo práticas corruptivas ou descrições de fatos e situações que as denotam, acompanham a par e passo as descrições históricas conhecidas pela humanidade, tanto para os antigos quanto para os modernos.

Franco Cazzola[6] citando Belligni,[7] aponta que a noção de corrupção tem muitas variáveis, mas sempre se referem a comportamento ilícito. Esse ilícito não é necessariamente contrário à lei, mas às diretrizes da matriz teórica adotada. Assim, temos a corrupção religiosa, científica, moral, política, jurídica.

Favero[8] destaca que um dos principais pontos com que os estudiosos se defrontam na análise do fenômeno da corrupção é representado pela dificuldade de identificar uma definição que possa ser amplamente compartilhada, bem como representar um conceito comum de referência. Ressalta que essa questão não é meramente formal ou terminológica, mas envolve uma série de consequências relevantes para o fim de estabelecer eficazes pontos de convergência a nível internacional, visando a uma estratégia comum e compreensiva de prevenção, com definições dos âmbitos de aplicação e competências dos diversos instrumentos normativos e autoridades envolvidas. Prossegue o autor dizendo que não existe uma definição única de corrupção, completa e

---

[6] CAZZOLLA, Franco. *Della Corruzzione: fisiologia e patologia di un sistema politico.* Bologna: Il Mulino, 1988, p. 11.

[7] BELLIGNI, Silvano. Corruzione e Scienza Politica: una riflessione agli inizi. In: *Teoria Politica.* III, 1987, n. 1, p. 65.

[8] FAVERO, Valentina. Il Fenomeno della corruzione: profili di diritto nazionale, internazionale e sovranazionale. In: *Analisi Storica, Giuridica e Sociologica del Fenomeno Corruttivo.* A cura di Laura Stefani, Gabriella Rappa e Anna Chiara Carobolante. Elsa (European Law Studentes Association). Padova: Coop. Libraria Editrice Universitàdi Padova, 2012, p. 20-21.

24 | VANÊSCA BUZELATO PRESTES
CORRUPÇÃO URBANÍSTICA

universalmente aceita, não somente por motivos legais e diversidade de tradição, mas também, em função das diversas sensibilidades políticas, históricas e sociais.[9]

Para Della Porta e Meny,[10] a corrupção pode ser definida como uma troca clandestina entre dois mercados, o político e/ou administrativo e o mercado econômico e social. Sustentam que é uma troca oculta pelo fato de que viola normas públicas, jurídicas e éticas, sacrificando o interesse geral em prol de interesses privados (pessoais, corporativo, de partidário, etc.). Essa transação permite a privados aceder a recursos públicos (contratos, financiamentos, decisões) de maneira privilegiada e imediata (sem necessidade de transparência e de concorrência), consegue para os personagens públicos corruptos benefícios materiais presentes ou futuros para eles mesmos ou para organização de que fazem parte.

O fato é que a corrupção não se trata de um fenômeno circunscrito a um tipo de cultura ou grau de desenvolvimento. Souza aponta que prova dessa assertiva são as várias expressões idiomáticas que definem este tipo de conduta: "luvas" em Portugal, "propina" no Brasil, "gasosa" em Angola, "refresco" em Moçambique, "kickback" no Reino Unido, "tangente/bustarella" na Itália, "bakchich/pot-de-vin/ dessous-de-table" na França.[11]

Segundo o dicionário de língua portuguesa, corrupção "é o ato ou efeito de corromper; decomposição; devassidão; depravação; suborno".[12]

Na descrição histórica, por sua vez, pode-se constatar todos esses sentidos do termo corrupção. A nós interessa examinar o sentido jurídico da corrupção. Todavia, para compreendê-lo, precisamos entender o percurso transcorrido, a diferença do direito para os antigos e os modernos, a função do direito na sociedade moderna, os sentidos assumidos pela corrupção ao longo da história, as teorias desenvolvidas sobre o tema, pois esse exame é que possibilitará produzir as necessárias diferenciações a partir das seleções operadas ao longo do tempo.

Para a teoria da sociedade, as diferenciações são resultado de um processo concretizado, de um percurso, que resulta nessas diferenciações. Nesse processo, várias distinções são efetuadas e isso se chama

---

[9] No mesmo sentido: RAZZANTE, Ranieri. *La Nuova Fisionomia del delitto di corruzione nel diritto italiano*. In: RAZZANTE, Ranieri (a cura di). *La Nuova Regolamentazione Anticorruzione*. Torino: G. Giappicheli Editore, 2015.

[10] DELLA PORTA, Donatella; MENY, Yves (a cura di). *Corruzione e Democrazia: Sette paesi a confronto*. 1. edizione italiana. Napoli: Liguori Editore, 1995, p. 6.

[11] SOUZA, Luis de. *Corrupção*. Lisboa: Fundação Francisco Manoel dos Santos, 2011.

[12] FERREIRA, Aurélio Buarque de Holanda. *Mini Dicionário Aurélio da Língua Portuguesa: século XXI*. 4. ed. revista e ampliada. Rio de Janeiro: Nova Fronteira, 2001.

operação. As distinções geram operações e consistem em um resultado de um fazer, de um evento, de algo que se produz, se realiza e que acaba no tempo. Quando se efetua a distinção, indica-se uma parte da forma em determinado tempo. Indicar e distinguir ocorre ao mesmo tempo, simultaneamente.[13] As distinções são carregadas de semântica e de história. São construções do mundo feitas pelo observador. A observação possibilita indicar a diferença de qualquer coisa. Uma distinção é construída a partir de um corte e sempre parte de uma unidade. Por meio da distinção é possível enxergar as partes. Mas, na distinção não se vê a própria distinção, o que significa que há partes da mesma parte e que o corte não resulta em duas partes, ou seja, não é sempre dual. Essa parte que não se vê é tudo aquilo que está entre A e B, é o que representa a complexidade. Por isso, para a teoria da sociedade, diferente das teorias tradicionais, não há sujeito e objeto, mas distinções.[14] Essas distinções produzem sociedade, ou seja, a sociedade é um processo de construção que ocorre a partir da comunicação.

Corrupção, por exemplo, é somente uma parte de uma distinção da qual a inexistência de corrupção é a outra parte. Uma não pode existir sem a outra. Se se observa aquilo que está oculto por meio do paradoxo da corrupção, vê-se que corrupção e não corrupção ocorrem e se desenvolvem simultaneamente. Também os sistemas sociais operam do mesmo modo: cada sistema reconstrói o mundo a partir de sua perspectiva e, por consequência, na sociedade moderna, ocorrem simultaneamente.

Nessa perspectiva, corrupção e não corrupção fazem parte do mesmo sistema. A observação e a descrição da corrupção deve se dar no âmbito deste mesmo sistema. No sistema jurídico a corrupção se observa e se descreve a partir do lícito e do ilícito, do conforme ou não conforme ao direito. No sistema da moral, descrita a partir do bem e do mal; no sistema científico, a partir do falso e do verdadeiro; ou seja, a partir da falsificação das velhas realidades.

A função do direito na sociedade moderna é estabilizar o sistema jurídico, ou seja, ele qualifica um sentido e o transforma em conteúdo normativo. Por isso, a qualificação jurídica da corrupção tem uma função evolutiva. O mecanismo da evolução pode ser descrito deste modo: o agir do indivíduo, assim como o agir dos sistemas sociais é continuamente exposto à contingência, ou seja, abre-se a possibilidades

---

[13] LUHMANN; DE GIORGI, *op. cit.*, 2003, p. 16-17.
[14] LUHMANN; DE GIORGI, *op. cit.*, 2003, p. 16.

sempre diversas, sendo que todas são acessíveis. Contingência significa possibilidade daquilo que é outro. Significa que a qualificação jurídica do que é corrupção contribui para a estabilidade da sociedade moderna, porque deixa aberto o espaço para a contínua produção do outro, para a contínua emergência daquilo que é outro.

Para compreender esse processo de evolução, importante observar como a corrupção foi descrita pelos historiadores e juristas ao longo do percurso da humanidade no ocidente, até chegarmos à qualificação jurídica dos tempos atuais da sociedade moderna.

1.1 Descrições históricas da corrupção

John Noonan[15] dedicou dois volumes para descrever a história da corrupção, iniciando pelo ano 3000 a.C., percorrendo um caminho até o final do século XX. Nos seus escritos, descreve a relação oculta entre o poder público e uma prestação, seja de dinheiro, víveres, escambo, poder, dependendo dos interesses em jogo e respectivo período histórico. Demonstra que substancialmente a corrupção acompanha a história da humanidade desde os seus primórdios. Segundo o autor "appena si organizza in Mesopotamia il potere politico appare la corruzione".

Gustapane[16] identificou a punição da corrupção no período republicano do direito romano. A "Lex Calpurnia de repetundis", de 149 a.C. e sucessivamente a "Lex Aciliarepetundarum" de 123 a.C. previram a instauração de um juízo para restituição das somas ilicitamente extorquidas, dirigida aos governadores das províncias. Depois, a "lex Iulia Repetundarum" de 59 a.C. (Digesto, 48, 11) previu a aplicação de sanções a todos os magistrados que, no exercício das suas funções tinham lucrado ilicitamente dinheiro. Nesta Lei – o Digesto – se inspiraram as leis dos países europeus e os códigos penais modernos para repressão da corrupção.

O primeiro registro descrevendo corrupção de um funcionário público está citado na oração de Cicero contra Verre, Governador da Sicília no ano de 74 a.C. Verre propunha pagar para conceder ao condenado uma pena capital de morte menos dolorosa. No direito romano, a

---

[15] NOONAN JR., John T. Ungere le ruote: storia della corruzione politica dal 3000 a.C, alla Roviluzione Francese. Milano: SugarCo, 1987. In: SPORCHE, Mani. *La Coruzione Politica nel Mondo Moderno*. V. II. Milano: SuggarCo, 1987.

[16] GUSTAPANE, Enrico. Per una Storia della Corruzione nell'Itália Contemporanea. In: *Ettica Pubblica e Ammnistrazione – per una storia della Corruzionenel l'Italia Contemporanea*, 1997, p. 14.

repressão era direta, sobretudo para impedir que o magistrado aceitasse ou pretendesse aceitar uma soma de dinheiro para proferir uma sentença mais favorável. Esse comportamento era considerado o atentado mais grave à convivência civil e à sobrevivência do Estado.

Também São Paulo foi vítima de uma tentativa de concussão por parte de Felice, procurador romano na Judeia. Os Atos dos Apóstolos narram que São Paulo foi capturado pelos judeus, mas porque era cidadão romano foi deixado com o procurador romano da Judeia, chamado Felice, para que o processassem. O procurador o interrogou e o mandou ao cárcere com a promessa que voltaria a interrogá-lo e assim o fez. Porém, o interrogatório era uma desculpa para estar de frente a São Paulo, pois Felice esperava que Paulo lhe oferecesse dinheiro, mas como Paulo não tinha dinheiro permaneceu no cárcere (Atos dos Apóstolos, 24, 22-27). Situações análogas se repetem ao longo dos séculos até os nossos dias.[17]

Brioschi[18] é outro autor que se ocupa da descrição da corrupção na história da humanidade. Faz um percurso que parte da Babilônia e chega a Atenas de antes de Cristo, descreve Roma, passa pelo Medievo até a Reforma, do Príncipe ao ouro do Mundo Novo, do Absolutismo à Revolução Francesa, da revolução econômica e o império colonial, da restauração à decadência, dos anos 1900 de totalitarismo, do Novo Mundo ao neoimperialismo, destaca o caso italiano e a corrupção econômica.

Discorrendo sobre o período da Babilônia a Atenas, e citando o século IV a.C., Brioschi evocou o discurso de um contemporâneo de Aristóteles. Segundo Kautilya, o governante deve usar todos os meios para alcançar os próprios objetivos, enquanto as regras de rigor e honestidade parecem valer somente para os súditos.

Em 324 a.C. iniciou em Atenas uma nova olimpíada e neste mesmo ano estoura o escândalo do ouro de Arpalo. Demóstenes, célebre por seu discurso contra Felipe II da Macedônia, acusado de ter se apossado de somas depositadas na Acrópoli pelo tesoureiro Alessandro, é condenado e foge. Este foi um dos escândalos mais notáveis da antiga Grécia, tanto que o mesmo Demóstenes, retornando a Atenas depois do exílio se suicida deixando o seguinte escrito: "Invidiare chi si lascia corrompere, ridere se lo riconosce apertamente, assolvere chi à stato colto in flagranza di reato, odiare chi vorrebbe metterlo sotto accusa".

---

[17] GUSTAPANE, *op. cit.*, p. 15.
[18] BRIOSCHI, Carlo Alberto. *Il Malafare: breve storia della corruzione*. Milano: Longanesi, 2010.

Para compreender essas palavras, acrescenta o autor, citando Luciano Canfora,

> [...] corruzione e demagogia sono complementari nella città democratica dove il luogo classico della corruzione è il tribunale, che ha una centralità assoluta nell'Atene del V e IV secolo a.C. I giurati sono tirati a sorte e hanno una buona possibilità di vendereil proprio voto.[19]

No período de ascensão e queda de Roma a corrupção é meio de conquista de poder. O próprio Julio Cesar recorreu a todos os meios – dos financeiros à violência – para derrubar o Senado corrupto e se transformar no refundador de Roma. Plutarco também descreve que quando o Tribuno Metello procurou impedi-lo de pegar o dinheiro de reserva do Estado, citando leis que vedavam inclusive tocar no dinheiro, sob o argumento de que o período das armas era diverso do tempo das leis, tratou de fazer pelo emprego da força. Não tendo as chaves, mandou destruir as portas e assim se apoderou de ouro, prata e moeda. Para Julio Cesar se eleger, contraiu numerosos débitos e financiou a própria campanha com fundos colocados à disposição de personagens como Crasso, rico construtor, recompensado posteriormente com obras públicas. Montesquieu, citado por Brioschi, escreve que foi o próprio Cesar, em conjunto com Crasso e Pompeo que introduziu o costume de corromper o povo a um preço caro a este povo. Crasso se transforma em um dos homens mais ricos do mundo antigo especulando sobre os desastres do fogo e sobre a guerra, utilizando as calamidades públicas como fonte de imensa forma de ganhar dinheiro.[20]

O histórico e austero Senador Tácito, sustentáculo da moralidade republicana, foi adversário do despotismo e hostil à corrupção do poder imperial. "A Roma, escreve lapidarmente, conflui todos os pecados e todos os vícios para serem glorificados".[21]

As eleições sempre foram uma das ocasiões mais propícias para fazer emergir a prática do mercado de favores. Em Roma, conta Horacio, citado por Brioschi, o candidato a uma magistratura fazia visitas aos próprios eleitores acompanhados de um bom número de simpatizantes, "parasitas" e também de personagens influentes, em condições de convencer o maior número de votantes. O candidato devia estender a mão a todos os eleitores, saudando familiarmente com o auxílio de

---

[19] BRIOSCHI, *op. cit.*, p. 27.
[20] BRIOSCHI, *op. cit.*, p. 35-36.
[21] *Ibidem*, p. 41.

uma perspicaz sugestão dos responsáveis por esta tarefa. A função dos "parasitas" era aumentar o cortejo. O console Murena (I século a.C.) foi acusado de ter pago à multidão de seus seguidores durante a campanha eleitoral. Cicero, ao defendê-lo brilhantemente exaltou o sucesso da função tradicional da humilde categoria dos defensores eleitorais:

> Non togliere – o Catone – agli uomini di questo ceto inferiore il frutto di questo servizio. Essi non possono parlare in tribunale, né offrire garanzia per noi, né invitarci nelle loro case. Tutto questo lo chiedono a noi, e dei benefici che ricevono da noi in nessun altro modo pensano di ripagarci se non conla loro attività elettorale.[22]

A democracia romana era seletiva. Votavam os senhores da terra. A única forma de uma casta inferior "participar" da eleição era aquela. Por isso, o discurso de Cícero em defesa do pagamento da categoria inferior, usando como elemento da sua fala, de um lado a forma de eles participarem, seja ganhando algum dinheiro seja só por se sentirem integrados; de outro, neste discurso, transparece que também este era um modo de manter a estratificação, pois apela à tolerância para o desenvolvimento de uma função "menos importante", a fim de proteger outra "de maior monta", representando uma expressão característica da moral.

Destaca-se, na observação de Brioschi, as despesas eleitorais. Mesmo sem inserções publicitárias ou aparições televisivas já eram bastante dispendiosas.[23]

Releva apontar que a progressiva e acentuada corrupção da classe dirigente de Roma e de suas províncias foi considerada pela historiografia prevalente como uma das causas da queda do Império do Ocidente.

No âmbito da Igreja do século IV havia uma ampla difusão de cessão de graça divina, fenômeno parecido com a venda de indulgência, bem como a prática de simonia. A ideia da simonia estava ligada a convicção geral de que os pecados podiam ser lavados com ofertas. O IV Concílio Ecumênico, no ano de 451, condenou expressamente essas vendas eclesiásticas, e Carlos Magno em 790, também condenou aqueles que aceitassem as ofertas, ao que chamou heresia.

Todavia, depois de mais de 1000 anos de cristianismo, a heresia tinha se transformado na regra. A urgência de uma reforma se fazia

---

[22] BRIOSCHI, *op. cit.*, p. 47.
[23] *Ibidem*, p. 47.

evidente. Também as artes descreveram a corrupção do período. Na "Ópera Carmina Burana", cantando o jogo, o vivo, o amor, há uma sátira da corrupção eclesiástica; os "Contos de Canterburry" descrevem as práticas fraudulentas de trocas e permutas, os casos de extorsão, "Vendedor de Indulgências" é exemplo disso; "A Divina Comédia de Dante", no "Inferno", consta a descrição da simonia.[24] Erasmo de Rotterdam, em seu "Elogio da Folia" (1509), também ilustra a imoralidade da Igreja Católica, a corrupção e a superstição do clero.

Segundo Brioschi, a Reforma Protestante foi uma resposta à decadência da Igreja, ocorrendo o rompimento da cultura católica e o nascimento da ética protestante. Max Weber considerará a Reforma como a base marcante do último período do medievo e do nascimento da burguesia.

Entre os anos 1500 e 1600 ocorre o nascimento do Estado Moderno. Com ele se afirma o absolutismo, caracterizado pela centralização do poder político e militar, além do ilimitado poder da monarquia.

Segundo Brioche, na França absolutista dos anos 1600 a arte da corrupção política atinge seu ápice. Paradoxalmente, também é deste período o desenvolvimento do moralismo. Giovanni Macchia identifica dois tipos de moralistas: o prático, cuja ciência se volta a defender-se e a conquistar o mundo em que vive; e o puro, cujo prazer da observação se une à vontade de dar sentido ao espetáculo a que assiste. É do moralista Vauvenargues o seguinte dizer: "Se è vero che non si può annientare il vizio, la scienza di coloro che governano è di farlo concorrere al benne pubblico".[25] Também é desse período o enriquecimento pessoal dos banqueiros privados e dos responsáveis pelas finanças do rei:

> Il male, illustra ancora Morand, non veniva dalla povertà del Paese, ma dall'assenza di un ministero delleFinanze. In mancanza di una Banca di Francia, lo Stato s'indirizzava ai banchieri privati. Ora quei banchieri non prestavano al re se il sovrintendente non era abbastanza ricco per servire la cauzione nei riguardi del re pezzente; se il sovrintendente era potente, e per di più parlamentare come Fouquet prestava come privato e si rimborsava come amministratore.[26]

Os Estados Unidos também acumulam registros históricos da corrupção. Alexis de Tocqueville dedica um item do seu segundo capítulo no Livro 1 do clássico "A Democracia na América" ao tema da

---

[24] BRIOSCHI, *op. cit.*, p. 52-62.
[25] BRIOSCHI, *op. cit.*, p. 75.
[26] *Ibidem*, p. 76.

corrupção, ao tratar das leis e costumes. Nessa obra, de 1835, Tocqueville dirige crítica a facilitação de corrupção tanto nas aristocracias quanto na democracia. Aponta que nos modelos aristocráticos os homens que governam são ricos e desejam o poder; nas democracias, os homens de estado são pobres e têm fortuna por fazer. Diz o autor:

> [...] entre os homens que ocuparam o poder na França nos últimos quarenta anos, vários foram acusados de ter feito fortuna à custa do Estado e de seus aliados, crítica que raramente foi dirigida aos homens públicos da antiga monarquia. Mas, na França, quase não há exemplo de se comprar o voto de um eleitor por dinheiro, ao passo que tal coisa se faz notória e publicamente na Inglaterra. Nunca ouvi dizer que nos Estados Unidos alguém investisse suas riquezas para ganhar os governados; mas vi frequentemente duvidarem da probidade dos funcionários públicos. Com maior frequência ainda ouvi atribuírem seus sucessos a intrigas vis ou manobras culposas. Portanto, se os homens que dirigem as aristocracias às vezes procuram corromper, os líderes das democracias mostram-se eles mesmos corruptos. Em uma ataca-se diretamente a moralidade do povo; exerce-se em outras, sobre a consciência pública, uma ação indireta que se deve temer mais ainda.[27]

A Inglaterra dos anos 1600 e 1700 igualmente tem múltiplos registros de casos de corrupção. Francis Bacon, Samuel Pepys, Warren Hastings não somente foram considerados homens respeitáveis, mas heróis pelos seus admiradores. Foram, respectivamente, os fundadores da filosofia e da ciência moderna, da marinha inglesa e da companhia das índias inglesa, responsável pela ocupação da Europa na Índia e pelo seu desenvolvimento. Bacon era corrupto segundo os critérios legais; Pepys, segundo seus critérios próprios; Hasting, pelo previsto em leis futuras,[28] foi acusado e respondeu a inúmeros processos de corrupção, tendo sido absolvido. Francis Bacon em 1621 foi acusado pelo Parlamento Inglês. Hasting admitiu o recebimento de propinas, mas justificou que grande parte voltou para a própria Companhia. O processo durou muitos anos e ele foi absolvido, sendo este episódio motivo de ironia na literatura e em autores do período.

Brioschi apontou como principais formas de corrupção do período o seguinte: financiamento clandestino dos partidos, prática das recomendações, nepotismo, usura, decadência, lascívia e ilicitudes de várias naturezas:

---

[27] TOCQUEVILLE, Alexis de. *A Democracia na América. Livro 1 – Leis e Costumes*. Tradução de Eduardo Brandão. São Paulo: Martins Fontes, 2005, p. 256-257.

[28] NOONAN, *op. cit.*, p. 9.

> [...] da Cicerone a Nixon il problema è in fondo sempre lo stesso, mentre le abitudini cambiano solamente con le tradizioni locali, la latitudine geografica e l'avvicendarsi di governi, nuovi regimi e banderuole particolarmente attente a dove spira il vento della maggioranza.[29]

A Europa do Renascimento, do final dos anos 1700 e início dos anos 1800, caracterizou-se pela decadência da concepção aristocrática e nascimento da moral burguesa em confronto com o novo sistema econômico. Os anos 1800 são identificados como integrantes do século do imperialismo. Surge o anarquismo como revolta moral contra as injustiças.

Enrico Malatesta e Michail Bakunin, apontando a corrupção da sociedade contemporânea e o fingimento da democracia representativa, pretendiam uma sociedade liberta de todo predomínio político autoritário, uma sociedade na qual o homem pudesse se afirmar exclusivamente pela liberdade do próprio arbítrio. A rebelião dos anarquistas nasceu de uma revolta moral contra as injustiças do mundo. Por isso, para seus seguidores, não há justificativa moral de qualquer tipo capaz de impor a própria vontade ou a vontade do Estado e curvar-se a de outros. Para Wilian Hazlitt: "Le istituzioni sono più corrote e più guaste degli individui, perché hanno più potere per fare del mare e sono esposte al disonore e alla punizione".[30]

A segunda metade do século XIX caracterizou-se pelo auge do colonialismo ocidental, pela expansão territorial e pela intensa exploração econômica dos países da América, Ásia e África. O colonialismo foi recheado de exigências comerciais e militares. Nesse período foram desenvolvidas teorias raciais e religiosas que sustentavam a superioridade civil do Velho Continente em relação à cultura dos povos colonizados. O desencadeamento de obrigações morais de governar e cristianizar as populações consideradas "não civilizadas" foi a tônica, sendo que os métodos utilizados para tanto foram os mais variados. É nesse período que as civilizações indígenas da América são dizimadas em nome da europeização dos costumes. As consequências são de longa e permanente duração. A corrupção dos costumes, hábitos e a estrutura social indígena foram a consequência da imposição do modelo político ocidental. Desse período emergem vários exemplos: a radical exploração dos recursos minerais e humanos na Colônia do Congo Belga por Leopoldo II; Cecil Rhodes, saqueador de boa parte da África ocupada

---

[29] BRIOSCHI, *op. cit.*, p. 92.

[30] MALATESTA, Enrico; BAKUNIN, Michail *apud* BRIOSCHI, *op. cit.*, p. 107.

pelo Império Britânico, segundo o qual tinha uma máxima ameaçadora e eficiente: "todos têm seu preço".[31]John Fischer, Lorde e, posteriormente, Comandante da Marinha de Churchill, em 1915 escreveu: "Se il nostro rappresentante diplomatico in Cile non fosse stato una nullità avrebbe comprato tutti quelli del servizio telegrafico".[32]

A partir dessas ilustrações históricas, Brioschi considera que separar a visão da virtude é um jogo destinado ao fracasso, pois a realidade é muito mais complexa do que podemos designá-la. E exemplifica com mais um fato histórico: Abraham Lincoln foi um estadista exemplar, mas convencido como tantos outros de que em política não se pode deixar de utilizar todos os meios necessários à finalidade pretendida, pois "il sucesso è um dovere". No momento em que estava para ser votada a emenda constitucional americana para abolição da escravatura, faltavam dois votos para chegar à maioria de dois terços exigidos. O Presidente chamou seus assessores e disse: "lascio a voistabilire come farlo, maricordatesono il presidente degli Stati Uniti, investito grande potere e mi aspetto che voi procuria te quei voti". Em resumo, a Constituição foi efetivamente reformada.[33]

Na Itália da metade do século XIX há diversas descrições de corrupção. Francesco De Sanctis, que foi deputado do Reino da Itália e diversas vezes Ministro da Educação (Pubblicaistruzione), é autor de um diário denominado "Viaggio elettorale", que se ocupa em descrever o fenômeno da corrupção política. Também Marco Minghetti, em 1881, publicou um estudo intitulado "Ipartiti politici e la loro ingerenza nella giustizia e nell'amministrazione". Para os historiadores, segundo Brioschi, esse estudo trata de uma verdadeira denúncia da partitocracia e dos seus tentáculos nas administrações pública e da justiça, centrando seus males no denominado governo dos notáveis liberais, que favoreciam seus amigos e oprimiam seus adversários.[34] São deste período os escândalos da Banca Romana, dei tabacchi, da ferrovia, considerados os primeiros investigados e os maiores casos de corrupção na Itália e dos quais nos ocuparemos em item posterior deste capítulo.

Na França dos primeiros trinta anos do século XX desencadeia uma grave crise de inflação ao mesmo tempo em que explode um escândalo financeiro envolvendo Serge-Alexandre Staviski, um ucraniano

---

[31] BRIOSCHI, *op. cit.*, p. 108.

[32] Tradução livre: se o nosso representante diplomático no Chile não fosse uma nulidade, haveríamos comprado todos do serviço telegráfico. (*Ibidem*, p. 109.)

[33] BRIOSCHI, *op. cit.*, p. 119.

[34] *Ibidem*, p. 123.

que foi capaz de criar um instituto de crédito que ludibriou milhares de franceses e depois desapareceu de modo misterioso. Isso ocorreu em seguida da 2ª Guerra Mundial e desencadeou uma enorme reação em Paris e grave desordem pública. Foi o momento em que a direita acusou fortemente o governo francês de corrupção.

Também estes são os anos que se afirmam os regimes totalitários na Europa, caracterizadores do século XX. As grandes ditaduras, ao mesmo tempo em que promovem uma "ordem de honestidade", desenvolvem a corrupção como uma arte de governo. No Terceiro Reich, Hermann Göring, militar alemão, político e líder do partido nazista, acumulou enorme riqueza em função do cargo que ocupou no período bélico e com ocupação de países inimigos. Também enriqueceram Rudolf Hess, Joseph Göebbels e Heinrich Himmler.[35]

A neutralidade espanhola na 2ª Guerra Mundial também é apontada por historiadores como comprada a caro preço por Churchill e os aliados. O fascismo italiano estreou denunciando a corrupção dos costumes da democracia parlamentar. Todavia, a fase moralista durou pouco e rapidamente se transformou no fascismo predatório. O homicídio do parlamentar Giacomo Matteotti decorreu de suas denúncias de abuso do poder econômico, favores, propinas e uma série de outros delitos corruptivos. Em especial, o parlamentar morto denunciou graves irregularidades no Ministério das Finanças, envolvendo a importação de açúcar, dentre diversos outros escândalos.[36] O advento do fascismo coincidiu com uma progressiva corrupção do sistema político liberal nacional.

Também nos Estados Unidos dos anos 1930 a corrupção reinava abertamente. Cappone era o rei e os atos se espalhavam pela Chicago do período, fato descrito em diversos filmes de Hollywood. O problema se dava na proteção e cobertura da criminalidade pelos órgãos da administração pública e sistema judiciário. Um dos divisores de águas fundamentais da história americana foi representado pelo escândalo Watergate, que gerou a renúncia do Presidente Nixon.[37] Durante a campanha eleitoral para sua reeleição foram descobertas escutas telefônicas na sede do partido democrata, seu opositor. A relação destas com o então presidente, candidato a reeleição, foi veemente negada e as fitas de gravação apresentadas foram fraudadas de modo a não relacionar com o Presidente. Todavia, uma declaração a partir de um

---

[35] BRIOSCHI, *op. cit.*, p. 130-131.

[36] *Ibidem*, p. 132.

[37] BRIOSCHI, *op. cit.*, p. 158.

informante conhecido como "garganta profunda" possibilitou estabelecer a relação direta das escutas com a ciência do Presidente. A Suprema Corte Americana determinou apresentação das gravações originais. A comprovação e seu envolvimento nas escutas ilegais na sede do Partido Democrata levariam ao processo de *impeachment*. Dezesseis dias depois da decisão da Suprema Corte o Presidente Nixon renunciou. Seu substituto, Gerald Ford, promulgou uma lei de anistia, atingindo os atos praticados. Após o caso Watergate o Congresso americano aprovou uma emenda, a "Federal Campaign Act", introduzindo o financiamento público de campanhas, um teto para as despesas eleitorais e para as contribuições individuais e dos grupos que sustentam as candidaturas, além da publicidade dos gastos e da regulamentação das fontes de financiamento e das despesas eleitorais. Na Inglaterra os primeiros limites às despesas eleitorais remontam a 1882, o "Corrupt Practices Act".[38]

No final dos anos 1930, Edwin H. Sutherland introduziu o termo "crimes do colarinho branco", ou seja, os delitos cometidos por pessoas de elevada condição social em situação de abuso de ofício. São pessoas de classe econômica alta que violam as leis emanadas para regular a relação de trabalho. O autor na sua pesquisa desenvolveu este conceito a partir dos casos que indicavam certo número de empresas sempre envolvidas, dentre as quais: General Motors, Philip Morris, Chrysler, entre outras. Do estudo resultaram identificados implicações em procedimentos de fraudes financeiras, casos de corrupção, violação da lei antitruste e outros ilícitos administrativos, civis e penais conexos ao trabalho e à atividade produtiva de especialização do negócio em questão.[39]

A fraude do petróleo, com a falta de pagamento, no final dos anos setenta, do imposto de hidrocarboneto resultou numa cifra próxima de 2500 bilhões de liras da época. As vítimas foram numerosas: o Estado, os cidadãos, os acionistas, os credores, os concorrentes etc., pois se trata de corrupção econômica, de negócios e também financeira.[40]

Os anos 50 foram caracterizados pela difusão do fenômeno corruptivo e por profunda degradação urbanística.

Em 1968, com a política imperialista americana, a corrupção da classe dirigente que representava aquele modelo foi fortemente criticada pelas manifestações do período. Os protestos políticos nos campos das maiores universidades americanas ocorrem logo após a explosão das

---

[38] *Ibidem*, p. 159.
[39] BRIOSCHI, *op. cit.*, p. 213.
[40] *Ibidem*, p. 214.

manifestações europeias e contaminaram o ânimo de toda uma geração. Esse é o período que uma das escolas econômicas entendia que a corrupção era um modo de movimentar a máquina burocrática e que havia um efeito positivo nisso, sobretudo nos países que estavam sob a influência americana (as escolas serão descritas no próximo item). Mas resta claro que no período da expansão econômica americana os Estados Unidos encontraram uma contribuição essencial ao desenvolvimento da corrupção de certas castas políticas e empreendedoras, representando uma forma de cleptocracia aparentemente complementar ao acúmulo de capital.

Da Itália dos anos pós 2ª Guerra Mundial emergiram os grandes casos envolvendo as relações de conluio da máfia com partidos políticos e administração pública, e que foram objeto da Operação Mãos Limpas. De 1969 a 1980 foram registrados 12.690 atentados e outros episódios de violência que provocaram a morte de 362 pessoas e ferimentos de 4.490. Em dezembro de 1969 na Praça Fontana em Milão ocorreu o mais grave dos atentados, com 85 mortos e 200 feridos. Esses dados não consideram os mortos decorrentes de conflitos entre as máfias, que não integram as estatísticas oficiais, pois a causa desses óbitos não guarda relação com os atentados.[41]

Durante a Operação Mãos Limpas, na Itália, o político Roberto Mongini confessou que:

> [...] le aziende pagavano ben volentieri ai partiti un premio assicurativo contro i rischi della concorrenza e i partiti le garantivano dai sinistri del libero mercato, proprio come fanno le vere assicurazioni con le normali sciagure, e che un giudice come Piercamillo Davigo abbia paragonato i partiti a società per azione "dove uno comperava le azioni con le tangenti per assicurarsi la possibilità di essere eletto".[42]

Em 1988 explodiu o novo escândalo da ferrovia, que significava fornecimento de serviço na construção das ferrovias mediante o pagamento de propina; em 1993 o escândalo farmacêutico, envolvendo o ex-Ministro Francesco De Lorenzo. É nessa época que emergiu a figura símbolo de Antonio Di Pietro, membro da Magistratura Italiana, que atuou na Operação Mãos Limpas, exercendo a função do Ministério Público no Brasil. Na Itália a carreira da Magistratura congrega Juízes e Ministério Público, por isso quando há menção à Magistratura italiana

---

[41] BRIOSCHI, *op. cit.*, p. 179.
[42] BRIOSCHI, *op. cit.*, p. 220.

faz-se necessário diferenciar a função exercida pelo Magistrado, que pode ser do Ministério Público ou dos Juízes no Brasil. Sobre a Operação Mãos Limpas, citando Sabino Cassesse, Alessandro Pizzorno e Luigi Arcidiacono, Brioschi diz o que segue.

> Le indagini e i processi hanno svelato un sistema nel quale il pagamento di tangenti per ottenere sovvenzioni o per concludere contratti, la dazione di denaro agli organi di controllo, il finanziamento illecito dei partiti, i fondi neri delle imprese e i redditi illeciti degli amministratori erano spesso assurti a regole generali: è possibile dunque ritenere che i casi scoperti non siano eccezioni, ma una parte forse piccola di una patologia ben piú ampia, la tradizionale cima dell'iceberg, insomma. Gli episodi piú recenti hanno dimostrato che scandali e processi, lunghi dal lenire la patologia corrutiva, in molti casi hanno reso soltanto le tangenti più rischiose e la corruzione piú sofisticata e quindi la lotta alla corruzione piú difficile.[43]

Um dos últimos atos da Mãos Limpas, conhecida como o *pool* de Milão, foi a prisão de Renato Squillante, chefe do Tribunal de Roma, envolvido com Sylvio Berlusconi[44] em um sistema de corrupção no Palácio da Justiça da capital italiana. Em 1993, o Magistrado Diego Curtò foi incriminado por receber milhares de liras no processo Enimond, principal investigação da Mãos Limpas, envolvendo corrupção para financiamento de partidos políticos e o enriquecimento pessoal do referido Magistrado.

A Operação Mãos Limpas, em resumo, encerra investigando a corrupção no próprio Judiciário, conforme dito por Brioschi, os magistrados contra eles mesmos.[45] Já Berlusconi, depois de tudo isso, foi Primeiro Ministro da Itália nos anos 1994-1995, de 2001 a 2005, de 2005 a 2006 e 2008 a 2011. Foi acusado muitas vezes de corrupção. Foi condenado em 2015 por compra e venda de apoio no parlamento nos anos de 2006 a 2008 e por fraude fiscal. Durante sua gestão aprovou uma lei, denominada Lei Afano. Essa lei estabelece que o Presidente da República, o Primeiro-Ministro e os presidentes da Câmara dos Deputados e do Senado não podem ser julgados por delitos enquanto permanecerem no governo, por isso só recentemente surgiram os processos.

---

[43] *Ibidem*, p. 200.
[44] É um bilionário, empresário e político italiano, é acionista majoritário da Mediaset e proprietário do Milan, Clube de Futebol.
[45] BRIOSCHI, *op. cit.*, p. 201.

Conforme se verifica nas inúmeras descrições efetuadas, a corrupção é identificada como uma constante da história do poder político e da administração pública. Com a formação da União Europeia a descrição da corrupção passa a ser mais ostensiva e específica, ao mesmo tempo em que, com as diferenciações que foram possíveis a partir das descrições realizadas, criaram-se procedimentos para combater, dificultar e penalizar essas práticas, exame que será feito no próximo capítulo.

1.1.1 Descrição histórica da corrupção no Brasil

Para compreender a história da corrupção no Brasil, precisamos retornar ao Brasil-Colônia, especificamente aos arranjos institucionais estabelecidos entre Portugal e suas Colônias, que eram complexos e confusos. Helena Regina Lobo da Costa, ao tratar da corrupção no período colonial, esclarece que era imediatamente posterior à formação do estado moderno português.[46] Citando Luciano Raposo Figueira, diz a autora:

> A confusão das leis, a morosidade e os caprichos da máquina legal, e a justaposição de funções administrativas, suas remunerações desniveladas, a acumulação de cargos pelos mesmos oficiais e as recorrentes contradições no teor dos códigos legais aparentam desordem, mas são flagrantes das condições de organização típicas do Estado Moderno em fase de centralização. Inexistia, então, um regime jurídico ordenado e organograma que obedecesse à distribuição racional de funções, méritos, divisão calculada de tarefas e carreiras pontuadas pelo mérito. Tampouco se firmara, ao tempo da colonização no Brasil, a dicotomia entre público e privado.[47]

No mesmo sentido, o historiador Laurentino Gomes, autor dos Livros *1808*, *1822* e *1889*. Em entrevista disponível no youtube,[48] cita

---

[46] COSTA, Regina Helena Lobo da. Corrupção na História do Brasil: reflexões sobre suas origens no período colonial. In: DEL DEBBIO, Alessandra; MAEDA, Bruno Carneiro Ayres; SILVA, Carlos Henrique da (coord.). *Temas de Anticorrupção e Compliance*. Rio de Janeiro: Elsevier Editora, Ltda., 2013.

[47] Citando Caio Prado Jr., a mesma autora diz o seguinte: Caio Prado Jr. relata que a administração colonial não possuía regras claras que definissem funções e competência de forma explícita. A legislação administrativa era um emaranhado de previsões desconexas: as Ordenações Filipinas, de 1643, as cartas de leis, alvarás, assentos, além de parte da legislação anterior às ordenações que não foi revogada. (COSTA, *op. cit.*, p. 21.)

[48] *Breve história da corrupção no Brasil*, com Laurentino Gomes (Autor de *1808*, *1822* e *1889*). Transmitido ao vivo em 11 de abr de 2015. Disponível em: <https://www.youtube.com/watch?v=2WbzHRb4n24>.

que só é possível entender o Brasil de hoje compreendendo a história e conhecendo o passado, uma vez que a corrupção existe desde a época do Brasil-Colônia. Em seu entendimento, as raízes da corrupção no Brasil são de natureza cultural, pois o brasileiro busca sempre dar um "jeitinho" de atalhar caminho, furar as dificuldades apresentadas pelas instituições.

Também Lucas Rocha Furtado[49] indica que Pero Vaz de Caminha, escrivão da esquadra de Pedro Alvares Cabral, foi o responsável por informar ao Rei de Portugal a descoberta de novas terras, e na carta escreve sobre a beleza e riqueza delas. Ao final, aproveita para pedir ao Rei D. Manuel favores ao genro Jorge Osório.

Regina Helena Costa dá conta que o período das capitanias hereditárias foi recheado de escândalos de corrupção. Descreve a corrupção dos Governadores-Gerais,[50] da fazenda pública e funcionários, da justiça, magistrados e meirinhos, dos ofícios públicos,[51] no comércio e na administração colonial.

Citando Gregório de Matos, a autora exemplifica:

> Gregório de Matos afirmava que todos os degraus da burocracia judicial – juízes, letrados, escrivães e tabeliães – pareciam ter sido cortados no mesmo tecido. Mas, para cima, os membros do Desembargo do Paço, o guardião da Justiça do rei, agiam como orgulhosos vilões com o "coração de ferro", enquanto, na Bahia, os juízes recebiam suborno tanto do acusador quanto do réu, em processos judiciais tão demorados que a morte e o juízo final chegam antes da sentença final da Corte. Justiça, dizia Gregório de Matos, era "rendida, injusta e tornada bastarda".[52]

Para Laurentino, desde a época da Colônia, Portugal constituiu um estado fortemente centralizado, burocrático, com excesso de regulamentos, que dificultavam o funcionamento do país. Os grupos se dividiam para usufruir dos recursos do Estado, o que representava

---

[49] FURTADO, Lucas Rocha. *As Raízes da Corrupção no Brasil: estudos de casos e lições para o futuro.* Belo Horizonte: Fórum, 2015.

[50] Governadores de Pernambuco causavam tanto prejuízo à Coroa que quando retornaram a Portugal tiveram seus bens confiscados para ressarcimento dos prejuízos. O caso de desvio de pau Brasil pelo Governador Mendonça Furtado, para comprar o dote de Dna. Catarina de Bragança foi um dos mais conhecidos. O Governador do Rio de Janeiro de 1681 a 1682, João Tavares Roldão, teria sido expulso do Conselho Ultramarino por receber vantagens de capitães interessados em levar mais açúcar do que o permitido, bem como construir, com recursos reais, um barco para ele enquanto construía o barco real. (COSTA, *op. cit.*, p. 23.)

[51] A própria coroa vendia cargos e com isso as exigências para o exercício do cargo eram superadas. (*Ibidem*, p. 25.)

[52] *Ibidem*, p. 28.

um convite à corrupção. Concessão de títulos de nobreza em troca de benefícios e favores pessoais da justiça e o controle das leis e demais "garantias" eram uma constante.

No Brasil-Colônia não havia escolas e imprensa, portanto, poucas foram as denúncias de corrupção, porque a sociedade não participava desse debate. Os registros a que hoje nós socorremos e os historiadores registram decorrem da consulta aos documentos oficiais da época e da literatura.

Com a chegada dos portugueses ao Brasil estabeleceu-se uma relação de dependência entre a colônia e o conquistador, na qual a função do Brasil era fornecer fundos para monarquia, aristocracia e para os projetos expansionistas portugueses. O projeto português já durava séculos, todavia, aqui, se multiplicaram os casos de corrupção, pois as pessoas aqui chegavam ávidas por riqueza, atraídas pela fama de abundância do país.

Pode-se dizer que o sistema alimentava a corrupção como meio de colonizar, assim como ocorreu com os países europeus no processo colonialista da África, descrito no item anterior.

Aliado a isso, outro aspecto é indicado como relevante pelos autores estudados, qual seja, o perfil dos portugueses que aqui chegavam. José Maria dos Santos no seu livro "A Política Geral do Brasil", assim diz:

Portugal deportava todo tipo de gente, 'degredados, incorrigíveis, falidos de qualquer sorte'; 'Não havia dignidades preestabelecidas nem de valores de princípio. Cada um valia por si mesmo, segundo sua maior ou menor capacidade de vencer a terra bruta, e dela utilmente apropriar-se.[53]

A forma da colonização brasileira aponta para as dificuldades enfrentadas de desenvolvimento econômico e social, sendo a denominada "herança Portuguesa" mencionada como a razão para os elevados índices de corrupção vigentes no Brasil.[54]

Mencionando estudo de Sergio Buarque de Holanda, na obra Raízes do Brasil, Laurentino Gomes prossegue em sua aula, fazendo uma análise da cultura brasileira, construindo a ideia do povo cordial, com relações afetivas, e com isso criando a figura do "jeitinho brasileiro" como meio de transgredir regras, mas sem ferir violações ou

---

[53] *Breve história da corrupção no Brasil*, com Laurentino Gomes (Autor de *1808*, *1822* e *1889*). Transmitido ao vivo em 11 de abr. de 2015. Disponível em: <https://www.youtube.com/watch?v=2WbzHRb4n24>.

[54] SANTOS, José Maria dos. A Política Geral do Brasil. Porto Alegre: Ed. Itatiaia, 1989, *apud* FURTADO, *op. cit.*, 2015.

transgressões que seriam repudiadas pela sociedade. O "jeitinho brasileiro" também envolve a troca de favores e o fato de querer enganar ou iludir o próximo em benefício próprio. Esse tipo de comportamento é muito visto na política brasileira desde os mais remotos tempos da história do país. Se a regra transgredida não causa prejuízo, temos o "jeitinho brasileiro". Em suma, o jeitinho se confunde com corrupção e é transgressão, porque ela desiguala o que deveria ser obrigatoriamente tratado com igualdade.

Laurentino exemplifica sua assertiva com a vinda da Corte para o Brasil. Quando D. João VI saiu de Portugal estava carente de apoio político e financeiro. Este fato favoreceu a corrupção, já que a corte trouxe milhares de pessoas para o Brasil-Colônia, que dependiam dos favores dos reis, dos recursos públicos, de forma que quando chegaram ao Brasil se estabeleceu um clima de "toma lá dá cá". O Brasil era, proporcionalmente, mais rico que Portugal, tinha ouro, diamantes, algodão, tabaco, café, tráfico de escravos, enquanto Portugal era uma metrópole relativamente empobrecida, sem condições de sustentar essa corte. Os ricos da Colônia começaram a apoiar a corte Portuguesa, em troca de benefícios financeiros e títulos de nobreza. Nos oito primeiros anos foram distribuídos mais títulos de nobreza do que nos 150 anos anteriores da história de Portugal. Pedro Calmon, historiador baiano, diz que: "em Portugal para se fazer um Conde eram necessários 500 anos, enquanto no Brasil bastavam 500 contos". Assim, compravam o título de nobreza, dava apoio ao rei e se tornava acionista do Banco do Brasil, forma antiga de corrupção, o "jeitinho brasileiro".[55]

Durante o período da corte portuguesa no Brasil, relatam-se diversos casos de corrupção. Um comerciante inglês da época, chamado João Luckok, diz que se estabeleceu a prática da caixinha, comissão que se cobrava de todas as transações com o Tesouro – o erário real – de 17%, que deveria ser pago quando realizasse qualquer negócio com a Monarquia.

Os mineradores de ouro e diamante de Minas Gerais tinham concessões do rei para ter a mina, em troca pagavam o Quinto real, ou seja, 20% de toda a produção de pedras preciosas eram entregues à Coroa, que dava as concessões locais das Minas. Os mineradores achavam que era muito dinheiro, uma carga tributária muito grande.

---

[55] *Breve história da corrupção no Brasil*, com Laurentino Gomes (Autor de *1808*, *1822* e *1889*). Transmitido ao vivo em 11 de abr. de 2015. Disponível em: <https://www.youtube.com/watch?v=2WbzHRb4n24>.

Ainda, em sua entrevista, Laurentino, relata que um geólogo na época do João VI calculou que 40% do total de ouro e diamante desviado pelo contrabando em Minas Gerais vinha pelo Vale do Rio da Prata, Buenos Aires, Uruguai, até chegar na Europa. Às vezes, até navios ingleses ou mesmo ricos e empresários portugueses participavam do contrabando, fazendo a mesma rota. Obviamente havia autoridades portuguesas que eram corrompidas para possibilitar esse contrabando tão expressivo. Nasce daí a história do Santo do Pau Oco, as imagens sacras, ocas por dentro, preenchidas com ouro em pó, diamante ou pedras preciosas, para serem transportadas de uma região para outra, ocorrendo o contrabando e restando evidente que existiam autoridades que permitiam que isso ocorresse. Jonh Mauwe, viajante inglês que viajou o Brasil de sul a norte, conta que um soldado em Minas Gerais foi preso, pois a coronha de sua espingarda era utilizada para esconder ouro em pó, como contrabando. Contrabando este que era uma forma de sonegar impostos, pois na época os brasileiros já reclamavam da carga tributária.

Um fato marcante foi a criação do primeiro Banco do Brasil por D. João VI, em 1808. Os ricos se tornavam acionistas e para financiar as despesas da corte, o rei tirava esses recursos sem garantias, o que, com o tempo, acabou levando o Banco à falência, quando D. Pedro I teve que liquidar o banco. Após, no Segundo Império, foi recriado o atual Banco do Brasil por inspiração do Barão de Mauá.

Já no primeiro reinado, o futuro imperador, na época ainda príncipe Dom Pedro I, foi acusado de comprar cavalos comuns, próximo ao Rio de Janeiro e levar para a fazenda real em Santa Cruz, fazendo com que os animais fossem marcados com selo real para serem vendidos como se fossem cavalos da corte real.

1.1.1.1 Época da República

O mau comportamento das autoridades e dos funcionários públicos sempre atraíram campanhas moralizantes por aqueles que quisessem chegar ao poder, e isso foi muito forte na Proclamação da República.

Uma das razões da renúncia do Marechal Deodoro da Fonseca, em novembro de 1891, foi a acusação de que teria participado de um conluio para favorecer um amigo na concessão de um porto em Santa Catarina, o que nunca se comprovou.

A primeira República, época dos fazendeiros da política do café com leite (alternância entre Minas Gerias e São Paulo na Presidência da República) foi marcada por muitas fraudes eleitorais, voto de cabresto e troca escandalosa entre interesses públicos e privados, o que faz com que Getulio Vargas, na Revolução de 1930, seja um agente moralizador.

Sob o argumento de moralizar os costumes e transformar o Brasil em um Estado ético, ocorre o Golpe de Estado em 1937.[56] Posterior ao Estado Novo com Getulio Vargas, tivemos outros momentos em que o tema da corrupção foi acirrado. Juscelino Kubitschek foi Presidente de 1956 a 1961, tendo como vice João Goulart,[57] período descrito como os "anos dourados", em função do desenvolvimento do país. Foi o período da construção de Brasília, atual capital. Juscelino, acusado de superfaturamento de obras, bem como a íntima relação das empreiteiras com seu governo, são citadas como característica do período.

Jânio Quadros se elegeu Presidente em outubro de 1960 com o seguinte *slogan*: "Varrer toda a sujeira da administração pública". Seu mandato era de janeiro de 1961 a dezembro de 1965, contudo, em agosto de 1961 renunciou.

1.1.1.2   Ditadura de 1964

Os historiadores costumam dividir o período da ditadura em três: o primeiro de 1964-1967; o segundo de 1967-1974 e o terceiro de 1974-1985. Os Atos Institucionais nº 2 e nº 5 foram os que fecharam o Congresso e subtraíram todos os direitos civis, sendo este o período mais sangrento da ditadura militar em nosso país. Já o terceiro período, foi caracterizado pelo início da abertura democrática, sendo o país presidido pelo General Geisel.[58]

---

[56]   *Breve história da corrupção no Brasil*, com Laurentino Gomes (Autor de *1808, 1822* e *1889*). Transmitido ao vivo em 11 de abr. de 2015. Disponível em: <https://www.youtube.com/watch?v=2WbzHRb4n24>.

[57]   A posse de ambos foi garantida pelo General Lott, pois o Partido Democrático Nacional (UDN), derrotado na época, não aceitou o resultado do pleito.

[58]   Apesar dessa característica histórica, foi no Governo Geisel o assassinato de Vladimir Herzog. Em 24 de outubro do mesmo ano, foi chamado para prestar esclarecimentos na sede do DOI-Codi sobre suas ligações com o Partido Comunista Brasileiro (PCB). Sofreu torturas e, no dia seguinte, foi morto. A versão oficial da época, apresentada pelos militares, foi a de que Vladimir Herzog teria se enforcado com um cinto, e divulgaram a foto do suposto enforcamento. Testemunhos de jornalistas presos no local apontaram que ele foi assassinado sob tortura. Além disso, em 1978, o legista Harry Shibata confirmou ter assinado o laudo necroscópico sem examinar ou sequer ver o corpo. Em 1978 a Justiça brasileira condenou a União pela prisão ilegal, tortura e morte de Vladimir Herzog. Em 1996, a Comissão Especial dos Desaparecidos Políticos reconheceu oficialmente que ele foi assassinado e concedeu uma indenização à sua família, que não a aceitou, por julgar que o Estado brasileiro não deveria encerrar o caso dessa forma. Eles queriam que as investigações continuassem. O atestado de óbito, porém, só foi retificado mais de 15 anos depois. O documento foi entregue pelo

Como regime ditatorial que foi, os registros eram limitados e não havia liberdade de imprensa, sendo tudo controlado.

Por ora, historiadores, utilizando de documentos oficiais, têm tido a tarefa de descrever o período e, nessa descrição, citam a ampla corrupção existente.

Importante destacar que a corrupção foi um dos motivos apontados pelo General Geisel para dar início ao processo de abertura democrática.[59]

Tendo como fonte a série de quatro livros de Elio Gaspari sobre o período: "A Ditadura Envergonhada", "A Ditadura Escancarada", "A Ditadura Derrotada" e "A Ditadura Encurralada", e reportagens da época, a Folha de São Paulo e a UOL resgataram 10 casos, para ilustrar o período. Apesar de ser extenso, citamos os casos na íntegra, descrevendo, desse modo, e por meio do jornalismo, o período:

Contrabando na Polícia do Exército[60]

A partir de 1970, dentro da 1ª Companhia do 2º Batalhão da Polícia do Exército, no Rio de Janeiro, sargentos, capitães e cabos começaram a se relacionar com o contrabando carioca. O capitão Aílton Guimarães Jorge, que já havia recebido a honra da Medalha do Pacificador pelo combate à guerrilha, era um dos integrantes da quadrilha que comercializava ilegalmente caixas de uísques, perfumes e roupas de luxo, inclusive roubando a carga de outros contrabandistas. Os militares escoltavam e intermediavam negócios dos contraventores. Foram presos pelo Serviço Nacional de Informações (SNI) e torturados, mas acabaram inocentados porque os depoimentos foram colhidos com uso de violência – direito de que os civis não dispunham em seus processos na época. O capitão Guimarães, posteriormente, deixaria o Exército para virar um dos principais nomes do jogo do bicho no Rio, ganhando fama também no

---

Estado para a família em março de 2013, no lugar da anotação de que Vladimir morreu devido a uma asfixia mecânica (enforcamento), no documento passou a constar que "a morte decorreu de lesões e maus-tratos sofridos durante o interrogatório em dependência do II Exército – SP (DOI-Codi)". (Disponível em: <http://memoriasdaditadura.org.br/biografias-da-resistencia/vladimir-herzog/>. Acesso em: 14 out. 2016.)

[59] O próprio Geisel utilizou a "corrupção das Forças Armadas" como uma das justificativas para iniciar a "abertura" política e afastar os militares dos encantos e armadilhas do poder de Estado. Embora não haja nenhuma denúncia de corrupção envolvendo diretamente os generais-presidentes, muitos outros militares e civis foram alvos de denúncias durante o regime militar. (Disponível em: <http://memoriasdaditadura.org.br/corrupcao/>. Acesso em: 02 nov. 2016.)

[60] Disponível em:<http://noticias.uol.com.br/politica/ultimas-noticias/2015/04/01/conheca-dez-historias-de-corrupcao-urante-a-ditadura-militar.htm>. Acesso em: 02 out. 2016.

meio do samba carioca. Foi patrono da Vila Isabel e presidente da Liga Independente das Escolas de Samba (LIESA).

A vida dupla do delegado Fleury[61]

(Sérgio Paranhos Fleury) – Um dos nomes mais conhecidos da repressão, atuando na captura, na tortura e no assassinato de presos políticos, o delegado paulista Sérgio Fernandes Paranhos Fleury foi acusado pelo Ministério Público de associação ao tráfico de drogas e extermínios. Apontado como líder do Esquadrão da Morte, um grupo paramilitar que cometia execuções, Fleury também era ligado a criminosos comuns, segundo o MP, fornecendo serviço de proteção ao traficante José Iglesias, o "Juca", na guerra de quadrilhas paulistanas. No fim de 1968, ele teria metralhado o traficante rival Domiciano Antunes Filho, o "Luciano", com outro comparsa, e capturado, na companhia de outros policiais associados ao crime, uma caderneta que detalhava as propinas pagas a detetives, comissários e delegados pelos traficantes. O caso chegou a ser divulgado à imprensa por um alcaguete, Odilon Marcheronide Queiróz ("Carioca"), que acabou preso por Fleury e, posteriormente, desmentiu a história a jornais de São Paulo. Carioca seria morto pelo investigador Adhemar Augusto de Oliveira, segundo o próprio revelaria a um jornalista, tempos depois. Os atos do delegado na repressão, no entanto, lhe renderam uma Medalha do Pacificador e muita blindagem dentro do Exército, que deixou de investigar as denúncias. Promotores do Ministério Público foram alertados para interromper as investigações contra Fleury. De acordo com o relato publicado em "A Ditadura Escancarada", o procurador-geral da Justiça, Oscar Xavier de Freitas, avisou dois promotores em 1973: "Eu não recebo solicitações, apenas ordens. (…) Esqueçam tudo, não se metam em mais nada. Existem olheiros em toda parte nos fiscalizando. Nossos telefones estão censurados".

No fim daquele ano de 1973, o delegado chegou a ter a prisão preventiva decretada pelo assassinato de um traficante, mas o Código Penal foi reescrito para que réus primários com "bons antecedentes" tivessem direito à liberdade durante a tramitação dos recursos. Em uma conversa com Heitor Ferreira, secretário do presidente Ernesto Geisel (1974-1979), o general Golbery do Couto e Silva – então ministro do Gabinete Civil e um dos principais articuladores da ditadura militar –, classificou assim

---

[61] Folhapress. (Disponível em: <http://folhapress.folha.com.br/>. Acesso em: 02 out. 2016.)

o delegado Fleury, quando pensava em afastá-lo: "Esse é um bandido. Agora, prestou serviços e sabe muita coisa". Fleury morreu em 1979, quando ainda estava sob investigação da Justiça.

Governadores biônicos

Em 1970, uma avaliação feita pelo SNI ajudou a determinar quais seriam os governadores do Estado indicados pelo presidente Médici (1969-1974). No Paraná, Haroldo Leon Peres foi escolhido após ser elogiado pela postura favorável ao regime; um ano depois, foi pego extorquindo US$ 1 milhão de um empreiteiro, e obrigado a renunciar. Segundo o general João Baptista Figueiredo, chefe do SNI no governo Geisel, os agentes teriam descoberto que Peres "era ladrão em Maringá" se o tivessem investigado adequadamente. Na Bahia, Antônio Carlos Magalhães, em seu primeiro mandato no Estado, foi acusado em 1972 de beneficiar a Magnesita, da qual seria acionista, abatendo em 50% as dívidas da empresa.

O caso Lutfalla[62]

Outro governador envolvido em denúncias, já naquela época, foi Paulo Maluf. Dois anos antes de assumir o Estado, em 1979, ele foi acusado de corrupção no caso conhecido como Lutfalla – empresa têxtil de sua mulher, Sylvia, que recebeu empréstimos do Banco Nacional de Desenvolvimento (BNDE) quando estava em processo de falência. As denúncias envolviam também o ministro do Planejamento Reis Velloso, que negou as irregularidades, e terminou sem punições.

As mordomias do regime

Em 1976, as redações de jornal já tinham maior liberdade, apesar de ainda estarem sob censura. O jornalista Ricardo Kotscho publicou em "O Estado de São Paulo" reportagens expondo as mordomias de que ministros e servidores, financiados por dinheiro público, dispunham em Brasília. Uma piscina térmica banhava a casa do ministro de Minas e Energia, enquanto o ministro do Trabalho contava com 28 empregados. Na casa do governador de Brasília, frascos de laquê e alimentos eram comprados em quantidades desmedidas – 6.800 pãezinhos teriam sido adquiridos em um mesmo dia. Filmes proibidos pela censura, como o

---

[62] Estadão. (Disponível em: <http://estadao.com.br>. Acesso em: 10 out. 2016.)

erótico "Emmanuelle", eram permitidos na casa dos servidores que os requisitavam. Na época, os ministros não viajavam em voos de carreira, e sim em jatos da Força Aérea. Antes disso, no governo Médici já se observavam outras regalias: o ministro do Exército, cuja pasta ficava em Brasília, tinha uma casa de veraneio na serra fluminense, com direito a mordomo. Os generais de exército (quatro estrelas) possuíam dois carros, três empregados e casa decorada; os generais de brigada (duas estrelas) que iam para Brasília contavam com US$ 27 mil para comprar mobília. Cabos e sargentos prestavam serviços domésticos às autoridades, e o Planalto também pagou transporte e hospedagem a aspirantes para um churrasco na capital federal.

Delfim e a Camargo Corrêa

Delfim Netto – ministro da Fazenda durante os governos Costa e Silva (1967-1969) e Médici, embaixador brasileiro na França no governo Geisel e ministro da Agricultura (depois Planejamento) no governo Figueiredo – sofreu algumas acusações de corrupção. Na primeira delas, em 1974, foi acusado pelo próprio Figueiredo (ainda chefe do SNI), em conversas reservadas com Geisel e Heitor Ferreira. Delfim teria beneficiado a empreiteira Camargo Corrêa a ganhar a concorrência da construção da hidrelétrica de Água Vermelha (MG). Anos depois, como embaixador, foi acusado pelo francês Jacques de la Broissia de ter prejudicado seu banco, o Crédit Commercial de France, que teria se recusado a fornecer US$ 60 milhões para a construção da usina hidrelétrica de Tucuruí, obra também executada pela Camargo Corrêa. Em citação reproduzida pela "Folha de S.Paulo" em 2006, Delfim falou sobre as denúncias, que foram publicadas nos livros de Elio Gaspari: "Ele [Gaspari], retrata o conjunto de intrigas armado dentro do *staff* de Geisel pelo temor que o general tinha de que eu fosse eleito governador de São Paulo", afirmou o ex-ministro. O ex-Ministro Delfim Neto à época disse que se tratava de velhas intrigas que sempre foram esclarecidas e que nunca teve participação nos eventos relatados.

As Comissões da General Electric

Durante um processo no Conselho Administrativo de Defesa Econômica (Cade), em 1976, o presidente da General Electric no Brasil, Gerald Thomas Smilley, admitiu que a empresa pagou comissão a alguns funcionários no país para vender locomotivas à estatal Rede Ferroviária Federal, segundo noticiou a "Folha de S.Paulo", na época.

Em 1969, a Junta Militar que sucedeu Costa e Silva e precedeu Médici havia aprovado um decreto-lei que destinava "fundos especiais" para a compra de 180 locomotivas da GE. Na época, um dos diretores da empresa no Brasil era Alcio Costa e Silva, irmão do ex-presidente, morto naquele mesmo ano de 1969. Na investigação de 1976, o Cade apurava a formação de um cartel de multinacionais no Brasil e o pagamento de subornos e comissões a autoridades para a obtenção de contratos.

Newton Cruz, Caso Capemi e o Dossiê Baumgarten[63]

O jornalista Alexandre von Baumgarten, colaborador do SNI, foi assassinado em 1982, pouco depois de publicar um dossiê acusando o general Newton Cruz de planejar sua morte – segundo o ex-delegado do Dops Cláudio Guerra, em declaração de 2012, a ordem partiu do próprio SNI. A morte do jornalista teria ligação com seu conhecimento sobre as denúncias envolvendo Cruz e outros agentes do Serviço no escândalo da Agropecuária Capemi, empresa dirigida por militares, contratada para comercializar a madeira da região do futuro lago de Tucuruí. Pelo menos US$ 10 milhões teriam sido desviados para beneficiar agentes do SNI no início da década de 1980. O general foi inocentado pela morte do jornalista.

Caso Coroa-Brastel

Delfim Netto sofreria uma terceira acusação direta de corrupção, dessa vez como ministro do Planejamento, ao lado de Ernane Galvêas, ministro da Fazenda, durante o governo Figueiredo. Segundo a acusação apresentada em 1985, pelo procurador-geral da República José Paulo Sepúlveda Pertence, os dois teriam desviado irregularmente recursos públicos por meio de um empréstimo da Caixa Econômica Federal ao empresário Assis Paim, dono do grupo Coroa-Brastel, em 1981. Galvêas foi absolvido em 1994, e a acusação contra Delfim – que disse na época que a denúncia era de "iniciativa política" – não chegou a ser examinada.

Grupo Delfin

Denúncia feita pela "Folha de S.Paulo" de dezembro de 1982 apontou que o Grupo Delfin, empresa privada de crédito imobiliário, foi beneficiado pelo governo por meio do Banco Nacional da Habitação

---

[63] Folhapress. (Disponível em: <http://folhapress.folha.com.br/>. Acesso em: 02 out. 2016.)

ao obter Cr$ 70 bilhões para abater parte dos Cr$ 82 bilhões devidos ao banco. Segundo a reportagem, o valor total dos terrenos usados para a quitação era de apenas Cr$ 9 bilhões. Assustados com a notícia, clientes do grupo retiraram seus fundos, o que levou a empresa à falência pouco depois. A denúncia envolveu os nomes dos ministros Mário Andreazza (Interior), Delfim Netto (Planejamento) e Ernane Galvêas (Fazenda), que chegaram a ser acusados judicialmente por causa do acordo.

Outros tantos estudiosos relatam casos do período, da Transamazônica à Rede Ferroviária. Juremir Machado da Silva,[64] citando o historiador Carlos Fico, expõe os seguintes fatos:

O historiador Carlos Fico, em "Como eles agiam", mostra que a ação contra a suposta "crise moral" foi o mote dos militares. Sempre que a expressão "dissolução de costumes" se espalha, tem autoritarismo no ar. Os ditadores queriam acabar com a corrupção, que viam como um traço cultural muito "característico do brasileiro". O ministro Armando Falcão, pilar da ditadura, chegou a dizer: "O problema mais grave no Brasil não é a subversão. É a corrupção. Muito mais difícil de caracterizar, punir e erradicar". Com o AI-5, de 1968, a ditadura dotou-se de mecanismo mais contundente para confiscar bens de corruptos. A Comissão Geral de Investigações, de 17 de dezembro de 1968, propunha-se a "promover investigações sumárias para o confisco de bens de todos quantos tenham enriquecido ilicitamente, no exercício do cargo ou função pública". A roubalheira correu solta durante todo o regime militar. Carlos Fico conta que, entre 1968 e 1973, auge da ditadura, a CGI analisou 1.153 processos de corrupção. Aprovou 41 confiscos de um total de 58 pedidos. Entre os investigados ou condenados, "mais de 41% dos atingidos eram políticos (prefeitos e parlamentares) e aproximadamente 36% eram funcionários públicos. Num único ato, em 1973, chegaram ao Sistema CGI cerca de 400 representações ou denúncias". Seria o caso de dizer: nunca se roubou tanto no país quanto em 1973. O alto comando militar do país, quando confrontado com a roubalheira, exclamava: "Não sabíamos". E explicava: "Estamos investigando. Vamos punir". Carlos Fico pergunta: "Por que, então, fracassou a iniciativa de 'combate à corrupção' do regime militar pós – AI-5?". A resposta vai enfurecer os adeptos da nostalgia: "Em primeiro lugar, a impossibilidade de manter os militares num compartimento estanque, imunes à corrupção, notadamente quando já ocupavam tantos cargos importantes

---

[64] Disponível em: <http://www.correiodopovo.com.br/blogs/juremirmachado/2014/03/5810/o-tamanho-da-corrupcao-na-ditadura/>. Acesso em: 10 out. 2016.

da estrutura administrativa federal. Não terão sido poucos os casos de processos interrompidos por causa da identificação de envolvimento de afiliados ao regime". Fico sabe do que fala. Foi um dos primeiros a ter acesso a arquivos com material sigiloso do regime. Examinou todos os processos de confisco no Arquivo Nacional. Cláudio Guerra, no recente "Memórias de uma guerra suja", afirma que o regime financiou a repressão, na sua fase final, com dinheiro do jogo do bicho. Cita empresários, como o dono da Itapemirim, que receberam vantagens oficiais pelos bons serviços à repressão.

Entre os anos 1980, durante o período da ditadura, destacam-se, ainda, os seguintes casos: *Capemi, Grupo Delfin, Baumgarten, Escândalo da Mandioca, PROCONSULT, Polonetas, Instituto Nacional de Assistência Médica – INAMPS, Coroa Brastel, IBRAHIM ABI ACKEL – Escândalo das Joias, Ministério das Comunicações, CPI da Corrupção de 1988, Caso Chiarelli, Rabo de Palha*.[65]

Com a descrição até aqui efetuada, verifica-se que a corrupção sistêmica, que tem característica endêmica, sempre existiu. Todavia, estava escondida. A censura não permitia a liberdade política e a de expressão que temos atualmente, além de inexistir instituições organizadas e com atribuições para o combate à corrupção, na forma que temos hoje.

1.1.1.3 Redemocratização

O período da redemocratização inicia em 1985, com a eleição indireta de Tancredo Neves, substituído por José Sarney, seu vice, tendo em vista seu falecimento.

Deste período até os atuais, temos descrições e registros mais acentuados. Vamos nos concentrar nos dois processos de *impeachment* por que o Brasil já passou. O primeiro, do ex – Presidente Fernando Collor de Mello, primeiro Presidente eleito diretamente do Brasil democratizado; e da Presidenta Dilma Rousseff, recentemente ocorrido. Além de elencar casos identificados nos períodos dos anos 1980, em diante.

Nos anos 1990 estão descritos os seguintes casos de corrupção:[66] *INSS; BCCI; Legião Brasileira de Assistência (LBA); Georgina de Freitas; Vale do Rio Doce; Esquema PP; PC Farias; Eletronorte; FGTS; Banco Central; Merenda Escolar; Empresas Estatais – Era Collor; VASP*

---

[65] Disponível em:<http://www.cepcorrupcao.com.br/?page_id=97&lang=pt>. Acesso em: 02 out. 2016.

[66] Disponível em:<http://www.cepcorrupcao.com.br/?page_id=97&lang=p>.

– Viação Aérea de São Paulo; Banco do Brasil; Caso Edmundo Pinto; Departamento Nacional de Obras Contra as Secas (DNOCS); Indústria Brasileira de Formulários (IBF); Nilo Coelho; Eliseu Resende; Quebras do BANDERN e do BDRN; Telemig; Jogo do Bicho; Paubrasil –Paubrasil Engenharia e Montagens; Anões do Orçamento; Compra e Venda dos Mandatos dos Deputados do PSD; TV Jovem Pan – CPI; Parabólicas; Banco Econômico; Sivam; Pasta Rosa; Máfia dos Gafanhotos; Administração de Paulo Maluf – São Paulo; BNDES; Escândalo da Compra de Votos Para Emenda da Reeleição; Administração do PT; Precatórios(Celso Pitta); Banestado; Escândalo da Encol; Mesbla e Mappin; Banespa; Remédios Falsificados; Desvalorização do Real; Máfia dos Fiscais – São Paulo; Banco Marka; Dossiê Cayman; Grampos contra FHC e Aliados; Judiciário – CPI; Escândalo dos Bancos; Narcotráfico – CPI; Crime Organizado – CPI; Banda Podre do Rio de Janeiro; Criação da ANP; Transbrasil; Sistema Telefônico Privatizado – "O Caladão"; Desvios de verba do TRT ou Caso Lalau; Sudam; Sudene; Banpará; Administração de Mão Santa no Piauí; Acidentes ambientais da Petrobrás; Abuso de Medidas Provisórias; Abafamento das CPIs no governo de FHC; Corrupção dos ministros do governo FHC; Caso Restaurante Gulliver; Ganhe Já – José Agripino Maia.

O Caso da Fraude na Previdência Social,[67] também conhecido como "Caso Georgina de Freitas", identificou a advogada nominada como maior fraudadora da Previdência, entre os anos de 1980 e 1990. Esse esquema envolvia servidores, procuradores do INSS, advogados e juízes, em ações contra o INSS, de indenizações, de revisão de pensão e aposentadorias.

Também se destaca neste período, o Escândalo dos Anões do Orçamento.[68] Integrantes da Comissão Mista de Planos, Orçamentos Públicos e Fiscalização do Congresso Nacional receberam benefícios pessoais indevidos, incluindo dotações orçamentárias de serviços e obras públicas para empresas vencerem a licitação, agindo em conluio. Também aprovavam a concessão de verbas de subvenções sociais a entidades por eles controladas, sendo, muitas delas organizações filantrópicas "fantasmas" ligadas a "laranjas" e a parentes dos congressistas. O montante dessas subvenções era utilizado para financiar campanhas políticas. Eram também obtidos recursos por meio do recebimento de propinas, tanto de prefeituras como de empreiteiras, ambas para adquirirem recursos para a realização de obras já previstas no Orçamento.

---

[67] FURTADO, *op. cit.*, p. 233.
[68] *Ibidem*, p. 247.

Seis deputados tiveram seus mandatos cassados. O caso veio a público após um dos assessores do Senado José Carlos Alves dos Santos denunciar o esquema, após ser preso e acusado de assassinar a esposa, Ana Elisabeth Lofrano dos Santos, que sabia do seu envolvimento em tais irregularidades, inclusive da manutenção de dólares em casa, que foram descobertos pela polícia na investigação da morte.

Nos anos 2000 a 2010, inúmeros outros casos foram descritos, identificados e punidos. A diferença entre os casos dos anos 1980 e os que os sucederam é que, no período democrático, as instituições foram reestruturadas e aparelhadas para que os processos de apuração pudessem respeitar o devido processo legal e chegar ao final.

São desses anos os escândalos políticos mais rumorosos, dentre os quais se destaca o Mensalão, que deu início a apuração dos casos envolvendo os Governos Petistas e o Mensalão Tucano que até hoje segue sem decisão definitiva.

São deste período os casos conhecidos pelos nomes a seguir arrolados: *Luiz Estevão; Quebra do Sítio do Painel do Senado; Toninho do PT; Celso Daniel; Lunus; Propinoduto; Valerioduto; CPI da Pirataria; Luiz Augusto Candiota; Vampiros; Irregularidades no Programa Bolsa Família; Correios; Escândalo do IRB; Novadata; Itaipu; Furnas; Mensalão; Leão & Leão; SECOM; Brasil Telecom; CPEM; Mensalão Tucano; Dólares na cueca; Banco Santos; Daniel Dantas; Banco BMG; Fundos de Pensão; Grampos na Abin; Foro de São Paulo; Mensalinho; Toninho Barcelona; Doação de Roupas; Nossa Caixa; Quebra do Sigilo bancário – Francenildo; Cartilhas do PT; Gastos de Combustíveis dos Deputados; Sanguessugas; Confraria; Dominó; Saúva; Escândalo do Dossiê; Renascer em Cristo; Operação Testamento; CPI da Ampla; CPI da Crise Aérea; Hurricane; Octopus; Operação Navalha; Operação Xeque-Mate; Operação Moeda Verde; Renan Calheiros; Concessões de Emissoras de Rádio e TV; Operação Hurricane II; Joaquim Roriz; Operação Babilônia; Operação Firula; Corinthians; Fraudes Exames OAB; Operação Águas Profundas – Petrobrás; Cássio Cunha Lima; CPI da Pedofilia; Cartões Corporativos; Bancoop; BNDES; Máfia das CNHs – DETRAN de SP; Álvaro Lins; Venda Brasil Telecom; Petrobrás – Ongs; Petrobrás – Patrocínio de Festas Juninas; Financiamento MST; INCRA; Jogos Panamericanos Rio; Ferrovia Norte-Sul; Falência da Varig; VARILOG; Dossiê da Casa Civil; PAC; Petrobrás – Bolívia; Apagão Aéreo; Licitações da INFRAERO; Ipea; Igreja Universal do Reino de Deus; Coelce; Enersul; CPI da Conta de Luz; CPI das ONGs; Gripe Suína; Trem Bala Rio-São Paulo; Boi Barrica; Fundação José Sarney; Operação*

Anaconda; Censura ao jornal O Estado de S. Paulo; Administração de Jayme Campos (Mato Grosso); Atos secretos do Senado; CPI dos Bingos (ou Caso Waldomiro Diniz); Receita Federal – Lina Vieira; Escândalo das passagens aéreas; Escândalo do BNDES – Paulinho da Força Sindical; Irregularidades FAT; Vazamento de informações Operação Mão de Obra; Operação Dejavu; Operação Satiagraha – NajiNahas, Daniel Dantas, Celso Pitta; Operação Selo; Operação MAET; Operação Simulacro; Operação Gárgula II; Operação Rapina V; Operação Saturnus; Operação Parceria; Operação Pathos; Operação Boa Viagem; Operação Pluto; Operação Goliath; Operação Céu de Brigadeiro; Operação Paga; Operação Em Nome do Filho.[69]*

Maior referência de combate à corrupção no Brasil no momento, a Operação LavaJato[70] tem seu início em março de 2014. Trata-se de uma Força-Tarefa entre a Polícia Federal e o Ministério Público Federal, situada em Curitiba, com uma Vara com atuação específica, em função da quantidade de denúncias e desdobramentos que apura. O juiz Sergio Moro, titular desta 13ª Vara Criminal tem se destacado publicamente pela condução dos trabalhos. Somente a LavaJato, em função dos desdobramentos, repercussão política e jurídica, mereceu uma dissertação própria.

Contudo, para os efeitos e nos limites do trabalho aqui relatado, tem-se que se trata de investigação de grande esquema de lavagem e desvio de dinheiro, envolvendo a Petrobrás (empresa brasileira de petróleo), grandes empreiteiras, políticos e funcionários da estatal. Ao longo do período foram milhares de procedimentos instaurados, mais de uma centena e meia de presos, sendo a maior parte de prisões preventivas, diversos acordos de leniência e delações premiadas. No ano de 2016, a repercussão da LavaJato influenciou diretamente o *impeachment* da Presidenta Dilma.

Os partidos denunciados na LavaJato são os seguintes: PT, PMDB, PP, PTB e PSDB. Em termos de número de parlamentares investigados o maior é do PP.[71] Todavia, os efeitos devastadores recaem sobre o PT, partido político dos Presidentes Lula e Dilma.

---

[69] Disponível em: <http://www.cepcorrupcao.com.br/1990/Anos-1990-24-Anoes-do-orcamento1.pdf>. Acesso em: 01 out. 2016.

[70] Disponível em: <http://www.prpr.mpf.mp.br/news/ministerio-publico-federal-oferece-mais-tres-denuncias-da-operacao-lava-jatoe http://lavajato.mpf.mp.br/>. Acesso em: 04 out. 2016.

[71] Disponível em: <http://infograficos.oglobo.globo.com/brasil/politicos-lava-jato.html>.; ver também <http://www.prpr.mpf.mp.br/news/ministerio-publico-federal-oferece-mais-tres-denuncias-da-operacao-lava-jato>.; e <http://lavajato.mpf.mp.br/>. Acesso em: 04 out. 2016.

1.1.1.4 Processo de *impeachment* de Fernando Collor de Mello[72]

O primeiro Presidente da República civil eleito por voto direto desde 1960 foi Fernando Affonso Collor de Mello, escolhido em dois turnos, nos termos do que dispõe a Constituição Federal. Durou de 15 de março de 1990 a 2 de outubro de 1992, quando foi afastado da Presidência da República para responder ao processo de *impeachment*. No período houve intensa manifestação popular, sobretudo dos jovens, conhecidos como "caras-pintadas".

A denúncia que deu origem ao processo de *impeachment* foi de seu irmão Pedro Collor de Mello e envolvia esquema de recursos para campanha política conhecido como PC-Farias, pois era encabeçado pelo tesoureiro da campanha presidencial Paulo Cesar Farias. O processo se estendeu por sete meses. Foi formada Comissão Parlamentar Mista de Inquérito para apurar os fatos denunciados e capazes de configurar ilícito penal e crime de responsabilidade. A denúncia foi oferecida pelo Presidente da Associação Brasileira de Imprensa (ABI) Barbosa Lima Sobrinho, e da Ordem dos Advogados do Brasil (OAB) Marcelo Lavenère. Antes da finalização do processo Fernando Collor de Mello renunciou, porém o *impeachment* foi aprovado, ele perdeu os direitos políticos e assumiu seu vice, que completou o mandato.

Os delitos segundo os quais Collor foi denunciado são os seguintes: corrupção ativa, prevaricação, advocacia administrativa, formação de quadrilha. Paulo Cesar Farias foi identificado como principal mentor de esquema de venda de favores a empresários, e outras negociatas, quem teria arrecadado muito dinheiro para financiar a campanha eleitoral de Collor em troca de promessas de benefícios e contratações com o governo, surgindo então as "sobras de campanha" ou "caixa dois".[73] A única prisão que ocorreu neste *impeachment* foi de Paulo Cesar Farias.

---

[72] Disponível em: <http://www2.camara.leg.br/atividade-legislativa/plenario/discursos/escrevendohistoria/20-anos-do-impeachment/20-anos-do-impeachment-do-presidente-fernando-collor>. Acesso em 28 maio 2016.

[73] Disponível em: <http://www2.camara.leg.br/atividade-legislativa/plenario/discursos/escrevendohistoria/20-anos-do-impeachment/20-anos-do-impeachment-do-presidente-fernando-collor>. Acesso em: 28 maio 2016. Sucessão de fatos do *impeachment*:
- **15 de março de 1990** – Fernando Collor de Mello toma posse como Presidente da República eleito com 35 milhões. **Maio de 1992** – O irmão de Fernando Collor, Pedro Collor, acusa PC Farias de ser o "testa-de-ferro" do Presidente; **1º de junho de 1992** – O Congresso Nacional instala uma Comissão Parlamentar Mista de Inquérito (CPMI) para apurar os negócios de PC Farias no Governo Collor, tendo como Presidente, Deputado Benito Gama, e Relator, Senador Amir Lando. Tramitação da CPMI. **4 de junho de 1992** – Pedro Collor, irmão do Presidente Collor, depõe na CPMI e acusa PC Farias de montar uma

rede de tráfico de influência no Governo, com a conivência do Presidente; **Julho de 1992** – O motorista do Presidente Collor, Eriberto França, vai ao Congresso Nacional para depor na CPMI e confirma os depósitos de PC Farias para a Secretária do Presidente, Ana Acioli.; **21 de agosto de 1992** – A CPMI confirma que a reforma na Casa da Dinda foi paga pela Brasil Jet. Cerca de 40 mil estudantes cariocas, convocados pela UNE, pediram o *impeachment* de Collor; **26 de agosto de 1992** – Depois de 85 dias de trabalho da CPMI, o Senador Amir Lando conclui seu relatório, que incrimina o Presidente Collor. O texto é aprovado na Comissão por 16 a favor e 5 contra. Relatório Final da CPMI, publicado no DCD 16/09/1992; **1º de setembro de 1992** – Em meio a uma onda de manifestações por todo o país, os Presidentes da ABI, Barbosa Lima Sobrinho, e da OAB, Marcelo Lavenère, apresentam à Câmara dos Deputados o pedido de *impeachment* do Presidente Collor; **3 de setembro de 1992** – A Câmara institui Comissão Especial para dar parecer sobre a Denúncia contra o Presidente da República por crime de responsabilidade, tendo como Presidente, Deputado GastoneRighi, e Relator, Deputado Nelson Jobim. Tramitação da matéria.; **29 de setembro de 1992** – A Câmara dos Deputados vota a favor da abertura do processo de *impeachment* de Collor por 441 votos a favor, 38 contra, 1 abstenção e 23 ausentes.; **1º de outubro de 1992** – O processo de *impeachment* é instaurado no Senado Federal. Tramitação da matéria. **2 de outubro de 1992** – Presidente Fernando Collor é afastado da Presidência da República até o Senado Federal concluir o processo de *impeachment*. O Vice-Presidente Itamar Franco assume provisoriamente o Governo e começa a escolher sua equipe ministerial; **29 de dezembro de 1992** – Começa o julgamento do Presidente Fernando Collor no Senado Federal. O Presidente Collor renuncia por meio de uma carta lida pelo advogado Dr. José Moura Rocha para evitar o *impeachment*; **30 de dezembro de 1992** – Por 76 votos a favor e 2 contra, Fernando Collor é condenado à inabilitação, por oito anos, para o exercício de função pública, sem prejuízo das demais sanções judiciais cabíveis; RESOLUÇÃO Nº 101, DE 1992 – Dispõe sobre sanções no Processo de *Impeachment* contra o Presidente da República, Fernando Affonso Collor de Mello, e dá outras providências; **1º de junho de 1992** – O Congresso Nacional instala uma Comissão Parlamentar Mista de Inquérito (CPMI) para apurar os negócios de PC Farias no Governo Collor, tendo como Presidente, Deputado Benito Gama, e Relator, Senador Amir Lando. Tramitação da CPMI. Arquivo em PDF.; **4 de junho de 1992** – Pedro Collor, irmão do Presidente Collor, depõe na CPMI e acusa PC Farias de montar uma rede de tráfico de influência no Governo, com a conivência do Presidente; **julho de 1992** – O motorista do Presidente Collor, Eriberto França, vai ao Congresso Nacional para depor na CPMI e confirma os depósitos de PC Farias para a Secretária do Presidente, Ana Acioli.

- **21 de agosto de 1992** – A CPMI confirma que a reforma na Casa da Dinda foi paga pela Brasil Jet. Cerca de 40 mil estudantes cariocas, convocados pela UNE, pediram o *impeachment* de Collor.
- **26 de agosto de 1992** – Depois de 85 dias de trabalho da CPMI, o Senador Amir Lando conclui seu relatório, que incrimina o Presidente Collor. O texto é aprovado na Comissão por 16 a favor e 5 contra. Relatório Final da CPMI, publicado no DCD 16/09/1992.
- **1º de setembro de 1992** – Em meio a uma onda de manifestações por todo o país, os Presidentes da ABI, Barbosa Lima Sobrinho, e da OAB, Marcelo Lavenère, apresentam à Câmara dos Deputados o pedido de *impeachment* do Presidente Collor.
- **3 de setembro de 1992** – A Câmara institui Comissão Especial para dar parecer sobre a Denúncia contra o Presidente da República por crime de responsabilidade, tendo como Presidente, Deputado Gastone Righi, e Relator, Deputado Nelson Jobim. Tramitação da matéria.
- **29 de setembro de 1992** – A Câmara dos Deputados vota a favor da abertura do processo de *impeachment* de Collor por 441 votos a favor, 38 contra, 1 abstenção e 23 ausentes.
- **1º de outubro de 1992** – O processo de *impeachment* é instaurado no Senado Federal. *Tramitação da matéria. Arquivo em PDF.*
- **2 de outubro de 1992** – Presidente Fernando Collor é afastado da Presidência da República até o Senado Federal concluir o processo de *impeachment*. O Vice-Presidente Itamar Franco assume provisoriamente o Governo e começa a escolher sua equipe ministerial.

1.1.1.5 *Impeachment* da Presidenta Dilma Rousseff [74]

A Presidenta Dilma Rousseff foi reeleita para seu segundo mandato em novembro de 2014. Foi a eleição mais difícil desde a re-democratização do país. Dilma fez 51,64% dos votos válidos e Aécio Neves 48,36%, perfazendo, respectivamente, 54,5 (cinquenta e quatro milhões e meio de votos) contra 51 milhões de votos.

Dilma foi candidata pela coligação que já a elegera para o 1º mandato, PT/PMDB. Aécio foi o candidato do PSDB. O projeto representado por Dilma teve início com Lula que permaneceu por dois mandatos. O projeto representado por Aécio Neves governou o país nos dois mandatos sucessivos de Fernando Henrique Cardoso, sucedido por Lula.

O processo do *impeachment* teve os seguintes desdobramentos. Em 02 de dezembro de 2015, o Deputado Eduardo Cunha, Presidente da Câmara dos Deputados, recebeu a denúncia por Crime de Responsabilidade oferecida por Miguel Reale Júnior, Hélio Pereira Bicudo e Janaína Conceição Paschoal, contra a Presidenta da República, Dilma Vana Rousseff.

Na sessão datada de 17 de abril de 2016, o Plenário da Câmara dos Deputados "autorizou a abertura de processo contra a Presidente da República, por crime de responsabilidade", mediante voto favorável de 367, tendo como motivo o seguinte:

> [...] abertura de créditos suplementares por Decreto Presidencial, sem a autorização do Congresso Nacional (Constituição Federal, art. 85, IV e art. 167, V; e Lei nº 1.079, de 1950, art. 10, item 4 e art. 11, item 2), e da contratação ilegal de operações de crédito (Lei n. 1.079, de 1950, art. 11, item 3).

Esta sessão se realizou em um domingo, foi transmitida ao vivo pelas emissoras de televisão e teve regras específicas definidas pelo Presidente da Câmara.

- **29 de dezembro de 1992** – Começa o julgamento do Presidente Fernando Collor no Senado Federal. O Presidente Collor renuncia por meio de uma carta lida pelo advogado Dr. José Moura Rocha para evitar o *impeachment*.
- **30 de dezembro de 1992** – Por 76 votos a favor e 2 contra, Fernando Collor é condenado à inabilitação, por oito anos, para o exercício de função pública, sem prejuízo das demais sanções judiciais cabíveis.
- **RESOLUÇÃO Nº 101, DE 1992** – Dispõe sobre sanções no Processo de *Impeachment* contra o Presidente da República, Fernando Affonso Collor de Mello, e dá outras providências.

[74] Síntese dos fatos extraídos da sentença publicada no Diário do Senado Federal n. 141, Publicado em 1º.9.2016, Sessão de 31.8.2016.

Encaminhado para o Senado Federal, a Comissão Especial do Processo de *Impeachment*, por meio do Senador Raimundo Lira como Presidente e designado como relator o Senador Antonio Anastasia, aprovou parecer preliminar pela admissibilidade do processo, que veio a ser aprovado pelo Plenário do Senado Federal na sessão do dia 11 de maio de 2016, por 55 (cinquenta e cinco) votos.

Na data de 12 de maio assumiu a Presidência do Senado Federal o Presidente do Supremo Tribunal Federal para presidir o Processo de *Impeachment*. Na instrução foram ouvidas duas testemunhas indicadas pela acusação, trinta e seis testemunhas e dois informantes arrolados pela defesa, quatro testemunhas do juízo, além de uma Junta Pericial, composta por três servidores efetivos do Senado Federal, assim como apresentados laudos elaborados pelos assistentes técnicos da acusação e da defesa.

O libelo acusatório, em síntese, imputou à Presidenta a abertura de créditos suplementares sem a autorização do Congresso Nacional e a realização de operações de crédito com instituição financeira controlada pela União. A defesa alegou que não houve abertura de créditos, mas uma operação contábil feita por diversos governos (foi conhecida como pedalada fiscal). O dinheiro havia, porém não no momento, sendo questão de dias. Por isso, foi cunhado o termo "pedalada".

A Presidenta foi interrogada durante o processo por aproximadamente 11 horas e 35 minutos, respondendo às perguntas de quarenta e oito Senadores. Após os debates orais entre as partes, houve discussão da matéria pelos Senadores, oportunidade em que sessenta e três parlamentares fizeram uso da Tribuna. Até a sentença, o presente processo continha 72 volumes e cerca de 27.000 páginas.

O Senado Federal entendeu que a Senhora Presidenta da República Dilma Vana Rousseff cometeu os crimes de responsabilidade consistentes em contratar operações de crédito com instituição financeira controlada pela União e editar decretos de crédito suplementar sem autorização do Congresso Nacional, previstos nos art. 85, inciso VI, e art. 167, inciso V, da Constituição Federal, bem como no art. 10, itens 4, 6 e 7, e art. 11, itens 2 e 3, da Lei nº 1.079, de 10 de abril de 1950. Foram 61 votos favoráveis, 20 votos contrários e nenhuma abstenção, ficando, assim, a acusada condenada à perda do cargo de Presidente da República Federativa do Brasil.

O Senado Federal, a partir da decisão do Presidente do Supremo Tribunal Federal (STF) que presidia a sessão, cindiu a votação da existência de crime de responsabilidade e da perda dos direitos políticos. Por esse motivo, em votação subsequente, o Senado Federal decidiu afastar a pena de inabilitação para o exercício da função pública, em virtude de não se haver obtido nesta votação 2/3 dos votos constitucionalmente previstos, tendo-se verificado 42 votos favoráveis à aplicação da pena, 36 contrários e três abstenções.

Por esses motivos jurídicos, a Presidenta Dilma perdeu o mandato, assumindo seu vice, Michel Temer, porém não perdeu seus direitos políticos.

A sessão que aprovou o *impeachment* na Câmara dos Deputados ocorreu em 17 de abril de 2016. Em 05 de maio de 2016, o Presidente da Câmara dos Deputados que comandou o *impeachment*, Eduardo Cunha, foi afastado do cargo de Presidente da Câmara por decisão do STF. Em 13 de setembro, a Câmara dos deputados, após longo processo cassou seu mandato. Em 20 de outubro de 2016, foi preso pela Operação LavaJato. Os fatos pelos quais responde decorrem de recebimento de propina e manutenção de conta não declarada no exterior, abastecida de dinheiro público ilicitamente recebido. Eduardo Cunha, sua esposa e filha, são acusados de crimes de corrupção, lavagem de dinheiro e evasão fraudulenta de divisas.

Lendo os jornais brasileiros e ouvindo os telejornais nos últimos dois anos, temos a sensação de que a corrupção no Brasil teve início com os Governos do Partido dos Trabalhadores (PT) e com as denúncias da Operação LavaJato, importante investigação que envolve a Polícia Federal e o Ministério Público Federal, e tem designação de Vara Especializada do Judiciário brasileiro, situada na cidade de Curitiba, tendo como titular o Juiz Federal Sergio Moro.

Todavia, a descrição ora efetuada dá conta de uma realidade que está muito além disso, tanto em escala, quanto em incidência. A diferença é que estamos em um momento com instrumentos de apuração,[75] aliado à ampla cobertura da imprensa, pois estamos na democracia. De outra parte, cabe salientar o processo de "contaminação" do sistema jurídico com o moral de modo cada vez mais intenso. Já o sistema da política vem sendo fortemente influenciado pelo sistema jurídico, em especial a LavaJato. As decisões da Operação atingiram ápices de influência na moral, por meio da opinião pública e, por decorrência na política, muito amplas. Situações a exemplo do vazamento ilegal de conversas telefônicas com a Presidenta e o ex-presidente Lula foram o combustível para as manifestações no país que ocorreram em abril

---

[75] No próximo capítulo veremos a estruturação ocorrida no Brasil para o combate à corrupção, seguindo a agenda internacional.

de 2016 e que desencadearam a força do *impeachment*. A liberação das gravações foi ilegal, o Juiz da causa declarou que fora involuntário; todavia, o efeito já estava dado.

Estamos diante de um processo de contaminação entre os sistemas jurídico, moral e político. Os efeitos estão sendo sentidos e ainda devem ser amplamente descritos.

Benedetto Croce (1956),[76] reconhecido escritor de história política e literária italiana, comentando o escândalo da "Banca romana" – escândalo financeiro do final do século XIX que afetou aquela sociedade – diz que a existência de especuladores, políticos pouco escrupulosos e dignos, administradores fraudulentos, empregados infiéis ou venais, pequenos e grandes roubos, são coisas de todos os tempos e de todos os países. Há períodos que por força das circunstâncias ou da intensidade, o fenômeno da corrupção se adensa e se intensifica de tal modo que irrompe de forma bastante grave. Para Croce, o efeito mais danoso para a sociedade se dá quando a corrupção se adensa e não explode, permanece oculta, pois não ocorre a possibilidade de correção do comportamento ilícito.[77]

As considerações de Croce servem ao exame da questão no sentido histórico, bem como para compreensão da extensão do fenômeno na humanidade e das diversas possibilidades abertas a partir da identificação do problema, sobretudo, das diferenciações a serem efetuadas.

A descrição histórica realizada faz perceber os diversos discursos, ilustra as práticas e dá a dimensão das mutações ocorridas ao longo dos tempos. As práticas corruptivas acompanham as mudanças de tempo, se modificam de acordo com o tempo histórico, o tipo de governo, o reconhecimento da moral e das leis de cada período e se aperfeiçoam de acordo com cada sociedade.

Se na antiguidade a corrupção era entendida como de costumes, era disseminada na promíscua relação estado/igreja, era confundida e disseminada com práticas consideradas imorais, na Idade Moderna iniciamos um ciclo que permite identificar as práticas corruptivas. Todavia,

---

[76] CROCCE, Benedetto. *Storia d'italiadal 1871 al 1915*. 11. Ed. Bari: Laterza e Figli, 1956.

[77] Affaristi, uomini politici poco scruposoli e poco dignitosi, amministratori fraudolenti, impiegati infedeli o venali, e piccole e grosse rapine, sono cose di tutti i tempi e di tutti i paesi, e in certi tempi e in certi paesi, per effetto di talune circostanze, si addensano e scoppiano in modo grave; ma il male vero si ha quando si addensano e non scoppiano, cioè quando non danno luogo alla reazzione della coscienza onesta, al castigo e alla correzione: il che non si può dire che non accadesse allora in Itália, dove si ebbe col male il rimedio, e gli "scandali" cessarono di esser tali, appunto perché furono qualificati e trattati come tali. (*Ibidem*, p. 200-201.)

o percurso do tema oscilou, em determinados momentos foi aceita e incentivada tanto socialmente como mecanismo de desenvolvimento.

Por ora, visando, ainda, a situar o tema a partir do que já foi produzido, preocupar-nos-emos em descrever o conteúdo produzido a partir dos estudos da corrupção.

Para conhecimento das descrições produzidas sobre a corrupção utilizaremos Cazzola.[78] No primeiro capítulo de sua obra, o autor se ocupa em estabelecer critérios para descrição da corrupção, citar e analisar as teorias sobre corrupção política, bem como descrever as fontes desta. Seu estudo é um clássico e tem por escopo o exame na Itália, a partir de robusta pesquisa teórica e empírica.

A pesquisa empírica por ele realizada examinou a corrupção política e parlamentar, utilizando como método o exame dos dados do judiciário. O autor sistematizou os casos registrados ao longo da história italiana. Para tanto, debruçou-se sobre arquivos históricos, precedentes judiciais, casos administrativos, realizando uma pesquisa bastante abalizada, tornando-se leitura obrigatória para quem estuda e analisa o tema da corrupção. No âmbito do Judiciário fez extensa pesquisa nos casos decididos nos Tribunais italianos, bem como nos registros existentes. A partir do diagnóstico por ele apresentado muito foi produzido. Na pesquisa, preocupou-se em refletir para que serve a corrupção, que sistema produz a corrupção, porque esta nasce e se desenvolve e quais os efeitos produzidos na sociedade. Para fins metodológicos os dados coletados foram separados por região do país, partido político, setores, áreas geográficas, tempo histórico e cruzaram-se esses dados. Em seu livro há análise da corrupção da direita e da esquerda e identificação dos casos e incidência por região da Itália.

No âmbito deste trabalho, destacam-se as diferenciações por ele produzidas, apontando os critérios para identificar o que é corrupção, as teorias por ele citadas, as descrições da corrupção política e parlamentar por ele produzida, a partir dos dados coletados ao longo de sua pesquisa empírica.

A ênfase da sua pesquisa é a corrupção dos partidos políticos, decorrente do financiamento destes e das respectivas campanhas eleitorais. Esses elementos serão citados, a fim de contextualizar a questão. Todavia a corrupção dos partidos políticos e do financiamento das campanhas políticas não é o foco deste trabalho. Interessa-nos destacar

---

[78] CAZZOLA, *op. cit.*, p. 11.

os dados por setor, haja vista que as licenças edilícias, elemento da corrupção urbanística, aparecem com grande ênfase.

No Brasil não localizamos pesquisa empírica publicada que possibilitasse pensar esses temas também à luz da nossa realidade histórica. A Controladoria-Geral da União tem relatórios interessantes, porém incipientes. O Anuário do Judiciário, assim denominado, é uma publicação de uma editora que contém o perfil, características e decisões mais relevantes dos Ministros dos Tribunais Superiores e Desembargadores Federais. O Conselho Nacional de Justiça (CNJ) iniciou seus dados estatísticos, porém não há sistematização identificando as condenações por corrupção; o Ministério Público Federal mantém em sua página as notícias de denúncias e condenações levadas a efeito, porém com característica de notícia e não de dados estatísticos.

1.2 Estudos sobre corrupção: dos americanos dos anos 1970 aos contemporâneos

A ênfase destes estudos ocorre na metade do século XX, a partir da onda de escândalos que se multiplicaram nos anos 80 e 90. Em muitos países considerados democráticos, a corrupção passou a ser vista não mais como um problema ocasional e de dimensão marginal, mas como um problema endêmico. Além disso, em certo aspecto, transformou-se em um método mais eficaz de desenvolvimento e movimentação da máquina administrativa do que o aparato oficial.

A análise funcionalista dos teóricos americanos dos anos 1960 e 1970, afastando as questões morais, identifica uma contribuição da corrupção aos sistemas burocráticos destinados ao imobilismo, bem como nos países socialistas e naqueles em desenvolvimento. Para esta escola teórica "la corruzione rappresentava l'olio necessario per azionare meccanismi inceppati o arruginiti".[79]Assim, constata-se que o caráter perverso da corrupção em relação ao funcionamento do sistema político em geral e democrático, em particular, não foi um consenso.

A escola funcionalista americana dos anos 1960/1970, sublinhava a vantagem de certa dose de corrupção nos países socialistas e naqueles em desenvolvimento: "a corrupção representa o óleo necessário para acionar mecanismos emperrados ou enfraquecidos".[80]

---

[79] DELLA PORTA, *op. cit.*, p. 2.

[80] *Ibidem*, p. 2.

Não são da preocupação ou do argumento desta escola de pensamento as conotações moralistas e jurídicas de valoração da corrupção. Sua análise é sobre o contributo que a corrupção pode aportar ao sistema burocrático destinado, na sua descrição, ao imobilismo.

Samuel Huntington foi um dos acadêmicos do final dos anos 60 e início dos anos 70 que sustentavam que, em determinadas condições históricas e sociais, a corrupção pode ser considerada um fator de modernização e de progresso econômico, permitindo, por exemplo, uma retribuição social a favor de classes emergentes prontas a obstruir a velha elite (corrupção política), garantindo um desenvolvimento dos procedimentos burocráticos que foram desenvolvidos junto com a modernização, e também uma insana, mas inevitável multiplicação de leis, permissões e processos (corrupção administrativa) e selecionando ao fim, os principais atores do mercado, a fim de que possam emergir aqueles que se mostram capazes de investir de modo forte e eficaz para o projeto empreendedor (corrupção econômica). Para Huntington, são exemplos desta descrição, os países em desenvolvimento nos primeiros anos de 1970, e também a Inglaterra de 1700 (às vésperas da Revolução Industrial), os Estados Unidos na conquista do oeste e na construção das ferrovias.[81]

Medard,[82] ilustra essa teoria em seu artigo que descreve a relação franco-africana como um assunto, um negócio de família desde o General De Gaulle ao François Miterrand (anos 70 a 90). Na África daquele período, em todos os níveis e campos, as relações eram personalizadas ao ponto de serem obstáculos às relações institucionalizadas. O autor cita o seguinte exemplo:

> [...] un malato non riuscirà ad essere curato in un ospedale perché non ha conoscenze o perché non appartiene alla giusta etnia. In linea generale, il funzionamento dell'amministrazione, che presuppone appunto il ricorso a logiche impersonali, sarà profondamente perturbato da queste pratiche particolaristiche. L'amministrazione non dispone di un'energia propria: questa le deriva soltanto dai suoi agenti che persoguono la propria personale strategia.[83]

A política francesa tratava de manter a presença e influência da França na África pós conquista da independência das colônias, em especial, porque das antigas colônias vinham matérias-primas, tais

---

[81] HUNTINGTON, Samuel. Political Order in Changing Societies (1968), *apud* BIOSCHI, *op. cit.*, p. 16.

[82] MEDARD, Jean-François. Francia-Africa: affaridifamiglia. In: DELLA PORTA, *op. cit.*, p. 30-48.

[83] MEDARD, p. 45-46.

DAS ESPECIFICAÇÕES DA CORRUPÇÃO | 63

como o petróleo e o urânio, essenciais para França. A estratégia política neocolonial da era De Gaulle era criar uma clientela dos Estados protegidos pela França, conservando, assim seu *status* de média potência mundial. Assim, como as relações internas na África eram pessoalizadas, também as relações entre a França e os Estados foram pessoalizadas. Essa é a época dos presentes com diamantes, da existência de um mercado negro que abastecia a caixa dos partidos políticos franceses e as campanhas eleitorais.[84]

No Governo Miterrand foi nomeado um Ministro da Cooperação que pregava a renovação das relações com a África (Jean-Pierre Cot). Todavia, de fato, as relações pessoalizadas se mantiveram no mesmo patamar anterior, ou seja, de mistura da política com assuntos pessoais e especulação, usando a corrupção como modo de expansão econômica nos países africanos, que eram as antigas colônias. Nessa época o filho do Presidente Miterrand e seus amigos foram implicados em tráfico de diversas naturezas, lesando severamente os cofres públicos franceses. A Caixa Central de Cooperação Econômica, por exemplo, liberou 400 milhões de francos sob o pretexto de comprar café da antiga colônia e armazená-lo, a fim de regular o estoque mundial do produto. Dessa operação constava que seriam estocadas 400 mil toneladas de café, ao custo de 400 milhões de francos. Contudo, o valor era de 150.000 francos, como posteriormente foi apurado. Essa e outras operações envolvendo empresas francesas (a ADEFI Internazional, por exemplo) e o Presidente Africano foram conduzidas por Jean-Christophe Miterrand e seu amigo Jean-Pierre Fleury, presidente da ADEFI Internazional. Essas ligações que se expandiram no território africano estabelecendo relações comerciais com seus Presidentes ou mandatários, com base em muita corrupção, foram plenamente toleradas e, de certo modo, era a política neocolonialista francesa do período, pois via nessa forma um modo de manter o poder nas outrora colônias e usufruir dos recursos naturais daqueles países. Isso é descrito como o erro do clientelismo neocolonial.[85]

1.3 Critérios para identificar a corrupção: interesse público, da opinião pública em geral

Na sua pesquisa Cazzola identificou indicadores utilizados por descrições teóricas para descrever os abusos que geram a corrupção.

---

[84] *Ibidem*, p. 35.
[85] MEDARD, *op. cit.*, p. 48.

Denominou esses indicadores como critérios e identifica três: a) o critério legal; b) o critério de interesse público; c) o critério da opinião pública.

Para o critério legal, um comportamento político é corrupto quando viola um *standart* formal – uma lei – ou uma regra de comportamento prevista em um sistema político que deveria ser observada por um funcionário público. Identifica outros autores que descrevem essa corrente de pensamento, dentre os quais Leff, que sustenta ser a corrupção uma instituição extralegal usada pelos indivíduos ou grupos para influenciar as ações da burocracia.[86] A crítica a esse critério feita pelo autor é que, ao mesmo tempo, é amplo e restrito, pois nem todo ato ilegal é corrupção, porém nem toda corrupção é ilegal. Aponta, também, que adentra em um campo difícil, pois às vezes as normas são ambíguas.

O segundo critério identificado por Cazzola alarga o conceito de corrupção e está identificado a partir da definição de A. Rogow e H. Lasswell, [87] é o critério de interesse público. Segundo esse critério, em um sistema de ordem pública e civil o interesse público comum se coloca acima dos interesses particulares. Para quem sustenta esse critério, transgredir o interesse público comum por interesses particulares é corrupção. Para o autor esse critério se expõe a crítica de caber aos pesquisadores a definição do que é interesse público comum, além de permitir ao político justificar quase todos os atos afirmando que se trata de interesse público.[88]

O terceiro critério é o da opinião pública. Para esse critério um ato é considerado corrupto quando a sociedade o condena como tal. Um ato é presumidamente corrupto se, e somente se, a sociedade o condenar como tal. A primeira crítica que emergiu a esse critério diz respeito ao que é considerada "opinião pública". É aquela que resulta da sondagem de opinião, e vence a maioria dos que respondem? E se

---

[86] Sulla stessa onda si muovono altri autori quali Leff ("la corruzione è un'istituzione extralegale usata da individui o gruppi per influenzare le azioni della burocrazia"), Benson, Abueva, etc. (CAZZOLA, *op. cit.*, p. 12.)

[87] Un sistema di ordine pubblico e civile esalta l'interesse comune ponendolo al di sopra di interessi particolari; trasgredire l'interesse comune per interessi particolari è corruzione. (CAZZOLA, *op. cit.*, p. 13, *apud* A. A. Rogow; H. D. Lasswell. *Power, Corruption and Rectitude*. Englewood Cliffs: Prentice Hall, 1966, p. 132.)

[88] Questa definizione punta la nostra attenzione su qualunque atto o insieme di atti che minacciano la distruzione di un sistema politico, e lascia al ricercatore tutta la responsabilità di determinare ciò che è pubblico o comune interesse prima di asserire che un determinato atto corrotto (...) Questa definizione, di fatto, consente a un politico di giustificare quasi ogni atto affermando che esso è nell'interesse pubblico. (CAZZOLA, *op. cit.*, p. 13 *apud* J. C. Peters, S. Welch. Political Corruption, In: America: A Search for Definitions and a Theory. In: American Political Science Review, 1978, p. 975.)

a maior parte dos interrogados não responder? É aquela que possa ser colhida dos jornais? É aquela de públicos indiferenciados, das elites políticas? E se existir diferença entre as opiniões? Explica Cazzola que os maiores estudiosos desse argumento, para responder a essa crítica, desenvolveram uma espécie de graduação da corrupção: a preta, a cinza e a branca. Segundo essa teoria, a corrupção é determinada pela relação entre o juízo de um específico ato pela opinião pública e da classe política ou burocrática. Ambos os segmentos entendem como corrupção a corrupção preta. No lado oposto, tem-se a corrupção branca. Os atos julgados e avaliados por ambos os sujeitos, e apontados como corrupção não devem ser perseguidos na avaliação de nenhum dos dois. Já, entre os dois extremos tem-se a corrupção cinza, esta sim, são atos que ambas as partes entendem que devem ser reprimidos, porém consideram aceitáveis.

Para Cazzola, essa definição incorpora diversos tipos de critérios e cria mais problemas para definição de corrupção, pois confunde dois aspectos relativos à corrupção: a realidade e a imaginação, o fato e a representação. Cita a crítica de M. Johnstone acerca desse critério para ilustrar seu entendimento. O autor citado entende que corrupção e percepção da opinião pública sobre uma ação ser corrupta não é necessariamente a mesma coisa. É possível considerar uma sem a outra. Não é possível basear-se na opinião pública ou só na percepção. A concepção de justo e errado são equivocadas. Como consequência da pergunta feita para avaliar a corrupção descobre-se pouca diferença entre justo e errado, são categorias instáveis baseadas em sutis diferenças e falsas percepções.

Cazzola diz que corrupção se trata de um abuso da relação e do uso de recursos públicos com a finalidade de obter vantagem privada, podendo ser realizada por aqueles que exercem função pública ou por quem pode influenciá-los.[89] Todavia destaca que todas as definições por ele apresentadas têm limites e riscos. Por isso, justifica o autor, que para fazer uma investigação que tenha presente a distinção entre realidade e construção social desta realidade e, de outro lado, resultar ser utilizável no âmbito de uma pesquisa científica, o critério legal se apresenta como o menos danoso, mais preciso. Em outras palavras, diz o autor, a aproximação menos danosa aos resultados de uma investigação é a definição legal da corrupção, considerando os demais apresentados,

---

[89] CAZZOLLA, *op. cit.*, p. 11.

os quais, ao longo dos exames das ciências foram delineados pelos estudiosos do tema.

Aqui, importante destacar que há a produção de uma diferenciação. Existem vários discursos sobre a corrupção e são analisados sob enfoques diversos. Há a análise econômica, a análise moral, a análise política, a análise científica e a análise jurídica da corrupção. Cada qual produz seus discursos, decorrentes de observações diferentes e teorias igualmente diferentes. Importante destacar que cada teoria só pode ser analisada a partir do sistema a que pertence. A concepção moral pertence e se desenvolve no sistema da moral. A concepção jurídica, no sistema jurídico, o econômico e o político, respectivamente em cada um deles. Essa diferenciação implica reconhecer que a corrupção jurídica é diferente da moral, que é diferente da política e da econômica. Cada qual desenvolve sua teoria dentro do seu próprio sistema.

Nesse momento, faz-se importante descrever esses discursos e perceber as diferenças entre as teorias, a fim de debatermos e enfrentarmos a questão da corrupção no seu sentido jurídico com as suas decorrências.

1.3.1 Os diversos discursos da corrupção – concepção moralista da corrupção

Analisando autores representativos desta concepção, Cazzola sintetiza a corrente de pensamento dizendo que em todos os casos é apontado um sintoma de mal-estar e uma disfuncionalidade social ou política.[90] Para essa concepção a origem da corrupção não é somente a natureza humana, mas esta é facilitada por uma série de ações e decisões ou elementos estruturais de toda a sociedade singular ou sistema político. A cultura política, o apego ou falta deste à tradição cultural, a exemplo da cultura do parentesco.

Aponta, ainda, outro viés desta corrente, nos locais onde a corrupção é difusa, a inércia e a ineficiência, assim como a irracionalidade impedem o processo de decisão política e de planificação. Citando G. Myrdall,[91] aponta que quando o povo está convencido de modo injusto ou racionalmente de que é corrupção, em qualquer lugar, a incorruptibilidade de um funcionário será frágil. E, se este mesmo funcionário resistisse à corrupção, posteriormente teria dificuldades no exercício

---

[90] CAZZOLA, *op. cit.*, 15-16.
[91] MYRDAL. G. Il dramma dell'Asia. Milano: Il Saggiatore, 1971, p. 293, *apud* CAZZOLA, *op. cit.*, p. 15.

do próprio dever. O exemplo que segue exemplifica a descrição sob este viés:

> Consideriamo, ad esempio, il capo della polizia del distretto di Nuova Delhi (...) Una volta ci lamentavamo con lui su'll abitudine dei guidatori di taxi di ignorare tutte le regole del traffico. "Perché non ordina ai suoi agenti di far rispettare queste regole?", abbiamo chiesto. "E come potrei?", ha risposto, "se um poliziotto dovesse contestare al guidatore di taxi qualunque infrazione, l'autista potrebbe dire: Vattene via, altrimenti dirò alla gente che mi hai chiesto dieci rupie". E se il poliziotto gli replicasse che ciò non era vero, la risposta dell'autista potrebbe essere: "E chi ti credebbe?"[92]

O autor encerra essa passagem aduzindo que aqueles que têm alguma experiência na vida pública pensarão em outros exemplos muito mais próximos.

De outra parte, Brioschi,[93] em sua pesquisa sobre a história da corrupção, aponta que, no curso da existência, governantes, homens de negócios, potentes magnatas, aproveitadores de toda a espécie, mas também, homens respeitáveis a aparentemente distantes do pecado, encontraram, de modo mais sutil ou penetrante, a imoralidade e a corrupção. Para o autor, à exceção das ondas moralistas que a história ciclicamente registra, a exemplo da Itália no período da Operação Mãos Limpas, a chamada sociedade civil perde de vista, esquece, e continua a corromper almas boas e menos boas e, passada a emergência, com a decadência dos costumes dos homens célebres, dos criminais empedernidos ou dos poderosos, esta também deixa de enxergar.[94]

Dito de outro modo, para a concepção moralista, a corrupção é dos homens que deixam de respeitar códigos. Remonta a ideia de homem virtuoso de Aristóteles e enxerga a corrupção a partir das pessoas e não dos sistemas, tendo reflexo nestes. Deste modo a corrupção da aristocracia é a oligarquia, a demagogia é a corrupção da democracia e a tirania a corrupção da monarquia, sempre impulsionada e praticada por pessoas.[95]

---

[92] *Ibidem*, p. 18.

[93] BRIOSCHI, *op. cit.*, 2010, p. 20.

[94] Còsi, salvo improvvise ondate moralizzatrici, che la storia registra ciclicamente, come nell'Italia degli anni di Mani Pulite, persino la cosiddetta società civile ha finito per dimenticare che il vizio continua a corrompere anime buone e meno buone e, passata l'emergenza, con la decadenza dei costumi degli uomini celebri, dei criminali incalliti o dei potenti, ha finito per dimenticare anche il proprio (divizio).(*Ibidem*, 2010, p. 17.)

[95] ARISTOTELES. *Política*. São Paulo: Martin Claret, 2003, p. 229 e ss.

Cazzola identifica três argumentos utilizados, e que se alinham a esta teoria, para justificar os motivos pelos quais existe e persiste a corrupção: a) um incidente de percurso; b) o nível de corrupção revela o fim da democracia; c) a corrupção política se constitui em um problema sério, de ordem ético-moral e político institucional, e pode ser resolvido com reformas.[96]

Com relação à primeira vertente, os dados da sua pesquisa no Judiciário italiano demonstram a existência de um índice de corrupção que é inevitável e não se trata um mero acidente de percurso, pelo menos na Itália. É presente e constante, porém não houve um aumento significativo ao longo de um século pesquisado. A segunda vertente é definida pelo autor como catastrofista, sendo a terceira vertente intermediária, à qual ele se filia.

Ainda, em sua pesquisa, Cazzola destaca que o problema de um retorno ao argumento moral não é aquele de reduzir toda a política e a ética à constrição ou ao reacionário fundamentalismo, mas de fazer valer as razões de integridade e de solidariedade em contraposição dialética àqueles argumentos de interesse individual e de sucesso.[97] Preconiza um retorno aos valores de solidariedade social e integridade, como elementos que precisam estar presentes em todas as esferas, política, parlamentar, judiciária e social, sendo estas as diversas reformas que precisam ser produzidas para o enfrentamento do tema. Ou seja, as reformas precisam ocorrer nos sistemas e no âmbito destes. O moral é apenas um deles.

1.3.2 Concepção da corrupção como elemento do desenvolvimento econômico

Cazzola, abordando o tema da corrupção política, apresenta três vértices acerca da corrupção como elemento do desenvolvimento econômico: a) teoria integracionista; b) teoria economicista; c) teoria institucionalista.

Para teoria integracionista, cujos autores principais são R.K. Merton, J.V. Abueva, D. H. Bayley, N. H. Leff, C. Leys, corrente de pensamento também conhecida como funcionalismo estrutural sociológico

---

[96] CAZZOLA, *op. cit.*, p. 14.

[97] Além disso, para o autor, esta é uma tarefa da esquerda, apontando que sem um "retorno moral", a esquerda é destinada a fechar, a ver vencer um ciclo de dois séculos. (*Ibidem*, p. 15.)

e antropológico, a corrupção coligada à máquina pública, em várias cidades americanas, desempenhou importante função para transpor a estrutura oficial e, por isso, não poderia ser reprimida sem implicar consequências desastrosas para a estabilidade do sistema. Esses teóricos sustentavam que, sendo a sociedade contemporânea extremamente impessoal e despersonalizante, a corrupção permitia humanizar as intervenções do Estado, adentrando em sua estrutura oficial. Esse pensamento sustentava que da corrupção deriva a possibilidade de integração de um dado sistema social e político de grupos que, se excluídos, teriam comportamentos que poderiam comprometer a manutenção do próprio sistema. A corrupção é vista como uma consequência da existência de tensões sociais, sejam elas de características étnicas, religiosas ou econômicas, além de um fator de estabilização de uma dada posição de poder.[98]

Já para a teoria economicista, segundo a descrição de Cazzola, os autores principais são J.S. Nye, Pinto-Duchinsky e Rose Adckerman. Estes descrevem que recorrer às práticas de corrupção surge como uma resposta racional e exigente de eficiência para alocação dos recursos públicos. Segundo alguns autores desta corrente de pensamento, a corrupção perseguiu a função de favorecer os investimentos e viabilizar o consumo, sendo que os empreendedores encontraram nesta prática ilegal e oculta um modo melhor para empreender e desenvolver a sua posição. Nessa linha, alguns viam a corrupção como um mercado para alocar recursos em período de escassez. Segundo esta escola, há uma função positiva da corrupção para a manutenção do equilíbrio entre recursos escassos e uma demanda de bens e serviços em excesso. Sustentavam que este fator podia encorajar uma saudável competição entre os empreendedores. Ainda, segundo esta teoria, uma das causas da corrupção, é a insuficiência dos serviços postos à disposição do setor público, seja por ineficiência, seja por falta destes, sendo que, por meio do pagamento da propina encontravam um modo de manter a competição, o desenvolvimento econômico e a estabilidade econômica financeira.[99]

À teoria institucionalista, os principais autores são S. Huntington, Heidenheimer, J.C. Scott. Desenvolvem um argumento bastante ligado à ação daqueles que atuam no desenvolvimento político e na modernização institucional. A parte mais representativa deste pensamento

---

[98] CAZZOLA, *op. cit.*, p. 18.
[99] *Ibidem*, p. 19.

se desenvolveu nos anos sessenta e setenta, nos denominados países emergentes, nos novos estados independentes da Ásia e da África, a partir da consideração de que muitos deles podem avançar no desenvolvimento, porém vivem em uma decadência política. A causa do fenômeno, segundo os autores apontados, decorre da enorme expansão da participação da população, sem um correspondente empenho das instituições políticas, o que gera desordem política e militarização daquelas sociedades. Nesse quadro de incapacidade das instituições para elaborar respostas às demandas sociais, sempre crescentes dos novos participantes do sistema político conduz a duas alternativas: mediante a violência ou mediante a corrupção. O expoente dessa corrente de pensamento, S. Huntington, entendia menos perigosa a segunda alternativa, sustentando que no processo de corrupção entre corrupto e corruptor vem instaurada uma relação de identificação que falta na relação que apela à violência, na qual a relação se dá entre destruidor e destruído. Outro argumento utilizado pelo autor e descrito por Cazzola citava que a corrupção escolhe um modo indolor, enquanto na violência há destruição. Aduz que a corrupção se constitui em uma modalidade de construção dos partidos políticos, de reforçá-los, em face da debilidade institucional.

Cazzola utiliza um esquema dos argumentos dessas correntes de pensamento muito útil para ilustrar e clarear as perspectivas, do qual também nos socorremos:[100]

ARGUMENTO	CAUSAS	EFEITOS
Moralista	Múltiplas	Deslegitimação
Integracionista Social	Ineficiência	Desenvolvimento
Economista Econômico	Escassez	Desenvolvimento
Institucionalista Econômico	Ineficiência	Desenvolvimento

Para os teóricos institucionalistas, avança a corrupção quando o Estado não é suficientemente institucionalizado. Já para os teóricos econômicos, quanto mais intervenção estatal houver, mais corrupção

---

[100] CAZZOLA, *op. cit.*, p. 20.

DAS ESPECIFICAÇÕES DA CORRUPÇÃO | 71

propicia. Os dados pesquisados por Cazzola da estatística judiciária a partir dos crimes de corrupção apurados com base nos anuários do Judiciário e exame de casos específicos dos anos 1880 a 1985, em parte, corroboram o pensamento sustentado pela teoria institucionalista.[101] O autor pesquisou os crimes de peculato, concussão e má utilização de recursos públicos e cotejou com períodos importantes da história italiana, por ele identificados. Sistematiza a pesquisa em tabelas com número de casos denunciados nos vários anos e tipo de crime imputado, média anual de crimes denunciados por período histórico e por tipo de crime (nesta identifica por regiões da Itália e por partidos políticos). Todavia, aponta um elemento importante a partir dos dados por região. Há uma questão cultural, isto é, há crimes previstos no Código Penal que não estão interiorizados na opinião pública. De outro lado, também vem evidenciada uma questão institucional, isto é, um modo diverso de valorar os crimes por parte do aparato judiciário, seja na imputação dos crimes, na valoração destes e até mesmo na sua denúncia. Isso vem a significar que nem sempre as áreas com menor número de crimes denunciados significa uma área menos corrupta. Pode significar uma área menos sensível a perseguir esses crimes, seja no âmbito da denúncia, da investigação ou da persecução penal, sendo, por isso, ausentes das estatísticas judiciárias.[102]

1.3.3 Corrupção científica

A ideia de corrupção científica está relacionada ao falsear verdades anteriores, a partir do processo de observação e seleção. Para Aristóteles, inspirado na observação da natureza, modo pelo qual os filósofos antigos desenvolveram seu pensamento, corrupção significa romper totalmente, quebrar o todo, destruir os fundamentos, as estruturas de algo. Essa noção decorre da observação da natureza associada à ideia de processo natural ou etapas de degeneração que os seres vivos naturalmente passam.[103] E, a partir disso, o ciclo natural permite a regeneração.[104]

---

[101] CAZZOLA, *op. cit.*, p. 31-32.
[102] CAZZOLA, *op. cit.*, p. 53-54.
[103] ARISTOTELE. La Generazione e La Coruzione. A cura di Maurizio Migliori e Lucia Palpacelli. Bompiani Il Pensiero Occidentale. Milano: Giugno, 2013.
[104] STEFANI, Marta. *Corruzione e Generazione. John T. Needham e L'Origine del Vivente.* Firenze: Leo S. Olschki Editore, 2001.

1.3.4 Corrupção religiosa

A ideia religiosa da corrupção é identificada com a culpa e com o pecado. Tem origem na Bíblia dos profetas e depois aparece na filosofia de Sócrates e Platão.[105] O Antigo Testamento não propugnou a ideia de uma corrupção direta em relação ao sistema. A instrução que Deus deu a Moisés é de não aceitar presentes, porque o presente ofusca também aqueles que têm a vista clara e arruína as causas justas (Êxodo, 23, 8).[106]

As coisas mudaram com o Novo Testamento, no qual é claramente denunciado o episódio emblemático do "generoso" Simon Mago, pronto a oferecer dinheiro para conquistar os poderes conferidos pelo Espírito Santo. Quando Pedro e João chegaram a Jerusalém para batizar alguns convertidos, Simon oferece o seu dinheiro: deem a mim também estes poderes para que qualquer pessoa que eu impuser as mãos receba o Espírito Santo (Atos dos Apóstolos 8, 18). Essas palavras lhe custaram a acusação de Pedro e uma celebridade póstuma. Desse episódio tem origem a "simonia", que, por assim dizer, é a versão eclesiástica da corrupção e que restará por séculos um comportamento condenado pela Igreja, mas de fato largamente tolerado, de modo, inclusive, a provocar a denúncia luterana.[107]

Assim, a concepção religiosa da corrupção inicia seu período vinculado ao poder, pois utiliza da simonia, dessa forma de aquisição do "perdão divino", do "lugar no céu", como meio de fortalecer o poder, em troca de dinheiro.

1.4 Corrupção política e parlamentar

1.4.1 Corrupção política

Na antiguidade as descrições de corrupção estiveram ligadas a expectativas morais e a uma espécie de troca não vinculada à estrutura da sociedade (compra de um pedaço do céu, do perdão, juízes punidos pela Lei das Doze Tábuas se fossem corruptos em seu julgamento). Com a diferenciação funcional produzida pela modernidade podemos passar enxergar os casos de corrupção a partir dos processos decorrentes da sua existência. Por isso, para examinar a corrupção política examinaremos o período democrático.

---

[105] STEFANI, *op. cit.*, p. 22.

[106] *Ibidem*, p. 26.

[107] *Ibidem*, p. 26.

O período democrático chama atenção pela presença constante da corrupção envolvendo o financiamento das campanhas eleitorais e dos partidos políticos. Nestes países diversas mudanças na legislação ocorreram a partir da apuração dos casos. Destaca-se a adoção do financiamento público dos partidos políticos como medida utilizada bem como a diminuição do custo das campanhas eleitorais. As medidas adotadas não sanaram os problemas, sobretudo na Itália, onde o índice de percepção de corrupção ainda é bastante acentuado. Os casos da França, Espanha e Itália são descritos por muitos autores.

Descrevendo o caso francês, Meny[108] cita os estudos de A. Heidenheimer que classifica a corrupção em branca, cinza e preta. A primeira é aquela aceita por todos, das massas às elites indistintamente; a preta é vista por todos do mesmo modo e a cinza é objeto de valoração, tendo diversas conotações para opinião pública. Esta cinza é apontada como sendo a característica do tema do financiamento dos partidos políticos na França. As elites aceitavam, alegando que os partidos são indispensáveis à democracia e precisam de dinheiro, justificando-a. A opinião pública, escandalizada com os mecanismos que não eram públicos, refaz seu entendimento acerca dessas convicções tão comuns no tempo da III República. Os casos Médecin e, em outro estilo e nível, o caso Carrefour Du Développment, demonstraram que na França a pouca transparência nas transações, aliada à concentração de poder nas mãos de poucas pessoas que decidem, sobretudo os síndicos que detêm um poder quase que individual, são fatores que favorecem a corrupção.

Cita o autor os seguintes motivos para corrupção e que não são exclusivos da França, mas se fazem presentes naquele país: necessidade de prover as enormes exigências de financiamento dos partidos de massa e as despesas, sempre maiores, das campanhas eleitorais; a penetração sempre mais acentuada dos valores do mercado no sistema político-administrativo fundado sob outros princípios, acrescentando que, na França, há elementos específicos, tais como a osmose reinante entre a elite dirigente e o controle de múltiplas posições de poder – eletivas ou não – por parte de atores que podem se mover indiferentemente em todos os âmbitos.[109]

Ao identificar a estrutura da corrupção na França cita cinco elementos: a) concentração de poder nas mãos do Executivo. Destaca que a partir da Revolução Francesa todos os regimes autoritários tentaram

---

[108] MENY, Yves. Francia: la fine dell'ética repubblicana? In: DELLA PORTA, *op. cit.*, p. 10-11.
[109] MENY, *op. cit.*, p. 15.

colocar o poder na mão de uma só pessoa, seja ele ditador, imperador, chefe de estado a nível central, prefeito a nível local; os regimes democráticos, ao contrário, miraram, e algumas vezes em excesso, na fragmentação de poder; b) estes poderosos líderes nacionais ou locais necessitam de fiéis servidores recrutados com base na confiança e lealdade pessoal. O caso Carrefour Du Développement constitui em perfeito exemplo de desvio demonstrando a cumplicidade do Ministro com seu Chefe de Gabinete. No sistema institucional há alguma possibilidade de conter excessos e a violação de regras causada pela osmose no ambiente decisional; c) a transformação do processo decisional com a passagem da decisão unilateral ao ato negociado generalizado, sobretudo no campo do urbanismo. Em nome da concertação, ao construtor privado é solicitada contribuição para infraestrutura pública e sucessivamente para outras contribuições; d) a debilidade dos controles e a sua respectiva inadequação; e) o baixo custo moral da corrupção.[110]

Desse período resultou uma reforma na base de financiamento dos partidos políticos e das campanhas eleitorais. Mitterrand se antecipa à imprensa e à opinião pública e propõe a reforma, mas, esta não tem grande efeito nos controles dos gastos oficiais registrados pelos tesoureiros dos partidos políticos e daqueles ocultos, alimentados de uma corrupção mais clandestina que a anterior, porém não menos consistente. Em 1990, nova reforma, esta com maior profundidade, constituiu-se em um real avanço na limitação das despesas, sendo seus efeitos sentidos só nos anos de 1992 e 1993, nas eleições regionais.[111] Além disso, na primavera de 1993, cria-se um serviço central de prevenção da corrupção na França.[112]

Analisando o caso italiano, Cazzola anotou que para existir a corrupção política, identificada como troca de favores, subterfúgios ou de relações sociais, necessita existir quatro elementos que são: a) a violação de normas e de regras sancionadas normativamente; b) no curso de uma troca de favores desenvolverem um modo clandestino entre a arena política e o mercado econômico; c) existência de finalidade de apropriação de parte de indivíduo ou de grupos que operam na arena política ou no mercado econômico, de recursos, de uso ou de troca (dinheiro, prestações, influência) de proveniência pública para utilização não prevista normativamente; d) consequência (deliberada ou aceita) a nível político, de modificar de fato a relação de poder no

---

[110] *Ibidem*, p. 24.

[111] MENY, *op. cit.*, p. 25-26.

[112] *Ibidem*, p. 27.

DAS ESPECIFICAÇÕES DA CORRUPÇÃO | 75

processo de decisão, ou, também, de abrir sempre mais o corte necessário entre poder e responsabilidade. No âmbito social e econômico, as impossibilidades legais de fazer respeitar diversos contratos de trocas, de introduzir como elemento sancionatório a violência.[113]

A hipótese que embasou seu estudo foi a seguinte: mudam as formas e estruturas estatais em consequência de grande confiança na política (extensão dos cidadãos – mulheres, anteriores incapazes, etc.), constituição do Estado e consolidação deste; mudam, concomitantemente, as formas e estruturas da corrupção política; e muda, sobretudo, seu modo de emergir nas várias sedes das quais já se faz menção (na concessão dos cidadãos, na atuação da magistratura, na informação).[114]

A pesquisa empírica realizada por Cazzola centrou em notícias circulantes nos meios de comunicação sobre corrupção, no período compreendido entre 1880 a dezembro de 1986. Fê-lo pesquisando o jornal de circulação "Corriere de lla Sera" e o "La Reppublica", desde que passou a circular em 1976. Um pouco mais de um século identificou 5.500 notícias sobre corrupção política existente na Itália. Se é pouco ou muito, diz o autor, é impossível dizer, pois falta análise similar de outros países.[115] A partir de dados estatísticos coletados na pesquisa dos meios de comunicação, identificou a incidência de casos por partidos políticos, por região da Itália, por nível de mobilização da sociedade e da imprensa para enxergar a gravidade dos respectivos casos. Dedica todo um item de seu estudo a descrever a corrupção política dos diversos partidos.[116]

Utilizando diversas tabelas indicativas expõe os dados. Dá conta de uma grande incidência de corrupção nas administrações locais que independe do partido político. Aponta uma omissão de dados no período fascista pela própria característica da imprensa; identifica a corrupção para buscar fundos para os partidos políticos de modo mais intenso após 1974, depois da aprovação da lei que destina recursos públicos para os partidos políticos, não obstante o problema existir antes, o que se pode observar do cotejo entre as tabelas indicativas, o curioso é que não eram identificadas como problema de corrupção pela opinião pública. Segundo a quantidade de informações coletadas a Democracia Cristã

---

[113] CAZZOLA, *op. cit.*, p. 27.

[114] CAZZOLA, *op. cit.*, p. 24.

[115] Nel complesso quindi, in poco più di un secolo, l'opinione pubblica italiana ha avuto 5.500 notizie sulla corruzione politica esistente nel nostro paese. Se sia poco o molto, è impossibile dirlo, mancando analisi similari per altri paesi. (*Ibidem*, p. 58.)

[116] Item 05 do capítulo terceiro, p. 88-102.

(Dc) teve implicações em 2.200 casos, os socialistas em cerca de 1.500 e os comunistas em 600 casos.[117] Segundo o autor, os comunistas estão mais implicados nas regiões em que detêm maior poder local (centro norte); os sociais democratas, assim como os laicos, não têm incidência em zonas, mas onde aceitam; os socialistas, sendo partido de governo, identificam-se com a corrupção, tendo dois pontos significativos que mais uma vez refletem o significado e o uso dos governos locais para as coalizões de esquerda especificamente no norte/oeste e no centro/norte. Nestas duas áreas o PSI é largamente o partido mais implicado nos casos de corrupção do período examinado e é equiparável somente aos dados de corrupção do Dc, na zona em que este é tradicionalmente mais forte e cuja incidência indica amplamente o maior índice de corrupção da Itália no período.[118]

Dos escândalos presentes na imprensa, destaca-se o petroli/Esso, no qual foram identificadas cotas fixas repartidas entre os partidos políticos, do seguinte modo: Dc, 50% e 50% dividido entre PSI, PSDI e PRI, sendo um dos casos apontados como corrupção sistêmica, de modo macro.[119]

1.4.1.1 Das espécies de corrupção: difusa, de mau governo, ambiciosa e sistêmica

A partir dos dados apurados, para fins estatísticos, Cazzola desenvolveu uma classificação da corrupção política, a partir dos valores em dinheiro, do número de envolvidos e de variáveis específicas aos casos concretos. Disso resultou o que denominou corrupção de tipo 1, de tipo 2, de tipo 3 e de tipo 4.

À corrupção de tipo 1 denominou "pulviscolare", identificando-a como aquela difusa em muitos casos, com baixa remuneração, seja em termos de dinheiro ou em termos de consentimento. À corrupção de tipo 2 denominou de "mau governo" , pode ter baixa ou alta remuneração, dependendo do número de envolvidos; é similar ao tipo 1, porém tem um peso maior. À corrupção de tipo 3 denominou "rampante". Identificada como aquela que a relação é ampla, com remuneração em dinheiro ou consentimento. Quanto mais amplo o tipo de relação, menor é a remuneração e assemelha, com menor peso, à corrupção de tipo 4, mas não tem os mesmos efeitos desta. A corrupção de tipo 4 denominou "sistêmica".

---

[117] CAZZOLA, *op. cit.*, p. 88.
[118] *Ibidem*, p. 96.
[119] CAZZOLA, *op. cit.*, p. 94.

Caracteriza-se por estar ínsita, incorporada no sistema político de modo a colocá-la em discussão como característica geral deste.

O período áureo da identificação de casos de corrupção na Itália foram os anos setenta. Da análise dos dados, o autor indica que a corrupção típica comunista é em valor pouca coisa, sendo do tipo mais pobre, identificada por ele como "pulviscolare", em 48% dos casos, somente 11% é de tipo sistêmico. No PSI 15% é do tipo sistêmica, e acompanha 25% da que foi denominada "rampante" pelo autor. Também tiveram 4 casos de corrupção rica. À democracia cristã são denominados mais "pulviscolari" em comparação aos socialistas (cerca de 41%), mas muito afeitos à corrupção sistêmica. A partir desta análise, o autor também faz um reagrupamento de seus dados da seguinte forma: os sociais democratas adotam mais a corrupção "pulviscolare" e, por óbvio, o mau governo; os republicanos em função dos aspectos sistêmicos e dos aspectos "rampantes" (modo mais rico – valores mais altos).

A descrição das citações jornalísticas é interessante: a) iniciativa da Magistratura (na Itália o Ministério Publico integra a Magistratura) contra um assessor do partido comunista que emprestou um *container* do município a um amigo por uma semana e, por isso, teve início um crime de interesse privado em ato de oficio, escândalo "Italcasse"; b) férias de políticos pagas com fundos originariamente destinados aos hospitais; c) empréstimo de casa gratuita aos companheiros de partido e várias licenças de construir outorgadas a grandes e pequenas empresas em diversos locais inadequados. Ainda, artigos sobre a relação entre a camorra (máfia) e políticos locais, para reconstrução de zonas da Campanha e da Basilicata; d) incriminação de toda uma junta por gastos com 12.000 liras (moeda antiga italiana, antes do euro) em combustível, caracterizando abuso de ofício; e) uso do fundo negro IRI, ilicitude na nomeação de alguns professores em L'Aquila, etc.[120]

Diz ainda o autor: os artigos analisados em sua maioria tratam dos grandes casos nacionais, enquanto da periferia se fala da corrupção burocrática. À luz desses registros de imprensa, é como se somente a partir da entrada em vigor da lei sobre financiamento público dos partidos políticos (aprovada em 1974) nascesse a corrupção política difusa, ou melhor, se desenvolvesse a atenção em torno desta. Nos anos pré-fascismo, por exemplo, a informação é toda centrada nos grandes casos: Banca Romana, Ferrovias, Regia Tabachi.[121]

---

[120] CAZZOLA, *op. cit.*, p. 59.
[121] *Ibidem*, p. 60.

1.4.1.2 Da corrupção no setor urbanístico

Na descrição de Cazzola acerca da corrupção política, constam dados que se relacionam diretamente com o tema central deste estudo: a corrupção urbanística.

Analisando os apontamentos jornalísticos, Cazzola cruza uma série de dados, analisando a corrupção por região, por partido político, por período, área geográfica e setores.

A nós interessa destacar a corrupção por setores: 111 casos cuidam de casos por corrupção edilícia, por abuso ou similar; 63 por empreitadas de obras; 43 casos se referem à admissão ou promoção de pessoas públicas; 27 de financiamento de empresas, cooperativas etc.; 16 em matéria de poluição (falta de intervenção), entre outros.[122] Destaca-se a corrupção urbanística, na modalidade de concessão edilícia, ou seja, de direito de construir, um dos pontos objeto da nossa análise, aliás, par e passo ao longo da pesquisa realizada, diversos autores dão conta de como este modo de corrupção aparece e se apresenta na história da humanidade.

Nesse particular, importante destacar uma das questões propostas pelo autor:

> [...] attraverso quale settore di intervento del potere pubblico si estrinseca maggiormente l'"opera di corruzione? Se nel complesso dell'intero arco temporale qui preso in esame, il canale privilegiato appare quello delle licenze edilizie (e del mancato controllo sul rispetto delle leggi in materia, dietro laudo compenso), i diversi periodi presentano qualche dato interessante e distintivo. La speculazione edilizia sembra infatti aver avuto il suo periodo aureo negli anni Settanta (piú del 35% dei casi) ed aver ceduto spazio alla corruzione degli appalti (soprattutto quelli per servizi che quasi raddoppiano la loro incidenza perventuale).[123]

Da citação acima se extrai que a corrupção urbanística acompanha a história italiana e decorre dos modos diversos de facilitações possibilitadas por aqueles que estão no exercício da gestão.

A seguir, a Tabela que identifica o número de casos por setor interessado e por período dá conta dos seguintes, em relação à corrupção urbanística:

---

[122] CAZZOLA, *op. cit.*, p. 63.
[123] *Ibidem*, p. 72.

		Periodi		
Settore	Pre 1979	1979-1983	1983-1986	Totale
		(Valori assoluti)		
Licenze edilizie	56	28	27	111
Appalti servizi	21	33	24	78
Appalti opere	21	30	16	67
Assistenza	2	4	2	8
Ambiente	4	6	6	16
Assunzioni	24	8	11	43
Ficanz. Imprese	18	6	3	27
Piú settori	4	5	3	12
Altro	8	15	11	34
Totale	158	135	103	396
		(Valori percentuali)		
Licenze edilizie	35,4	20,8	26,2	28,1
Appalti servizi	13,3	24,5	23,4	19,7
Appalti opere	13,3	22,2	15,5	16,9
Assistenza	1,3	3,0	1,9	2,0
Ambiente	2,5	4,4	5,8	4,0
Assunzioni	15,2	5,9	10,7	10,9
Ficanz. Imprese	11,4	4,4	2,9	6,8
Piú Settori	2,5	3,7	2,9	3,0
Altro	5,1	11,1	10,7	8,6
Totale	100,00	100,00	100,00	100,00

1.4.2 Corrupção parlamentar

Com a denominação "Corrupção e Parlamento", Cazzola examinou uma longa série histórica de dados, na qual, segundo ele, precisa ter muita cautela no modo de interpretar. A nós, identificando os discursos, sentidos, critérios e modos de corrupção, interessa citar a identificação, sem, contudo, aprofundar seu fenômeno e consequências.

Um primeiro apontamento do autor se refere à regra italiana relativa às imunidades parlamentares que estabelece um filtro entre a magistratura e o parlamento. Um deputado e um senador antes de ser inquirido em juízo devem ser declarados "inquiríveis" pelos seus colegas de parlamento. A razão desse instituto, presente em várias formas em todos os sistemas democrático-parlamentares, é evitar que o representante na assembleia legislativa possa ser privado de seus direitos por razões meramente políticas, em parte, graças à cumplicidade de um magistrado,[124] mediante qualquer imputação de crime.[125] Dos dados apurados por Cazzola, na Monarquia foram solicitadas 850 autorizações para processamento de parlamentar e 237 foram concedidas, perfazendo 27,9%. Na República, foram solicitadas 3.741 autorizações, foram concedidas 715, ou seja, 19,1% do total das autorizações.

Seguindo a mesma metodologia, o autor identifica e classifica os casos por região, período histórico, área geográfica, partidos políticos e setores.

A Tabela IV. 15 coteja o número de casos por setores, apontando o percentual. Novamente emerge a licença edilícia com o maior número de casos. Analisando esses dados o autor aponta um elemento já dito antes: "il che nuovamente fa venire in mente che forse il comportamento della magistratura non è privo di opzioni partigiane: chi ha amministrato infatti le città piú disastrate d"Itália?"[126]

Tab. IV.15 *Numero dei casi per partiti e per settori (in valori percentuali)*

Settori	Partiti				Totale
	Pci	Psi	Dc	Altri	
Licenze edilizie	27,1	12,2	24,6	16,7	21,3
Appalti	21,6	44,9	26,9	41,7	31,9
Assistenza	27,1	12,2	3,6	6,2	8,8
Assunzioni	10,8	18,4	26,1	2,1	18,4
Finanz. imprese		4,1	10,1	14,6	8,5
Altro	13,4	8,2	8,7	18,7	11,1
Totale	100	100	100	100	100

---

[124] Reitera-se que na Itália o Ministério Público, titular da persecução penal, integra a Magistratura, tendo a designação Magistrado.

[125] CAZZOLA, *op. cit.*, p. 111.

[126] Tradução livre: novamente vem à mente que talvez o comportamento da magistratura não seja imune à opção partidária: quem administrou de fato as cidades mais desastradas da Itália? Os comunistas ou a centro-esquerda? Os democratas cristãos sabiamente, em nome da sua vocação pluralista, têm o controle dos setores ricos de dinheiro público, setores chaves para realização de mecanismos produtivos de consenso, bem como de setores privados ricos em dinheiro privado (prédios, grandes empresas de construção). (CAZZOLA, *op. cit.*, p. 137)

Já a Tabela IV. 17 [127] dá conta dos valores auferidos pelos partidos políticos, a partir dos dados coletados nos processos contra parlamentares, cujo fato típico foi identificado como corrupção. Uma singela olhada confirma outros dados coletados pelo autor relativos ao que ele denominou corrupção rica. O Dc e os republicanos se envolvem com corrupção quando há valores altos, por isso não estão tão presentes na corrupção urbanística que se caracteriza, nas cidades menores, por afirmação de poder, ampliação de base e, em menos espectro, dinheiro.

Tab. IV.17

(in miliardi di lire 1986)

	DC	Psr	Altri	Pcr
1945-63	9,7	3,8	2,1	2,4
1963-79	58,9	23,5	31,9	0,3
1979-87	242,7	98,9	144,1	0,2
Totale	311,3	124,4	178,1	2,9

De todo o exposto, importa destacar que a corrupção acompanha par e passo a humanidade e os diversos sistemas. Tem acepções e conteúdos que se expressam com sentidos e funções diferentes. A corrupção científica é diferente e se expressa de modo distinto da religiosa, que também é distinta da política e assim com todos os demais sentidos. O sentido jurídico da corrupção se dá por meio das definições da lei e só se modifica a partir das mudanças destas leis, tema que se debaterá no Capítulo 3.

As diversas descrições produzidas foram possíveis a partir dos processos de diferenciações e, a partir destas é que operam modificações importantes. O estudo de Cazzola na Itália tornou-se um clássico e foi a base para diversas formulações para enfrentar a corrupção, tanto na Itália quanto na Comunidade Europeia.

---

[127] *Ibidem*, p. 139.

CAPÍTULO 2

MARCOS IMPORTANTES E TRATADOS INTERNACIONAIS DE CONTROLE DA CORRUPÇÃO

2.1 A racionalidade dos controles da corrupção: diferenciar para enxergar

2.1.1 Da racionalidade dos controles da corrupção

A racionalidade dos controles da corrupção está diretamente ligada à capacidade de diferenciação da corrupção no âmbito dos sistemas para enxergar os problemas e adotar medidas a partir do próprio sistema.

A corrupção no estado contemporâneo se consuma com a participação dos empreendedores, do poder político, representado pelo legislativo, executivo e judiciário e dos funcionários públicos. Esse reconhecimento já faz parte das diferenciações produzidas. Se as punições da época da Lei das Doze Tábuas se assemelhavam a uma função moral desempenhada na antiguidade, de cobrança direta, na modernidade a função dos controles e sanções desempenham uma função na estrutura do sistema.

Por isso, importante ter claro que a corrupção não é algo que se analisa do externo, é algo que o sistema produz quando produz sociedade. Por isso, não basta a recriminação jurídica que se reporta à moral, na forma que o mundo antigo fazia. Da mesma forma, é insuficiente o enxergar dos processos corruptivos a partir deles mesmos ou da relação sujeito/objeto. A corrupção está no sistema, é ínsita a este, não é algo que está fora. É isto sim, algo que existe e deve ser enfrentado pelo próprio sistema e com as ferramentas destes.

Isso significa que quanto mais a corrupção é descrita, mais conseguimos enxergá-la. O não descrevê-la, não diferenciá-la, significa encobri-la, demonstrando que não há suficiente separação dos sistemas a ponto de externá-la. Essa constatação representa um paradoxo, pois quanto mais a corrupção é identificada significa que mais descrição e controles existem.

O estágio atual dos processos jurídicos, impulsionados pelas descrições até então realizadas, reconhece que o fenômeno da corrupção se apresenta de diversos modos, cabendo à sociedade estabelecer o freio mediante o ordenamento jurídico próprio, considerando que as leis são uma proteção da sociedade contra ela mesma, na medida em que o direito estabelece o lícito e o ilícito.

Esse processo de identificação do lícito/ilícito sofreu uma evolução a partir de marcos significativos, especialmente a contar do movimento da Organização para a Cooperação e Desenvolvimento Econômico (OCDE) e das Nações Unidas em torno do tema, no final dos anos 1970.

Conforme visto na descrição histórica, até os anos 70, tanto nos Estados Unidos quanto na Europa colonialista dos países africanos, no campo das conquistas de países, de relações internacionais o pagamento de suborno era uma prática usual e considerada válida, objetivando a promoção dos mercados. Assim, tanto as companhias quanto os governos não reprovavam e adotavam práticas nessa linha. Havia uma corrente de pensamento, sobretudo desenvolvida nos EUA, que defendia este modelo como meio de movimentar a economia e romper com a burocracia existente nas relações comerciais com os países do terceiro mundo.

O sistema jurídico também não tinha regras e controles para além dos estados nacionais. Não era ilícito/ilegal uma empresa americana, inglesa, francesa ou de qualquer outra nacionalidade oferecer propina em outros países, por exemplo.

John T. Noonan Jr., em sua obra Mani Sporche – La Corruzione Politica nel Mondo Moderno, faz uma preciosa descrição da corrupção desde os anos 1800.[128] O entrelaçamento entre direito e política nos Estados Unidos, subornos de senadores e juízes, propina recebida por meio de honorários são descritas com fatos, dados e ironia pelo autor.[129] No final dos anos 1800 leis estaduais passaram a criminalizar

---

[128] Em português os dois livros de John T. Noonan Jr (Ungerele Ruote e Mani Sporche) foram traduzidos como "Suborno" e estão compilados em um mesmo livro.

[129] Ver: um giudice influenzato, um senatore subornato – descrição de caso de naufrágio de barco com africanos que foram resgatados. Por lei deveriam ser livres, porém o juiz da Georgia,

MARCOS IMPORTANTES E TRATADOS INTERNACIONAIS DE CONTROLE DA CORRUPÇÃO | 85

a corrupção entre pessoas físicas. O Estado de Nova York foi o primeiro a dispor sobre o tema.

Em síntese, o crime consistia em dar um benefício a um empregado, agente fiduciário, com a intenção de influenciar a conduta do chefe em prol do beneficiado. Nos anos 1980, 34 Estados haviam aprovado leis dessa natureza e contemplavam a corrupção de classes de empregados, tais como: motoristas em Illinois, jardineiros em Mariland. Também podia ser usado na relação professor/aluno, por exemplo, um professor que recebia favor sexual de aluno ou um religioso que praticasse simonia.[130]

Todavia, a partir de meados dos anos 70, impulsionado pelo escândalo do Watergate que resultou na renúncia do Presidente Nixon, aliado aos escândalos envolvendo empresas americanas no pagamento de propina, teve início uma crescente mutação no tratamento da corrupção. De relações privadas, de tratamento sujeito/objeto, iniciaram os debates e foram gestadas as iniciativas dos Tratados e da internalização destes nas legislações dos países, bem como a compreensão das causas e efeitos do fenômeno, não como fato isolado, mas decorrente, sobretudo, das operações dos sistemas da economia e da política. Ficou evidenciada a relação da corrupção com a "lavagem de dinheiro", que não era prática adotada só na relação com países subdesenvolvidos, para romper com as amarras dos sistemas burocráticos, que não se tratava de problema estritamente doméstico, afeto à soberania do estado-nação.

O caso conhecido como Watergate iniciou com a denúncia do jornal de circulação Washington Post de tentativa de instalação de escutas e de exame de documentos no escritório do Partido Democrata, durante o processo eleitoral para Presidência dos EUA. Os repórteres Bob Woodward e Carl Bernstein investigaram o caso e tinham como informante uma pessoa conhecida como "garganta profunda". As investigações revelaram que o então Presidente Republicano, Richard Nixon, candidato à reeleição, sabia das operações ilegais contra a oposição. Após condenado pela Corte Suprema a entregar as fitas originais que demonstravam seu envolvimento na operação ilegal renunciou à Presidência, sendo substituído pelo seu vice Gerard Ford. Este assinou anistia a Nixon pelos ilícitos praticados. Em meio às investigações iniciadas deste modo, surgiram denúncias e comprovações de doações

---

alegando que queriam entrar irregularmente nos EUA, devolveu-os ao representante dos espanhóis e portugueses, depois tornado senador, que ganhou milhares de dólares com a decisão e, posteriormente, com lei aprovada no senado. (NOONAN, *op. cit.*, 1989, p. 28.)

[130] NOONAN JR., *op. cit.*, 1984, p. 157-158.

ilegais à campanha eleitoral e lavagem de dinheiro envolvendo uma série de empresas americanas. Em 2005 o ex-Vice Presidente do FBI Mark Fett revelou que ele era o "Garganta Profunda", fato confirmado pelos jornalistas.

Das denúncias do período, o escândalo da empresa multinacional americana Lockheed foi o de maior repercussão. A Lockheed Aircraft Corporation era uma companhia aeroespacial e bélica norte-americana. Empresa líder mundial no setor de defesa aeroespacial, que exportava para o mundo todo. A relação dela com o Governo Americano se assemelhava à estabelecida entre a Companhia Inglesa das Índias Orientais e o Governo da Inglaterra no início do século XVII, [131] significando que era um braço americano no exterior, além do governo estadunidense depender dela para aquisição de mísseis e aviões militares. Já as negociações da Lockheed dependiam da aprovação do Departamento de Defesa Americano, sendo que seu maior mercado eram os aviões militares e comerciais vendidos para diversos países do mundo, havendo uma íntima e perniciosa relação constituída.

Em 1971 o Governo Americano criou o Conselho de Garantia de Empréstimos de Emergência (CGEE), uma agência governamental, e concedeu créditos públicos para garantir empréstimos da Lockheed, aproximando ainda mais a relação do governo americano com a empresa, mesma forma adotada pelos ingleses com a Companhia das Índias em período histórico anterior.[132]

A partir dos escândalos de Watergate, a Promotoria estimulou denúncias de financiamento ilegal de campanhas. Esse programa revelou que a Lockheed utilizava sua atuação no exterior para "lavar dinheiro" de origem ilícita, ou seja, a Corporação enviava o dinheiro para o exterior e este retornava tendo uma fonte de origem.[133] A revelação partiu de depoimentos de executivos da construtora Northrop, empreiteira com ampla atuação nos Estados Unidos. Segundo os depoimentos, a empreiteira adotou a sistemática do modelo Lockheed, que consistia em pagar suborno a governos europeus, para viabilizar vendas a esses países. Declararam ter pagado US$ 450.000 para o agente saudita Adnan Khashoggi e US$ 750.000 ao agente suíço Hubert Weisbrod. Dessa investigação decorreu o conhecimento de outros tantos negócios praticados pela Lockheed. O pagamento da propina era registrado como honorários. Depois disso, foram descobertos pagamentos de suborno na Holanda,

---

[131] NOONAN, *op. cit.*, 1984, p. 158.

[132] NOONAN, *op. cit.*, 1984, p. 158.

[133] *Ibidem*, p. 159.

Japão, Arábia Saudita, entre outros. O príncipe real da Holanda, amigo pessoal do Presidente da Lockheed, recebeu US$ 1.000.000 logo após a firmatura de contrato com o governo holandês para fornecimento de aviões Starfighter F-104. Em 27 de julho de 1976 o Primeiro Ministro Japonês Kakuki Tanaka foi preso, envolvido em subornos, favorecendo a companhia em contratos com aquele país. Foi estimado que o Primeiro Ministro recebeu US$ 2,1 milhões de dólares em suborno.[134]

Após investigação, a Lockheed reconheceu o uso de práticas para ocultar pagamentos indevidos. Em sua defesa alegou que era prática necessária em função de estratégia comercial e que quando não o fazia perdia as concorrências, porque outra companhia devia ter feito o mesmo pagamento. Noonan elenca as seguintes práticas admitidas pela Lockheed:

> [...] contratos com assinaturas anteriores; contratos múltiplos para uma única transação; faturas falsas; corporações de fachada; falsos recebedores; uso habitual de cheques ao portador ou dinheiro. Confessou desvios dos padrões da prática contábil para acumular o dinheiro usado: uma conta extralivros na Suíça, aberta em nome de dois advogados; um cofre para depósitos em Genebra, contendo, às vezes, mais de $ 300.000 em dinheiro; transferências através de subsidiárias suíças, não registradas nos livros dessas subsidiárias.[135]

Em meio aos escândalos, em 24 de agosto de 1975, o tesoureiro da Companhia Lockheed suicidou-se.

Segundo Noonan,[136] as repercussões do caso Lockheed à imagem da democracia americana, a quebra de confiança nas corporações dos EUA e no funcionamento regular dos mercados de capitais, a pressão dos cidadãos dos países aliados em plena Guerra Fria geraram a necessidade de uma lei americana que criminalizasse o suborno fora dos Estados Unidos.

Desse cenário, nos Estados Unidos da América, nasce a primeira lei anticorrupção transnacional, a Foreign Corrupt Practices Act (FCPA), de 1977, também denominada Ato Contra Práticas Corruptas no Exterior (APCE). Destacam-se como pontos importantes desta lei: a) penalização do ato de subornar autoridades estrangeiras em transações comerciais seja por nacionais ou por empresas sujeitas à jurisdição norte-americana;

---

[134] Dados extraídos de NOONAN, *op. cit.*, 1984, p. 250 e ss.; e NOONAN, *op. cit.*, 1989, p. 850 e ss.

[135] NOONAN, *op. cit.*, 1989, p. 871.

[136] *Ibidem*, p. 875.

b) exigência de controles contábeis e a manutenção de registros das operações internas e realizadas no exterior pelas companhias de capital aberto; e, c) início do incentivo ao desenvolvimento do *compliance*.[137] O Governo americano passou a pressionar a agenda política das nações desenvolvidas para adotar o mesmo tratamento já praticado pelos EUA para o combate aos subornos.

Com a entrada em vigor da lei americana, as empresas daquele país passaram a alegar concorrência desleal no tratamento e perda de competitividade nos negócios internacionais. Todavia, não era da agenda internacional esta pauta. Os EUA empreenderam esforços com seus aliados na OCDE para adoção da proposta, sendo esta iniciativa inexitosa. Os fatores elencados para não aceitação da proposta foram a desconfiança quanto às reais intenções dos EUA em plena Guerra Fria, bem como a intenção americana de sobrepor suas políticas impondo aos demais países industrializados suas pautas, em detrimento de outros debates mundiais prioritários. Em 1979 os EUA desistiram desta pauta na OCDE e mitigaram a aplicação da lei em seu território.[138]

O final da Guerra Fria em 1989, a queda do Muro de Berlim (9 de novembro de 1989, que também é o marco do final da Guerra Fria), o fim da União Soviética (dezembro de 1991), a privatização de seus enormes ativos estatais e a assinatura do Tratado de Maastrichht, em fevereiro de 1992, formando a União Europeia, foram os fatores dos sistemas políticos que deflagraram uma nova situação, possibilitando o retorno ao debate do tema da corrupção, com a característica de atuação transnacional coordenada e regulada por Tratados Internacionais.

Os debates se deram no âmbito da Organização dos Estados Americanos (OEA),[139] Organização para Cooperação e Desenvolvimento

---

[137] Programas de cumprimento da legislação anticorrupção, que consistem na adoção de procedimentos preventivos para evitar o pagamento de subornos, desenvolvimento de ações internas visando a evitar o pagamento destes por qualquer área das corporações e abertura voluntária dos resultados das investigações internas às agências governamentais competentes. No Brasil está previsto na Lei Federal nº 12.846/13.

[138] PAGOTTO, Leopoldo. Esforços Globais Anticorrupção e seus Reflexos no Brasil. In: DEL DEBBIO, *op. cit.*, p. 27-28.

[139] A Organização dos Estados Americanos é o mais antigo organismo regional do mundo. A sua origem remonta à Primeira Conferência Internacional Americana, realizada em Washington, D.C., de outubro de 1889 a abril de 1890. Esta reunião resultou na criação da União Internacional das Repúblicas Americanas, e começou a se tecer uma rede de disposições e instituições, dando início ao que ficará conhecido como "Sistema Interamericano", o mais antigo sistema institucional internacional. A OEA foi fundada em 1948 com a assinatura, em Bogotá, Colômbia, da *Carta da OEA* que entrou em vigor em dezembro de 1951. Posteriormente, a Carta foi emendada pelo *Protocolo de Buenos Aires*, assinado em 1967 e que entrou em vigor em fevereiro de 1970; pelo *Protocolo de Cartagena das Índias*,

Econômico (OCDE)[140]e Organização das Nações Unidas (ONU),[141] resultando os Tratados Internacionais dos quais o Brasil foi signatário. Também foram de relevância para o período e envolvimento internacional no tema a Convenção Penal sobre a Corrupção do Conselho da Europa, assinada em Estrasburgo em 30 de abril de 1999, e a Convenção Africana para Prevenção e a Luta Contra Corrupção e Crimes Assimilados, aprovada em Maputo em 11 de julho de 2003.

Esses organismos internacionais consistem em um arranjo internacional e uma estrutura criada com função de estabilização das relações internacionais. Os Tratados Internacionais são os documentos jurídicos que explicitam os acordos, sendo os meios jurídicos que expressam esses conteúdos. Examinaremos os mais importantes em item próprio deste capítulo.

Ainda sobre a racionalidade dos discursos, dos controles, das sanções e de cada um desses sistemas, importante tratarmos das descrições do tema no que diz com a Administração Pública, os "remédios

---

assinado em 1985 e que entrou em vigor em 1988; pelo *Protocolo de Manágua*, assinado em 1993 e que entrou em vigor em janeiro de 1996; e pelo *Protocolo de Washington*, assinado em 1992, e que entrou em vigor em setembro de 1997. A Organização foi criada para alcançar nos Estados membros, como estipula o Artigo 1º da Carta, "uma ordem de paz e de justiça, para promover sua solidariedade, intensificar sua colaboração e defender sua soberania, sua integridade territorial e sua independência". Hoje, a OEA congrega os 35 Estados independentes das Américas e constitui o principal fórum governamental político, jurídico e social do Hemisfério. Além disso, a Organização concedeu o estatuto de observador permanente a 69 Estados e à União Europeia (EU). Para atingir seus objetivos mais importantes, a OEA baseia-se em seus principais pilares que são a democracia, os direitos humanos, a segurança e o desenvolvimento. (Disponível em: <http://www.oas.org/pt/sobre/quem_somos.asp>.)

[140] Fundada em 1960, a OCDE (Organização para a Cooperação e Desenvolvimento Econômico) é uma organização de cooperação internacional composta por 34 países. Sua sede fica na cidade de Paris (França). A OCDE é sucessora da OECE, que foi criada no contexto do Plano Marshall. Portanto, tinha como objetivo buscar soluções para a reconstrução dos países europeus afetados pela Segunda Guerra Mundial. A OECE existiu entre 1948 e 1960, ou seja, até a fundação da OCDE. Principais objetivos da OCDE: buscar o desenvolvimento econômico permanente entre os países membros; encontrar caminhos para a manutenção da estabilidade financeira entre os países membros; discutir e propor metas para o desenvolvimento econômico mundial; estabelecer parâmetros para o desenvolvimento do nível de vida; criação de mecanismos para o crescimento do nível de emprego. Os Países membros são: Áustria, Bélgica, Dinamarca, França, Suécia, Islândia, Irlanda, Itália, Luxemburgo, Holanda, Noruega, Portugal, Suécia, Suíça, Turquia, Reino Unido, Alemanha, Espanha, Canadá, Estados Unidos, Japão, Finlândia, Austrália, Nova Zelândia, México, República Tcheca, Hungria, Polônia, Coreia do Sul, Eslováquia, Chile, Estônia, Israel, Eslovênia. (Disponível em: <http://www.oecd.org/>.).

[141] Organização das Nações Unidas, criada em outubro de 1945, após a 2ª Guerra Mundial, que devastou dezenas de países e tomou a vida de milhões de seres humanos, existia na comunidade internacional um sentimento generalizado de que era necessário encontrar uma forma de manter a paz entre os países. (Disponível em: <http://www.onu.org.br/Guerra Mundial>.)

2.1.2 Democracia e corrupção

Della Porta e Meny destacam que a Queda do Muro de Berlin e a Queda do Socialismo coroaram a evolução de duzentos anos do que chamaram marcha triunfal da democracia, sendo este o modo de governo dominante no mundo ocidental. Apontam, todavia, que há uma série de imperfeições, sendo que a corrupção se destaca como um dos aspectos de relevo.[142]

Ainda, conforme os autores citados, o caráter perverso da corrupção em relação ao funcionamento do sistema político em geral e democrático em particular não é unanimidade entre os estudiosos do tema. Salientam as análises funcionalistas dos anos 60 e 70, já em parte, citados neste trabalho – teoria econômica da corrupção. Dessa análise, importante destacar dois vieses de entendimento: a) certa dose de corrupção nos países socialistas ou naqueles subdesenvolvidos, conceito também aplicado à sociedade mediterrânea, são o óleo necessário para acionar os mecanismos emperrados ou enfraquecidos, pois havia uma cultura de imobilismo. Na sociedade mediterrânea o fenômeno se caracterizava pelo patrimonialismo, clientelismo e nepotismo; b) a não corrupção tende a ocultar o problema, negando-lhe a existência, mesmo que seja um problema marginal.

Prosseguem descrevendo os anos 80, no qual identificam uma mutação do fenômeno. Emergem numerosos casos em países europeus, asiáticos e africanos, assim como nos antigos países socialistas. Identificam diversos fatores como causa desta mutação: a) desenvolvimento de equilíbrio social junto com a crise econômica e da política de adequação estrutural e da desregulamentação; b) o surgimento de novas classes sociais rapidamente enriquecidas graças à especulação, a novas regras do jogo ou mesmo a convivência com a classe política. Os empreendedores de sucesso perpassam entre o mundo econômico e político e a saída de um ou de outro mundo está diretamente ligada aos resultados encontrados no outro lado, criando uma confusão de

---

[142] DELLA PORTA; MENY, *op. cit.*, p. 1.

método, valor e interesses; c) a arrogância das novas potências, seja na economia, seja na política; d) o surgimento de forças sociais até agora muito hesitantes em se manifestar contra a soberba e a corrupção das elites.

Frente ao círculo vicioso da corrupção a denúncia jornalística dos desvios políticos e procedimentos judiciários progressivamente contribuíram para a construção de um círculo virtuoso imprensa – opinião pública – magistratura – classe política. Políticos e funcionários de alto escalão passaram a responder perante os Tribunais por crimes cometidos, sendo esta uma reação aos excessos dos anos 80; e) o aumento astronômico do financiamento dos partidos políticos e da organização eleitoral, mesmo com o financiamento público dos partidos e das campanhas eleitorais, difundido em leis dos anos 70 e 80. Contudo, essas estratégias não foram suficientes para frear o aumento vertiginoso do custo da propaganda eleitoral, sobretudo no Japão e nos Estados Unidos, sendo seguidos de alguns escândalos (escândalos Flick e Lockheed); f) a ação decisiva da Magistratura, em especial na Itália onde a Operação Mãos Limpas atingiu o regime corrupto da democracia da Primeira República. O papel da magistratura foi também decisivo em outros países como Espanha e França.[143]

Os numerosos escândalos de corrupção dos anos 80 e 90 nos países considerados democráticos fizeram com que não fosse mais vista como um fenômeno ocasional e de dimensão marginal, mas como um problema endêmico.

Para Della Porta e Meny a corrupção coloca em perigo os valores do próprio sistema democrático, pois a democracia é atingida em seu coração. A corrupção substitui o interesse público pelo privado, atinge os fundamentos do estado de direito, nega os princípios da igualdade e da transparência no momento em que favorece o acesso privilegiado e secreto de alguns personagens aos recursos públicos.[144]

A descrição desses autores dá conta da existência de uma escola de pensamento que coloca a corrupção como uma das "promessas não cumpridas da democracia".

Acerca da democracia, é de Churchill a definição relembrada pelos estudiosos e que sintetiza uma corrente de pensamento que saúda e prestigia a democracia, mesmo com seus potenciais desencantos: "a democracia é o pior sistema de governo se se excluírem todos os outros".

---

[143] DELLA PORTA; MENY, *op. cit.*, p. 5.
[144] *Ibidem*, p. 7.

Bobbio assinala que, para um regime democrático, o estar em transformação é seu estado natural, pois a democracia é dinâmica, enquanto o despotismo é estático e sempre igual em si mesmo.[145] [146] Sinale-se que os regimes democráticos nascidos na Europa após a 2ª Guerra Mundial assim permanecem, não correndo risco de ditaduras. Pode-se dizer que a formação da União Europeia foi um modo de estabilização da democracia, contribuindo fortemente para esse fator. Já o mundo soviético se transformou em democracias que estão em processo de mutação. Para Bobbio, a democracia é procedimental, ou seja, é um método de governo, um conjunto de regras de procedimento para a formação das decisões coletivas, segundo a qual está prevista e presente a participação dos interessados.[147]

O autor, a seu modo, sublinha que a democracia é um sistema melhor entre todos aqueles que a precederam e daqueles que a sucederam até agora.[148]

Dos discursos – de Churchill a Bobbio – há um modo de dizer que existem problemas na democracia, dentre os quais a corrupção se avulta. Todavia, para esses autores, em que pese o reconhecimento destes, não há outro sistema até então vivenciado, que seja melhor que a democracia.

Já, para Luhmann, a racionalidade da democracia é a substituição das verdades. A verdade da opinião pela força dos regimes autoritários é substituída pela democracia. Prossegue dizendo que a função da democracia é o incremento e a manutenção da complexidade e da contingência. O sistema da política na democracia tem no código governo/oposição o meio pelo qual é garantida a contingência e, esta, é diretamente proporcional à complexidade. Mas a questão da corrupção não está ligada à estrutura de um ou outro país, não é um problema genérico da democracia, é, isto sim, um problema de cada sistema e é ínsito a estes.

A importância do aporte da teoria dos sistemas de Luhmann, neste particular, é compreender que a democracia não é algo que é porque é, ou, de outro lado, que se garante somente porque é democrático. A democracia é procedimental, garante pontos de vista, garante

---

[145] BOBBIO, *op. cit.*, 1986, p. 10.

[146] A discussão da democracia proposta por Bobbio se refere à democracia ocidental que remonta a cerca de 200 anos, após as revoluções americanas e francesas. As bases da democracia antiga, que era direta e seletiva, eram outras.

[147] BOBBIO, *op. cit.*, 198, p. 11.

[148] DELLA PORTA; MENY, *op. cit.*, p. 1.

a contingência e nisso está a possibilidade do atuar na corrupção. Não garante a não corrupção, pois ela faz parte de toda contingência dos sistemas.

A corrupção, também, é um paradoxo da democracia. Os paradoxos são circularidades que, se não forem desenvolvidos, bloqueiam as operações dos sistemas que eles constituem.[149] O paradoxo é constitutivo do direito, a distinção é uma técnica de desenvolvimento do paradoxo utilizada e altamente funcional no plano operativo.

Sem a distinção seria impossível enxergar a corrupção, porque seria impossível distingui-la da não corrupção. O sistema da democracia permite o desenvolvimento desse paradoxo e o enxergar. Nesse sentido, a democracia garante a possibilidade de enxergar a corrupção, por meio das diferenciações produzidas. E é este um processo de construção permanente.

Já nos regimes ditatoriais – comunistas, fascistas, etc., – não há este universo de significados que produzem sentidos e, assim, constroem sociedade. É utilizada uma espécie de técnica de repelimento dos consensos e se servem de organizações que externam esse conjunto de significados, absorvendo todos os sentidos. Os destinatários recebem o consenso pronto, não os constroem e há um controle moral e político da economia. E a visão de consenso é a produzida pelas instituições.

No que pertine à corrupção, por não ter a função de permitir enxergar, oculta os problemas e a produção do sentido único nega ou ignora a sua existência. Tanto isso é fato que há vários registros dos processos corruptivos no período fascista e na União Soviética comunista, mesmo com todas as dificuldades de dados, em função da inexistência de publicidade e direito à informação em governos desta espécie.[150]

Por isso, não se trata de promessa não cumprida da democracia, de acabar, extirpar a corrupção que, conforme vimos, existe e sempre existiu. Trata-se de compreender que quanto mais se enxergar corrupção, que as diferenciações do sistema estão operando e, paradoxalmente, quanto mais aparecer, de um lado, significa que mais controles existem.

Outro aspecto da teoria é possibilitar enxergar e reconhecer que como a sociedade está sempre em construção não há possibilidade de

---

[149] DE GIORGI, Raffaele. *Direito, Tempo e Memória*. Tradução de Guilherme Leite Gonçalves. São Paulo: Quartier Latin, 2006.

[150] A respeito ver: Dalla dittadura alla democrazia: le mutevoli forme della corruzione in Spagna di Paul Heywood. La russia: amministrazioni senza fede né legge di Marie Mendras. In: DELLA PORTA; MENY, *op. cit.*, 1995. CURAMI, Andrea. Le Forniture Militari. In: MELLS, Guido (coord.). *Etica Pubblica e Ammnistrazione*. Napoli: Cuen, 1999.

estancar totalmente a corrupção, até porque esta também evolui e se modifica, mas há, isto sim, possibilidade de enxergar as formas pelas quais ela se desenvolve e como opera, podendo, desse modo, utilizar mecanismos para enfrentá-la. Na medida em que se diferencia a corrupção é possível desenvolver mecanismos de estabilização desse sistema que resultam no seu controle.

2.1.3 Administração pública e corrupção: observações na Itália

Uma das preocupações descritas relativas à corrupção se centra na administração pública.

Gustapane[151] concentra sua pesquisa na descrição da corrupção no âmbito do funcionário público. Para o autor, a primeira imagem do funcionário público na Itália unificada é de honestidade. Destaca que em 1875 Leone Carpi desenvolveu uma pesquisa sobre classes sociais do novo Estado italiano, tendo identificado o seguinte: aristocracia, clero, burguesia e burocracia. Após ampla pesquisa conduzida nas Prefeituras e no Ministério da Administração Pública, concluiu que a burocracia italiana deixa muito a desejar em matéria de cultura, porém, é moral e honesta. Vive para o escritório e para a família. É capaz de passar fome a vender um segredo decorrente das informações obtidas no cargo que ocupa. Tentativas de corrompê-la foram resistidas.[152] Gustapane cita que a avaliação de Carpi foi confirmada por Ettore Conti, um dos maiores expoentes da indústria italiana, no período posterior à 1ª Guerra Mundial.

Todavia, essa imagem do funcionário público depois da 2ª Guerra Mundial se modificou radicalmente. A partir dos anos 60, difunde-se na opinião pública a convicção de que a administração pública é corrupta, sobretudo, no setor de obras públicas e no fornecimento de bens e serviços. Aliado à ideia de corrupção está a ideia de que a administração pública não tem condições de reprimir os comportamentos ilícitos.

O motivo dessa mudança de cultura e pensamento foi descrito como diretamente relacionado à inação da própria administração em atuar contra corrupção, na postura dos funcionários em não condenar

---

[151] GUSTAPANE, *op. cit.*, p. 21.

[152] La burocrazia italiana lascia molto a desiderare dal lato della coltura ... La burocrazia però è morale e onesta. Vive dell'ufficio e della famiglia (...) È capace di stentare la fame piuttosto che vendere un segreto d'uffizio. Più volte si è tentato di corromperla, ma essa ha sempre resistito". (*Ibidem*, p. 25-26.)

moralmente os colegas corruptos, no compactuar com práticas a partir da inércia em refutá-las, da não ativação dos meios administrativos, procedimentos disciplinares, transferências de ofício permitidas no ordenamento para a tutela administrativa.

A administração pública do período fascista foi enfraquecida, a função administrativa foi suplantada pela política, a técnica ficou à margem das decisões autocráticas, a burocracia necessária que movimenta a máquina administrativa cedeu à autocracia.

De outra parte, também contribui decisivamente para a imagem e para a formação do conceito e desta cultura o fato de que tarefa de combater a corrupção foi delegada à magistratura. A administração pública abriu mão da tarefa do controle administrativo de suas ações, historicamente exercida por meio do direito administrativo, enfraquecendo o Estado e dando margem a esta atuação, na medida em que desresponsabiliza aqueles que têm o dever de combater os ilícitos administrativos.[153]

Na Itália, em novembro de 1996, foi criada a Comissão Minervini (presidida pelo Prof. Gustavo Minervini), cuja tarefa foi efetuar a análise e formular propostas para administração pública, bem como apontar medidas para evitar a corrupção.

Essa comissão apontou como um dos remédios para superar a patologia pesquisar setor por setor, não somente no cumprimento da lei, mas, sobretudo, nos procedimentos adotados para o cumprimento destas nas decisões concretas da administração pública.[154]

Dito de outra forma, um dos modos de enfrentar a corrupção é operar o processo de diferenciação, conforme Luhmann e De Giorgi lecionam.

Em março de 1997, diante do Conselho Nacional da Economia e do Trabalho, foi realizada a 1ª Conferência Nacional de Prevenção da Corrupção, tendo como conclusão a proposição de quatro iniciativas legislativas: a) a revisão das normas societárias; b) aprovação de critérios gerais de regulação da atividade contratual com a administração pública; c) a simplificação do sistema autorizativo para implantação e ampliação dos polos industriais; d) a definição da relação e da

---

[153] GUSTAPANE, *op. cit.*, 26-28.

[154] "i rimedi per ridurre e superare le patologie vanno ricercati, settore per settore, non soltanto nelle leggi, ma anche e sopratutto nei provvedimenti attuativi di norme e in interventi concreti di ammministrazione". Commissione Minervini. (GUSTAPANE,*op. cit.*, p. 36.)

responsabilidade dos dirigentes públicos com a legalidade dos procedimentos administrativos.[155]

A comissão presidida por Minervini, por sua vez, entendeu ser inútil uma lei geral anticorrupção, salientando a importância da pesquisa e da adoção de medidas por setores, revisando os procedimentos administrativos, bem como as normas de intervenção concreta da administração pública. O objetivo dessas medidas visa a compreender o aumento periódico da corrupção, sendo esta uma tarefa específica da pesquisa histórica, objetivando propor os remédios legislativos e administrativos cabíveis em cada situação.[156]

Nesse particular, importante destacar a contribuição de Croce. Benedetto Croce, tratando da história italiana, já havia sublinhado que o efeito mais pernicioso da corrupção se dá quando esta vem à luz, mas não se adotam remédios para evitar a repetição dos comportamentos ilícitos verificados de tempos em tempos. As suas considerações são novamente confirmadas pelo sociólogo americano Robert Merton que formulou o seguinte teorema: "ogni tentativo di eliminare una struttura sociale esistente senza che si provvedano strutture alternative adeguate a svolgere le funzione precedentemente svolte dall"organizzazione abolita, è destinato al fallimento". Especificamente quanto ao fenômeno da corrupção, o sociológo americano aponta: "Quando la riforma política si limita al compito di "buttare fuori le canaglie", il suo impegno è appena poco piú di una magia sociologica". Substancialmente, alerta Merton, que se não forem adotadas providências específicas para que aquela espécie de corrupção não possa ocorrer tão facilmente, inevitavelmente o curso da corrupção prosseguirá.[157]

Gustapane conclui seu estudo apontando que é preciso compreender os motivos que originam e fazem aumentar a corrupção, sendo esta uma tarefa da pesquisa histórica, pois pode auxiliar a propor remédios legislativos e administrativos específicos para o enfrentamento da patologia corrupção.[158]

Dito de outro modo, interpretações generalistas, diagnósticos sem base fática histórica tendem a esconder a corrupção, pois não enxerga a sua forma de expressão em cada período.

No caso da Administração Pública, compreender que o processo de enfraquecimento gerado pela autocracia, pelo enfraquecimento

---

[155] *Ibidem*, p. 35.

[156] *Ibidem*, p. 36.

[157] GUSTAPANE, *op. cit.*, p. 32.

[158] *Ibidem*, p. 36.

da burocracia do período fascista fez aumentar a corrupção. Desse modo, o fortalecimento da administração pública, o resgate da função administrativa, o investimento na formação dos servidores públicos, a melhora dos salários é o modo de prevenir de um lado e de reprimir do outro o crescente aumento de corrupção na administração pública. No exemplo italiano, os estudos lá realizados identificam o que opera naquele sistema. Contudo, podem igualmente auxiliar a compreender o que passa na Administração Pública brasileira, sobretudo, na necessidade de compreensão da função a ser desempenhada e na estruturação compulsória para separar o sistema do direito do sistema da política.

2.2 Marcos importantes do combate à corrupção

A Assembleia Geral da ONU, por meio da Resolução nº 3.514, de 15 de dezembro de 1975, indicou aos países membros que adotassem medidas de controle da corrupção praticada pelas empresas multinacionais na relação com a Administração Pública.

Conforme já dito, até aquele momento reinava a relativização do problema da corrupção e o entendimento de que esta era característica específica dos países subdesenvolvidos. Além disso, a ideia dos sociólogos americanos dos anos 70 no sentido de que a corrupção era um gás para o desenvolvimento nos países do terceiro mundo ainda era preponderante. O escândalo do Watergate, o fim da Guerra Fria nos anos 1990 – pois com o final dos regimes totalitários nos países do leste europeu a corrupção passou a "correr solta" e sem controle, sobretudo para venda de armamentos nucleares e bélicos por parte da decadente casta militar que anteriormente controlava aqueles países –, a formação da União Europeia e a integração da China na economia mundial foram divisores de água no tratamento do tema.

Ao mesmo tempo, diversas iniciativas de organismos internacionais contribuíram para a difusão da cultura anticorrupção e para o apontamento do tema como prioritário.

A partir de 1992 o Banco Mundial [159] passou a incluir em suas estratégias a questão da corrupção, dentre elas, que os países adotassem

---

[159] O Banco Mundial, uma agência especializada independente do Sistema das Nações Unidas, é a maior fonte global de assistência para o desenvolvimento, proporcionando cerca de US$ 60 bilhões anuais em empréstimos e doações aos 187 países-membros "O Banco (Banco Internacional para a Reconstrução e Desenvolvimento – BIRD) atua como uma cooperativa de países que disponibiliza seus recursos financeiros, o seu pessoal altamente treinado e a

medidas adequadas de prevenção e controle da corrupção nos negócios, tais como prestação de contas e a transparência para com os investidores estrangeiros.[160] Criaram-se diretrizes para (a) prevenir a fraude e a corrupção nos projetos financiados pelo Banco Mundial; (b) ajudar a dar suporte a países em seus esforços contra a corrupção, fornecendo, por exemplo, consultorias em políticas públicas; (c) fixar como critério de análise na concessão de empréstimos a corrupção no país requerente; (d) apoiar os esforços internacionais anticorrupção, tais como os da OCDE e da OEA. Com base nisso, foram revistos projetos e cancelados contratos, conforme segue:

> Em uma revisão de cinco projetos indianos que datam de 1997, há evidências de fraudes, corrupção e má condução dos projetos. Estes incluíam o projeto de controle da malária, orçado em US$ 114 milhões, o projeto de desenvolvimento do sistema de saúde de Orissa, orçado em US$ 82 milhões; o projeto nacional de controle da AIDS, orçado em US$ 194 milhões; o projeto de controle da tuberculose, de US$ 125 milhões e US$ 54 milhões para o projeto de alimentação e combate às drogas. Dentre as empresas implicadas no projeto de controle da malária, destacamos a Syngenta, empresa do ramo de agrobusiness e a Basf, da Alemanha. As empresas foram excluídas de projetos futuros do Banco, juntando-se a uma lista de 340 empresas excluídas.[161]

O Fundo Monetário Internacional (FMI),[162 163] por sua vez, nesta mesma linha, em 1996 adotou a declaração de Parceria para o

---

sua ampla base de conhecimentos para apoiar os esforços das nações em desenvolvimento para atingir um crescimento duradouro, sustentável e equitativo. O objetivo principal é a redução da pobreza e das desigualdades". (Disponível em: <https://nacoesunidas.org/agencia/banco-mundial/>.)

[160] HAYASHI, Felipe Eduardo Hideo. *Corrupção. Combate Transnacional, Compliance e Investigação Criminal*. Rio de Janeiro: Lumen Juris, 2015, p. 71.

[161] RAMINA, Larissa. Ação Internacional contra Corrupção *apud* HAYASHI, *op. cit.*, p. 72.

[162] Disponível em: <http://www.imf.org/external/index.htm>.

[163] O Fundo Monetário Internacional (FMI) é uma organização internacional que resultou da Conferência de Bretton Woods (1944). Concebida no final da Segunda Guerra Mundial, seus idealizadores tinham por objetivo construir um arcabouço para cooperação que evitasse a repetição das políticas econômicas que levaram à Grande Depressão dos anos 1930 e ao conflito global que se seguiu. Os objetivos declarados da organização são promover a cooperação econômica internacional, o comércio internacional, o emprego e a estabilidade cambial, inclusive mediante a disponibilização de recursos financeiros para os países membros para ajudar no equilíbrio de suas balanças de pagamentos. Os 188 países membros contribuem colocando à disposição do FMI uma parte de suas reservas internacionais. Se necessário, o Fundo utiliza esses recursos para operações de empréstimo visando a ajudar países que enfrentam desequilíbrios de pagamentos. Os recursos são desembolsados mediante o cumprimento de requisitos estabelecidos em um programa negociado com o Fundo. Além dos empréstimos para socorrer países em dificuldades, o FMI faz um acompanhamento

Crescimento Global Sustentável, reconhecendo como indispensável ao desenvolvimento econômico "a promoção da boa governança em todos os aspectos, incluindo o reinado da norma de direito, a melhoria da gestão pública e de prestação de contas no setor público, e combate à corrupção".[164]

Também é desse período a criação da Organização Não Governamental Transparência Internacional,[165] fundada em 4 de maio de 1993. O alemão Peter Eigen era Diretor do Banco Mundial em Nairobi e percebia os altos índices de corrupção nos projetos financiados pelo Banco. Todavia, a Instituição entendia que o tema da corrupção era alheio às suas atividades, pois afeto à soberania dos estados-nação, motivo pelo qual o Diretor não podia se posicionar ou enfrentar a questão na forma que enxergava necessário. Depois de se aposentar, Peter, em conjunto com outros nove colaboradores fundam a ONG Transparência Internacional, tendo como objetivo denunciar o tema da corrupção.

Atualmente a Transparência Internacional é uma das instituições mais respeitadas e de referência nos estudos acadêmicos no combate à corrupção. Desenvolveu e divulga indicadores e índices de percepção de corrupção que são utilizados como parâmetros internacionais de aferição. O principal desses indicadores é o Índice de Percepção da Corrupção, publicado desde 1995. Outro importante índice é o de Pagamento de Subornos, que classifica a probabilidade das empresas transnacionais das 28 (vinte e oito) principais economias do mundo ganhar negócios no exterior mediante o pagamento de suborno.

---

periódico da política econômica de seus membros e faz recomendações. O secretariado do FMI elabora pesquisas, faz levantamentos estatísticos e apresenta previsões econômicas globais, regionais e por país. O Fundo também provê assistência técnica e treinamento na sua área de competência. A diferença do que ocorre em outras organizações internacionais, onde as decisões são tomadas segundo o princípio de um país – um voto, o FMI segue um modelo corporativo de tomada de decisões. O poder do voto de cada país é determinado pela proporção de quotas que possui no Fundo. A revisão da distribuição de quotas é realizada periodicamente, constituindo oportunidade para que a instituição passe a refletir o aumento da participação relativa dos países emergentes na economia mundial. O Brasil está empenhado na promoção da reforma do FMI, com vistas ao aumento do peso de economias emergentes e em desenvolvimento na instituição. A estrutura organizacional do FMI é encabeçada pela Assembleia de Governadores (cujo titular brasileiro é o Ministro da Fazenda), que toma decisões e elege o Conselho de Diretores. Há apenas 24 diretores, o que faz com que muitos diretores representem um grupo de países ("constituency"). No caso do Brasil, o Diretor brasileiro representa, além do País, os seguintes membros: Cabo Verde, Equador, Guyana, Haiti, Nicarágua, Panamá, República Dominicana, Timor Leste, Trinidad e Tobago. (Disponível em: <http://www.itamaraty.gov.br/pt-BR/politica-externa/diplomacia-economica-comercial-e – financeira/119-fundo-monetario-internacional>.)

[164] HAYASHI, *op. cit.*, p. 73.

[165] Disponível em: <https://www.transparency.org/>.

Em 1996, a OCDE desenvolveu uma ampla pesquisa em um grupo de países compreendendo Austrália, Estados Unidos, Finlândia, México, Holanda, Noruega, Nova Zelândia, Portugal e Inglaterra para conhecer a queda de confiança dos cidadãos nas instituições públicas. Os dados recolhidos deram conta de que a principal causa era o comportamento corrupto dos funcionários públicos e dos políticos.[166]

Em agosto de 1997 o Fundo Monetário Internacional (FMI) publicou um documento no qual registrou sua posição no sentido de que a corrupção freia o desenvolvimento econômico e danifica qualquer país.[167] Esse informe foi importante para suplantar as ideias dos americanos que davam conta de efeitos positivos da corrupção nos países em desenvolvimento e que em larga escala foram difundidas.

A revelação de graves casos de corrupção em diversos países europeus, aliado à pressão exercida pelos Estados Unidos para que a Europa adotasse mecanismos de controle da corrupção – assim como o fizeram após o escândalo Watergate (apesar de ter sido mitigada após um período de vigência em função da alegação de quebra de isonomia nas relações comerciais, tendo em vista que os demais países desenvolvidos não tinham as mesmas obrigações) – levou o Conselho da União Europeia a aprovar uma Convenção contra a corrupção, na qual são envolvidos funcionários públicos da Comunidade Europeia e dos estados membros da União Europeia. A pressão americana teve por foco a concorrência desleal, pois o abandono da prática do suborno por força da lei americana estava dificultando os negócios daquele país, na medida em que os concorrentes europeus e de outras nacionalidades seguiam adotando tais práticas.

Depois da assinatura da 1ª Convenção outras se sucederam objetivando o mesmo intuito e consolidando um tratamento jurídico internacional, com consequências jurídicas, aos estados-nação. A última foi a Conferência das Nações Unidas para o Desenvolvimento Sustentável – Rio+20 que reconheceu que a repressão e a prevenção à corrupção é um compromisso dos países firmatários por ser um risco às finanças climáticas.

Há um intuito novo no ordenamento internacional emergente, tratando a repressão e criando mecanismos expressos e cogentes de prevenção da corrupção. Passa-se do comando/controle para o modelo

---

[166] OCDE – Comitê de lagestion publique, L'ethiquè dans le service public. Question et pratiques actualles, Paris, 1996 apud GUSTAPANE, op. cit., p. 16.

[167] Ibidem, p. 17.

reaja/previna, adotando-se ferramentas que tenham a capacidade de incidir sobre a prevenção de práticas e não somente na sua penalização.

2.2.1 Itália

Os registros históricos apontam que o caso mais grave de corrupção na Itália foi o denominado escândalo da "Banca Romana", ocorrido em 1893. Os dirigentes do banco italiano foram acusados de imprimir notas além do limite estabelecido pela lei, bem como de deixarem o caixa da Instituição vazio. Foram emitidos 28 milhões em notas, sem lastro para tanto. Bernardo Tanlongo, governador do Instituto de Crédito, que era também o responsável pela emissão das notas (do dinheiro), para buscar fundos para uso pessoal e para subvencionar diversos políticos, imprimiu moeda, duplicando uma série de notas. O crime cometido, se não fosse descoberto a tempo, poderia ter acabado com os fundamentos da economia do recente Estado Unitário (a unificação da Itália ocorreu em 1893).

Em 18 e 19 de janeiro de 1893 foram expedidos mandados de captura dos dirigentes do banco. Os mandados não foram expedidos diretamente da sede do Palácio da Justiça em Roma, mas no Palácio Braschi, sede da Presidência do Conselho dos Ministros e do Ministério do interior, em uma sala na qual estavam o Presidente do Conselho, o Ministro da Justiça, o Procurador-Geral que atuava na Corte em Roma, um senador e o Magistrado competente para a ação, dando conta de uma íntima relação entre os poderes[168] naquele período. A atuação judicial no controle da corrupção é um importante capítulo na história italiana e teve uma evolução ao longo da história.

Esse gravíssimo episódio teve um bom termo. A Lei nº 449, de 10 de agosto de 1893, estabeleceu um procedimento para emissão de notas. Posteriormente foram descobertos outros casos de corrupção em bancos, em setores específicos, porém a espécie de operação ilegal cometida por Tanlongo não foi mais verificada, o que denota que o

---

[168] Le vicende dello scandalo della "Banca romana" sono descritte da F. CAPRIOLO, Commentario della vita giudiziaria e politica d'Italia dal 1878 al 1929, Roma, Libreria Internazionale F.lli Treves, 1930, pp 67-121 che esercitò la funzione di giudice istruttore nella successiva fase del processo. Cfe. anche N. QUILICI, Banca Romana, Milano, Mondadori, 1935; E. VITALE, La riforma degli istituti di emissione e gli "scandali bancari" in Italia, 1892-1896, Roma, Camera dei deputati, Segretario generale, Archivio storico, 1972, voll. 3; E. MAGRI, I Ladri di Roma. 1893 scandalo della Banca Romana: politici, giornalisti, eroi del Risorgimento all'assalto del denaro pubblico, Milano, Mondadori, 1993. (GUSTAPANE, *op. cit.*, p. 22.)

remédio aplicado foi eficaz.[169] O escândalo produziu mudança no sistema político e administrativo, além do jurídico.

Também merece registro a atuação do Parlamento no controle da corrupção. Destacam-se as investigações parlamentares sobre a Società Delle Ferrovie Meridionali, Di Bastogi (1864), Regia Dei Tabacchi (1869), Regia Marina (1904), sobre as despesas com a construção do palácio da justiça em Roma (1912), sobre as despesas com a exposição de Roma, Turin e Palermo (1917), além das despesas de guerra e de assistência à população e reconstrução do território em 1920.

Das Comissões acima citadas, cabe destacar a atuação daquela destinada a verificar as despesas decorrentes da 1ª Guerra Mundial. Dita Comissão teve uma ampla atuação e identificou uma série de desvios, remontando a 324 milhões de liras. Para tanto, examinou centenas de contratos, expropriações, empregados, requisições. O relatório parcial da Comissão apontando corrupção e omissões impressionaram fortemente o país que havia sofrido com a guerra e do qual pediram tanto sacrifício. Todavia, com a ascensão do fascismo ao poder, as conclusões da comissão não foram adotadas e a documentação produzida foi recolhida pelo Parlamento e consignada na Câmara dos Deputados com acesso reservado.[170]

Do período fascista também se destacam episódios de corrupção, apesar dos poucos registros da época, em função do regime político reinante que não tinha transparência e ocultava essa espécie de prática. Foi criada uma Comissão Parlamentar que apurou desvios no Exército e na Marinha ao longo da 1ª Guerra. Esta apurou diversos casos de oficiais que saíam do exército para assumir cargos nos negócios que vendiam insumos aos militares, despesas excessivas, escolha impessoal nas compras realizadas, enriquecimento pessoal, entre tantos outros registros produzidos.[171]

Na memória coletiva dos italianos, os anos 70 foram de violência e terrorismo. Já, os anos 80 foram marcados pela corrupção política. Esse círculo vicioso corresponde à política corrupta, ao clientelismo e à corrupção, passando pelos partidos políticos, administração pública e relações com a máfia, estando, esta última, presente em todas as esferas de poder e instituições. Corrupção, clientelismo, péssima administração e proteção política à criminalidade organizada caracterizaram o

---

[169] *Ibidem*, p. 32.
[170] CROCELLA, Carlo; MAZZONIS, Filippo. Iniziative Parlamentari contro la Corruzione. In: GUSTAPANE, *op. cit.*, p. 129.
[171] *Ibidem*, p. 128.

desenvolvimento italiano após a 2ª Guerra Mundial. Naquele momento o mundo se dividia em dois blocos, estávamos em plena guerra fria. Muito se justificava pelo sistema. A profunda, íntima e avassaladora relação da máfia com a corrupção em todos os sistemas foi uma constante.

Em fevereiro de 1992 tem início apuração judiciária e jornalística que investigou e comprovou o círculo vicioso da corrupção na Itália. A denominada "Operação Mãos Limpas" desvela a prática do suborno para sustento dos partidos políticos e tem um efeito devastador na esquerda italiana do período, conforme descrito no capítulo 1.

A "Operação Mãos Limpas",[172] conhecida como Mani Pulite,[173] teve início com o "Caso Tangentopoli", que, em italiano, significa cidade do suborno. No início desenvolveu-se em Milão e, posteriormente, estendeu-se a toda Itália. Objetivou esclarecer casos de corrupção dos anos 90 (período de 1992 a 1996), após o escândalo do Banco Ambrosiano, que implicava a máfia, o banco do Vaticano e a Maçonaria. Foi coordenada pelo Procurador da República Antonio Di Pietro e pelo juiz Giovanni Falcone. Em termos históricos, aponta-se que com a "Operação Mãos Limpas" teve fim a Primeira República Italiana (1945-1994). Grande impulso da Operação foi o testemunho do mafioso Tomasso Buscetta. A partir daí a Operação investigou e coletou provas de fraudes em licitações, o uso do poder público em benefício particular e de partidos políticos. Comprovou, ainda, que empresários pagavam propina aos políticos para vencer licitações de construção de ferrovias, autoestradas, prédios públicos, estádios e na construção civil em geral. Com imenso apoio da opinião pública, a "Operação Mãos Limpas" levou ao fim a chamada Primeira República Italiana e ao desaparecimento de muitos partidos políticos, levando à prisão de industriais, políticos, advogados e magistrados, ao suicídio de 12 pessoas, além da fuga de muitos envolvidos. Visando a acabar com as provas, a máfia siciliana cometeu vários assassinatos, incluindo o dos juízes Paolo Borsellino e Giovanni Falcone, primeiro juiz a colher depoimentos do ex-mafioso Buscetta. Durante a atuação da "Operação Mãos Limpas", foram expedidos 2.993 mandados de prisão; 6.059 pessoas estavam sob investigação, incluindo 872 empresários, 1.978 administradores locais e 438 parlamentares, dos quais quatro haviam sido primeiros-ministros. A publicidade gerada

---

[172] Muito foi escrito e estudado sobre a Operação Mãos Limpas na Itália e no exterior. Não é objetivo deste trabalho, que, por si só, para ser analisada valeria uma tese. Aqui citamos as suas bases e remetemos às leituras sobre o tema, tanto no âmbito jurídico quanto jornalístico.

[173] Quanto ao relato jornalístico ver: BRIOSCHI, *op. cit.*, p. 231 e ss.

pela Operação revelou à opinião pública que a vida política e administrativa de Milão, e da própria Itália, estava mergulhada na corrupção, com o pagamento de propina para concessão de contratos do governo.

A "Operação Mãos Limpas" deu-se no âmbito do Judiciário. Porém seus efeitos chegaram a alterar a correlação de forças na disputa política da Itália, reduzindo o poder de partidos que haviam dominado o cenário político italiano. Foi uma forte forma de irritação do sistema judiciário no sistema político.

Em 1993 foi assinado o Tratado de Maastrichht, formando a União Europeia. Desde lá a Itália segue as normativas e os Tratados Internacionais que a comunidade europeia é firmátaria.

2.3 Tratados internacionais, marcos legislativos e controle da corrupção no século XXI – Tratamento e prevenção da corrupção na Europa atual – evolução legislativa

A Assembleia Geral da ONU, por meio da Resolução nº 3.514, de 15 de dezembro de 1975, indicou aos países membros que adotassem medidas de controle da corrupção praticada pelas empresas multinacionais na relação com a Administração Pública.

Nos Estados Unidos, em 1977 é aprovada a Foreign Corrupt Practices Act (FCPA), também denominada "Ato Contra Práticas Corruptas no Exterior (APCE)". Os pontos mais importantes desta lei são os seguintes: a) penalização do ato de subornar autoridades estrangeiras em transações comerciais, seja por nacionais ou por empresas sujeitas à jurisdição norte-americana; b) exigência de controles contábeis e a manutenção de registros das operações internas e no exterior realizada pelas companhias de capital aberto; e, c) início do incentivo ao desenvolvimento do *compliance*.

Em 29 de março de 1996 em Caracas, na Venezuela, os países membros da Organização dos Estados Americanos (OEA) adotaram a Convenção Interamericana de Combate à Corrupção. Essa Convenção é considerada o primeiro ato transnacional multilateral para combater o fenômeno global da corrupção. A Convenção divide-se em medidas preventivas e medidas repressivas. Dentre as preventivas, destacam-se: a) estabelecer normas de conduta para o exercício íntegro das funções públicas; b) criar mecanismo para o cumprimento dessas normas; c) fortalecer os órgãos de controle do Estado; d) instituir sistemas de arrecadação fiscal que evitem ou dificultem a prática de corrupção;

e) estimular a participação da sociedade civil e de organizações não governamentais para prevenir a corrupção. As medidas repressivas referem-se à criminalização de condutas nas legislações internas dos países, em especial o suborno internacional e o enriquecimento ilícito de funcionários públicos e às práticas de assistência recíproca e atuação cooperada entre os países membros, com intuito de prevenir e reprimir a corrupção. A cooperação prevê a possibilidade de identificar, localizar, bloquear, apreender e confiscar bens obtidos ou decorrentes das condutas corruptas tipificadas, consoante dispõe o art. XV da respectiva Convenção.

Em 1997 foi aprovada a Convenção de Combate à Corrupção de Funcionários Públicos Estrangeiros em Transações Comerciais Internacionais da OCDE, que tem como membros Alemanha, Austrália, Áustria, Bélgica, Canadá, Coreia do Sul, Dinamarca, Eslovênia, Espanha, Estados Unidos, Finlândia, França, Grécia, Holanda, Hungria, Irlanda, Islândia, Itália, Japão, Luxemburgo, México, Noruega, Nova Zelândia, Países Baixos, Polônia, Portugal, Reino Unido, República Tcheca, Suécia, Suíça e Turquia. Aderiram à Convenção, apesar de não serem países membros à época: Brasil, Argentina, Chile, Bulgária e República Eslovaca.[174] Em 26 de maio de 1997 foi assinada e publicada em 25 de junho de 1997, por meio do Ato do Conselho 195/01, de 26.05.97, convenção relativa à luta contra corrupção em que estejam implicados funcionários da União Europeia e dos Estados Membros.[175] Em seu artigo 2º, determinou que os países deveriam adotar medidas para responsabilização das pessoas jurídicas pela corrupção de funcionário público estrangeiro, enfrentando a questão do suborno internacional. A partir dessa Convenção, a espécie de suborno para "movimentar a burocracia", a exemplo do escândalo Lockheed passou a ser ilícito. Para se ter ideia da importância dessa regra, a Alemanha, por exemplo era um dos países europeus que permitia que as empresas deduzissem as propinas pagas de seus impostos. Durante as negociações do Tratado, o Governo dos EUA fez uso frequente da mídia para expor a corrupção que eclodia na Europa.[176] [177] Ainda, a Convenção impôs a adoção

---

[174] HAYASHI, *op. cit.*, p. 70.

[175] Disponível em: <http: //www. Planejamento. gov. br/ assuntos / assuntos – internacionais/ publicacoes/cartilha_ocde.pdf>.

[176] HAYASHI, *op. cit.*, p. 68.

[177] São exemplos o caso envolvendo sessenta e cinco executivos da subsidiária da GM chamada Opel, alvos de investigação por receberem subornos de fornecedores; a descoberta de que a indústria de construção civil alemã pagava vultosas quantias todos os anos para corromper funcionários públicos e a prisão do pai da tenista Steffi Graf, sob a acusação de

de registros contábeis que dificultassem a lavagem de dinheiro, bem como a proibição de "caixa dois" e o registro de despesas inexistentes. Para garantir a implementação da Convenção previu um programa de acompanhamento sistemático de sua execução nos países para: (a) avaliar a adequação da legislação do país à Convenção e proceder a recomendações; e, (b) verificação da efetiva aplicação das normas no país, bem como as consequências práticas das recomendações da primeira fase.

A Convenção das Nações Unidas contra o Crime Organizado, conhecida como Convenção de Palermo, foi adotada em Nova York, em 15 de novembro de 2000. Essa Convenção consolidou a necessidade de criminalização das práticas de corrupção em todas as suas formas, enfatizando o caráter transnacional do crime. De outra parte, os países signatários foram instados a criar programas de integridade, visando à prevenção, detecção e punição dos agentes públicos. Destaca-se o art. 9º, que trata da independência funcional suficiente das autoridades públicas responsáveis pela prevenção e punição da corrupção.

Em 31 de outubro de 2003 foi adotada pela Assembleia Geral das Nações Unidas a Convenção das Nações Unidas contra a Corrupção, tendo sido assinada por mais de 100 países na cidade de Mérida, no México.[178] Essa Convenção da ONU é o mais amplo e completo instrumento transnacional e cogente contra a Corrupção. Possui 71 artigos agrupados em cinco capítulos: a) conceitos gerais; b) medidas preventivas; c) penalização e aplicação da lei; d) cooperação internacional; e, e) recuperação de ativos. O capítulo II que trata das medidas preventivas, dos artigos 5 a 14 dispõe sobre o que segue: (i) políticas e práticas de prevenção da corrupção; (ii) órgão ou órgãos de prevenção à corrupção; (iii) medidas de prevenção da corrupção para gestão no setor público; (iv) códigos de conduta para funcionários públicos; (v) contratação pública e gestão da fazenda pública; (vi) medidas para promoção da transparência pública; (vii) medidas para assegurar a independência do Poder Judiciário e do Ministério Público; (viii) medidas de prevenção da corrupção no setor privado; (ix) participação da sociedade; (x) medidas para prevenir a lavagem de dinheiro.[179]

---

sonegação fiscal. Na época, chegou-se a classificar a corrupção na Alemanha como endêmica. (HAYASHI, *op. cit.*, 69.) Recentemente a imprensa vem noticiando o caso de corrupção da empresa multinacional Siemens, envolvendo o metrô de São Paulo.

[178] Disponível em: <https://www.unodc.org/documents/lpo – brazil//Topics_corruption/Publicacoes/2007_UNCAC_Port.pdf>.

[179] CONTROLADORIA-GERAL DA UNIÃO. *Convenção das Nações Unidas Contra a Corrupção.* 1. Ed. Brasília: CGU, 2008, p. 8.

A Cooperação Internacional merece destaque e está prevista no capítulo IV da Convenção. Os artigos 43 a 50 dispõem sobre os seguintes temas: extradição, traslado de pessoas condenadas a cumprir pena, assistência jurídica recíproca, transferência de procedimentos criminais de investigação, cooperação em matéria de cumprimento da lei, investigações conjuntas e técnicas especiais de investigação. Da mesma forma, a recuperação de ativos, prevista no capítulo V, artigos 51 a 59, prevendo a repatriação dos recursos de corrupção mantidos no exterior, a fim de ressarcir os Estados lesados. Essa medida também visa a devolver eventuais bens aos seus legítimos donos, bem como indenizar possíveis particulares que figurem como vítimas.[180] Afeta diretamente os chamados paraísos fiscais.

Diversas foram as medidas relativas à prevenção da corrupção previstas nas Convenções Internacionais e presentes nas inquietações dos organismos transnacionais que se preocupam com o tema. Citando Blanco Cordero, Hayashi destaca que a prática de corrupção, de modo geral, é comumente uma combinação de motivos individuais e supraindividuais. Os motivos individuais são os chamados "benefícios pessoais", já os supraindividuais ou fatores estruturais são as condições socioeconômicas como a crise econômica, baixa remuneração e instabilidade no cargo público. Nesse sentido, o autor destaca que uma política sistemática de prevenção, aliada a outras políticas governamentais, são capazes de reduzir consideravelmente os motivos supraindividuais. Assim, pagamento de bons salários, códigos de conduta e ação correcional efetiva, prestação de contas e fiscalização de contratos públicos, órgãos eficientes de prevenção e repressão são medidas eficientes e necessárias à prevenção da corrupção.[181]

2.4 Marcos legislativos do tratamento da corrupção no Brasil – Adesão e internalização dos tratados internacionais de combate à corrupção – Evolução legislativa de 2000 a 2013

A expressão "Tratado" foi eleita pela Convenção de Viena de 1969 para designar todo acordo internacional de especial relevância

---

[180] CONTROLADORIA-GERAL DA UNIÃO, *op. cit.*, p. 15.

[181] BLANCO CORDERO, Isidoro. La Corrución desde una perspectiva criminologica: un estudio de sus causas desde las teorias de las actividades rutinarias y La elección raccional *apud* HAYASHI, *op. cit.*, p. 111-112.

política, independente de sua denominação, e é uma expressão genérica. Já Convenção diz respeito ao tratado solene e multilateral que expressa a vontade comum das partes.

A disciplina do reconhecimento jurídico dos tratados internacionais no Brasil está prevista na Constituição Federal e pressupõe de três fases para ser internalizada em nosso ordenamento jurídico. Na primeira, o Presidente da República celebra o Tratado ou a Convenção Internacional.[182] Na segunda fase, cabe ao Congresso Nacional o debate e rejeição ou aprovação do Tratado ou Convenção Internacional.[183]Por fim, o Presidente da República ratifica a decisão do Congresso Nacional e, ato contínuo, publica, por meio de Decreto o Tratado Internacional, seguindo o mesmo processo legislativo adotado com leis. A partir dessa sequência de atos vinculados, o Tratado Internacional é internalizado no nosso ordenamento jurídico e tem força de lei ordinária. Antes de ser votado pelo Congresso Nacional e publicado é apenas uma manifestação de vontade, não tendo obrigação de cumprimento.[184]

O Brasil, adotando o entendimento de que a corrupção é um problema internacional, de 2002 a 2006 ratificou e internalizou os principais acordos multilaterais específicos sobre o tema, Convenções OCDE, OEA e ONU, além da Convenção de Palermo, fazendo com que tenham força de lei em nosso país.

A Convenção Interamericana contra a Corrupção foi assinada pelos Estados-Membros da OEA em Caracas/Venezuela, em 29 de março de 1996, aprovada pelo Congresso Nacional em 25 de junho de 2002 e promulgada pelo Decreto nº 4.410, de 07 de outubro de 2002, com reserva para o artigo XI, parágrafo 1º, inciso "c".

A Convenção sobre Combate à Corrupção de Funcionários Públicos Estrangeiros em Transações Internacionais da OCDE, aprovada em 17 de novembro de 1997, foi aprovada pelo Congresso Nacional em

---

[182] Art. 84, inc. VI da Constituição Federal – Compete privativamente ao Presidente da República: [...] VII – celebrar tratados, convenções e atos internacionais sujeitos a referendo do Congresso Nacional.

[183] Art. 49, inc. I da Constituição Federal: É da competência do Congresso Nacional: I – resolver definitivamente sobre tratados, acordos ou atos internacionais que acarretem encargos ou compromissos gravosos ao patrimônio nacional.

[184] A disciplina constitucional do processo de formação dos tratados internacionais e de internalização no direito brasileiro está prevista nos §§2º e 3º do art. 5º da Constituição Federal. A Emenda Constitucional nº 45 estabeleceu que os Tratados que dispõe sobre direitos humanos tem força de emenda constitucional. Aos demais, como é o caso dos Tratados envolvendo combate à corrupção, tem força de lei ordinária, a teor do que dispõe o art. 5, §2º. O STF pacificou entendimento acerca da hierarquia dos tratados internacionais no RE 229.096-0/RS.

14 de junho de 2000 e promulgada pelo Decreto nº 3.678, de 30 de novembro de 2000, data em que passou a vigorar no Brasil com força de lei.

A Convenção das Nações Unidas contra o Crime Organizado Transnacional (Convenção de Palermo) foi adotada em Nova York em 15 de setembro de 2000, aprovada pelo Congresso Nacional em 29 de maio de 2003 e promulgada pelo Decreto nº 5.015 de 12 de março de 2004. Essa Convenção reconheceu a corrupção como uma forma especialmente grave de criminalidade organizada transnacional.

A Convenção das Nações Unidas contra a Corrupção (Convenção de Mérida) foi aprovada pela Assembleia Geral das Nações Unidas em 29 de setembro de 2003, assinada pelo Brasil em 09 de dezembro de 2003 e promulgada pelo Decreto n. 5.687, de 31 de janeiro de 2006.

Com a internalização das Convenções, o Brasil passou a ter em sua legislação o fato típico passível de punição do suborno transnacional, decorrente da corrupção ativa de funcionários públicos estrangeiros e de organizações internacionais. Até então, essa espécie de conduta era tipificada na Lei nº 10.467/02, que alterou o Código Penal para prever o crime de corrupção ativa em transação comercial internacional. Todavia, nessa lei a conduta punível é de pessoas físicas, não abrangendo pessoas jurídicas beneficiárias do ato danoso.

Dessa lacuna e dos compromissos internacionais assumidos pelo Brasil no sentido de ter legislação interna que tratasse da responsabilização de pessoa jurídica, nasceu a hoje denominada Lei Anticorrupção, Lei Federal nº 12.846, de 1º de agosto de 2013. Essa lei também é conhecida como "Lei Anticorrupção Empresarial" ou "Lei da Improbidade Empresarial", e foi proposta e sancionada pela então Presidenta Dilma Rousseff, após aprovação, em regime de urgência no Congresso Nacional. Sua regulamentação ocorreu por meio do Decreto nº 8.420/15.

A Lei Anticorrupção introduziu dispositivo tratando da responsabilidade objetiva das pessoas jurídicas[185] por ilícitos decorrentes de corrupção, em especial as fraudes em licitações públicas, dispondo sobre a responsabilização administrativa de modo bastante contundente, fortalecendo este instituto. Prevê os acordos de leniência, a valorização dos programas de integridade ou programas de *compliance*, multas elevadas, bem como cria um cadastro nacional das empresas punidas. Sua

---

[185] Em março de 2015 foi ajuizada a ADI 5.261, cujo Relator é o Ministro Marco Aurélio, questionando a constitucionalidade da responsabilização objetiva das pessoas jurídicas. A ação foi proposta pelo Partido Social Liberal – PSL e não obteve liminar.

aplicação é no âmbito do território nacional e estrangeiro, pois prevê a hipótese de brasileiros que pratiquem atos de corrupção no exterior. O percurso para internalização na legislação brasileira dos Tratados Internacionais, bem como para aprovação da Lei Anticorrupção, em complemento ao ordenamento vigente, a fim de tratar da responsabilidade empresarial, foi transcorrido nos governos dos então Presidentes Fernando Henrique Cardoso (1195-2002), Luis Inácio Lula da Silva (2003 a 2010) e Dilma Rousseff (2011 a 2016). Hoje temos um sistema jurídico com as mesmas bases dos demais países membros, permitindo atuação conjunta para identificação de lavagem de dinheiro, retorno dos ativos, punições dos agentes envolvidos com práticas de suborno, sejam ativos ou passivos.

Importante destacar que a Convenção da OCDE em seu artigo 12 estabeleceu um mecanismo de acompanhamento sistemático para monitorar e promover a implementação da Convenção. Para cumprir esta normativa formou-se um Grupo de Trabalho que tem por função fazer relatórios do andamento do cumprimento da convenção nos países, bem como monitorar as medidas adotadas. O primeiro relatório foi elaborado em agosto de 2004 e avaliou a legislação que foi produzida pelo Brasil no período, visando a cumprir a Convenção.[186] A segunda avaliação ocorreu em 2007. Na oportunidade adveio a recomendação de aprovar legislação introduzindo a responsabilização de pessoa jurídica por ato de corrupção. A 3ª avaliação ocorreu em maio de 2014, ocasião em que o grupo de trabalho destacou os avanços do Brasil, em função da aprovação da lei anticorrupção, que prevê a responsabilização das pessoas jurídicas, em cumprimento ao que dispõe o art. 2º da Convenção. Alertam, todavia, que embora tenha ocorrido a aprovação da lei, há um baixo nível de sanção do suborno estrangeiro no Brasil. Também apresentaram recomendações, dentre as quais, destacamos a consideração das empresas que adotam *compliance* para fins de contratação com a administração pública.[187]

Também integram o rol de legislações produzidas sob a égide da necessidade de prevenção e combate à corrupção e de acordo com as estratégias internacionais a respeito do tema, a Lei da Improbidade

---

[186] Lei Federal nº 10.647/02, criminalizando o ato de funcionário público estrangeiro nas transações comerciais internacionais.

[187] Os relatórios mencionados estão disponíveis em: <http://www.cgu.gov.br/assuntos/controle-social/educacao-cidada/biblioteca-virtual-sobre-corrupcao/biblioteca-virtual-sobre-corrupcao>.

Administrativa – Lei Federal nº 8.429/92, Lei de Acesso à Informação – Lei nº 12.527/11, a Lei de Licitações Lei n. 8.666/93, a Lei do CADE – Lei nº 12.259/11 e a Lei de Lavagem de Dinheiro – Lei nº 12.683/12. Destas, para o fim da pesquisa em torno da corrupção urbanística, destaca-se a lei de acesso à informação. Quanto mais publicidade de dados existirem das decisões adotadas, menor a facilidade das práticas corruptivas.

Ainda, do esforço do Brasil para o tratamento institucional do tema constam estratégias dos Tribunais de Contas da União e, por parte dos Estados, e, sobretudo, da Controladoria-Geral da União (CGU),[188] [189] típica agência anticorrupção, que mantém atuação permanente de fiscalização, bem como de difusão da cultura contra a corrupção em nosso país. No site da Controladoria-Geral da União, há uma biblioteca virtual [190] sobre corrupção, na qual está disponível gratuitamente uma série de documentos, legislações, artigos sobre o tema. Uma das funções da CGU é desenvolver uma cultura anticorrupção em nosso país.

Do exposto, se verifica o processo de evolução dos sistemas do direito e da política no combate, controle e prevenção da corrupção. A função do sistema jurídico internacional foi estabelecer um mecanismo de freio para o sistema da política dos estados-nação. A evolução do sistema jurídico a partir dele mesmo é possível a partir das operações resultantes da observação e do processo de diferenciação produzido. O procedimento adotado na Convenção da OCDE com avaliação sistemática é um dos indutores e garantidores deste *feedback*.

O tratamento do tema no Brasil demonstra o rápido desenvolvimento das ferramentas e o aperfeiçoamento do sistema jurídico que permite a adoção das medidas a que hoje assistimos.

A democracia permite externar a corrupção, pois, diferente dos regimes ditatoriais, não a esconde, faz aparecer. Quanto mais democracia, mais os processos corruptivos aparecem, sendo possível adotar medidas que estabilizem o sistema, pois possibilitam incidir nos temas específicos em que há vulnerabilidade às práticas corruptivas.

---

[188] Disponível em: <http://www.cgu.gov.br/>.

[189] A CGU foi criada em 28 de maio de 2003, com a publicação da Lei nº 10.683. A Controladoria-Geral da União (CGU), típica agência anticorrupção do país, no Governo Dilma Rousseff teve *status* de Ministério. Após o *impeachment* da Presidenta, no Governo Temer deixou de ser Ministério, passando a atuar no Ministério da Transparência, Fiscalização e Controle, subordinada ao Ministro Torquato Jardim.

[190] Disponível em: <http://www.cgu.gov.br/assuntos/controle-social/educacao-cidada/biblioteca-virtual-sobre-corrupcao/biblioteca-virtual-sobre-corrupcao>.

No âmbito da administração pública, além das medidas de controle e responsabilização dos servidores, bons salários, estrutura compatível com as funções a serem desempenhadas, adoção de códigos de conduta, de programas de integridade, também para administração pública são formas de prevenção da corrupção. Não se previne a corrupção com falta de controle, com a desestruturação da máquina administrativa, com o descaso com os serviços públicos e com as estruturas que devem prestá-los, essas são portas abertas para as práticas corruptivas. A descrição sobre o serviço público na Itália, sobretudo a desconstituição ocorrida no período fascista, pode nos auxiliar a compreender o nosso processo interno, bem como a examinar as possibilidades com olhos de quem vê que a desestruturação e o desleixo com a administração pública também representaram uma função ao longo dos tempos e da história.

CAPÍTULO 3

A CORRUPÇÃO DOS SISTEMAS E A EXTENSÃO DA CORRUPÇÃO

3.1 Evolução do pensamento filosófico. Sistemas, códigos e modernidade: Resgatando estruturas e conceitos que não se podem esquecer

No mundo antigo não havia diferença entre direito, ética e teologia. Para os pensadores do período o saber estava pronto e precisava ser descoberto, por isso desenvolviam um pensamento filosófico que procurava a essência, a verdade como se fossem únicas, as certezas imutáveis. A ciência era um desvelar de algo que já existia e que precisava ser conhecido. Para Platão o saber era universal e imutável. O mundo antigo era pleno de segredos e a essência era conhecer Deus.

Essa tradição filosófica foi representada pela metafísica e se identifica com os pensadores do período compreendido de Platão a Nietzsche.

A tradição do pensamento filosófico que perseguem Luhmann e De Giorgi inicia quando o discurso de que é possível conhecer a verdade, a ideia de que o objeto do conhecimento está fora de nós, que é possível conhecermos o todo, que verdade e certeza são sinônimos, entra em crise. Essa crise decorre da impossibilidade desse tipo de conhecimento, desse tipo de saber ser utilizado para conhecer a sociedade moderna, caracterizada pela sua complexidade. O mundo moderno não deve mais ser venerado e temido como um segredo. Nesse sentido, não é mais sacro.

Luhmann e De Giorgi[191] apontam que a unidade do mundo não é mais um segredo, mas um paradoxo. Utilizam a expressão sociedade

---

[191] LUHMANN; DI GIORGI, *op. cit.*, p. 50.

do mundo para indicar que toda sociedade (e, se olharmos em retrospectiva, também a sociedade da tradição) constrói um mundo e assim dissolve o paradoxo do observador do mundo. Disso resulta o paradoxo do observador do mundo, pois este se entretém com o mundo, mas não pode observar ele mesmo, pois o observador é o 3º excluído. Paradoxo é uma fórmula funcional, um conceito pragmático para conectar e desconectar a pesquisa baseada numa teoria da operação. O paradoxo serve para injetar ânimo e fazer perder o medo de enfrentar uma mudança teórica mais profunda.[192]

As sociedades mais antigas eram organizadas hierarquicamente e segundo a distinção entre centro e periferia. A isso correspondia à ordem no mundo que previa uma ordem hierárquica (uma *seriererum*) e um centro. A forma da diferenciação da sociedade moderna obriga a abandonar esses princípios estruturais, que não correspondem à sociedade com estrutura hierárquica e acêntrica.

Diversamente do que acontece hoje, pensava-se que no conceito de natureza estivesse presente um componente normativo. Assim, sob a ideia normativa da natureza se fundava um conceito normativo de racionalidade. No contexto aristotélico, natureza foi entendida como um movimento orientado em um sentido de fim (*telos*), que, porém, não dava alguma garantia que este fim pudesse ser também alcançado.[193]

No entanto, toda sociedade se esconde em sua contingência e a sociedade moderna se esconde – certamente com pouca segurança de si, porque com pouca tradição – nas contingências do desenvolvimento e da cultura.[194]

No início do séc. XVII tem origem a confiança na racionalidade. A partir do séc. XIX, ulterior redução reporta ao conceito da racionalidade ao sistema parcial da sociedade e, precisamente o cálculo econômico da relação de utilidade entre escopo e meio (otimização) a aplicação do saber cientificamente garantido. Webber desenvolve a racionalidade a partir da técnica de distinções.[195]

Segundo o proposto pela teoria da sociedade, baseado na teoria da diferença, o problema da racionalidade deve consistir na questão da unidade da distinção.[196]

---

[192] LUHMANN, Niklas. *Introdução à Teoria dos Sistemas*. Tradução de Ana Cristina Arantes Nasser. Petrópolis/RJ: Vozes, 2009, p. 344.

[193] LUHMANN; DE GIORGI, *op. cit.*, p. 54 e ss.

[194] *Ibidem*, p. 53.

[195] *Ibidem*, p. 56.

[196] *Ibidem*, p. 57.

A teoria da sociedade diferencia meio e sistema e, a partir disso, opera a distinção da distinção. Na questão ecológica, por exemplo, apontam que não pode ser resolvida evitando intervenção sobre o ambiente ou absolutamente apagando a diferença entre sistema e ambiente, isto é, interrompendo o funcionamento da sociedade. Sustentam que esse modo de enxergar o problema significará perseguir a racionalidade como catástrofe final.[197]

A consolidação das diretrizes gerais de uma nova geração de teoria dos Sistemas teve seu processo de evolução a partir dos estudos desenvolvidos pelos seguintes autores: Heinz Von Foster (1911) – funda a Biological Computer Laboratories – Univers; Illinois – objeto de estudo é a cibernética; Gothard Günther – filósofo alemão emigrado para os EUA durante a guerra, especialista em Hegel; Humberto Maturana (1928) – biólogo chileno; MIT Cambridge – objeto de estudo é neurofisiologia da percepção, relatório da biologia da cognição. Seu conceito de autopoiesis expressa a autoprodução da vida, por meio de elementos que são, por sua vez, reproduzidos pela vida; Georges Spencer-Brown – matemático inglês, seu maior legado é um cálculo baseado em uma única operação, e capaz de fundamentar o surgimento da diferença.

Para o mundo antigo a corrupção era vista e compreendida a partir da visão de degeneração. Essa degeneração era das pessoas, das instituições, dos regimes, como se estes fossem corpos naturais que se degradam. Da visão filosófica do mundo dos filósofos gregos, adveio a acepção latina do termo *corruptions*, que significa romper totalmente, quebrar o todo, destruir os fundamentos, as estruturas de algo.[198] Essa acepção tinha um fundo moral e historicamente referiu-se a comportamentos político e sexual. Ainda, de se notar que a palavra latina *corruptus*, carrega em si uma série de imagens do mal, designa o que destrói o caráter saudável, decorrendo daí o tom moral do sentido atribuído,[199] sendo que era tratada em todos os sentidos – moral, jurídico, político, religioso, a partir desse viés. As descrições produzidas no primeiro capítulo dão conta do aqui posto e demonstram as diferenças de acepção a partir da compreensão das diferenças entre os conceitos do mundo antigo e do mundo moderno.

No mundo moderno, a partir das descrições produzidas e das funções estabelecidas é preciso descrever a corrupção e compreender

---

[197] LUHMANN; DE GIORGI, *op. cit.*, 2002, p. 59.

[198] Nesse sentido: Aristoteles, *op. cit.*, 2013.

[199] KLITGAARD, Robert E. *A Corrupção sob Controle* Tradução de Octavio Alves Velho. Rio de Janeiro: Jorge Zahar, 1994, p. 40.

seu sentido a partir da compreensão dos sistemas. Isso porque, a diferenciação funcional no mundo moderno não nos permite enxergar com olhos e ter soluções com os pressupostos do mundo antigo que explicava os problemas a partir das crenças religiosas, dos fenômenos da natureza ou da noção de centro/periferia característica do período.

Na modernidade, a separação do Estado da Igreja, as funções das instituições, o papel do direito na estabilização do sistema, a complexidade característica de um mundo que não é mais dual, que não tem uma única explicação para os fenômenos que ocorrem, exige uma narrativa que enxergue o que é possível enxergar neste universo múltiplo, complexo e cheio de intercorrências que precisam ser descritas para serem compreendidas.

Para tanto, foram desenvolvidas teorias que superam a linearidade das teorias convencionais para conhecimento e compreensão do mundo. A teoria dos sistemas nasceu e evoluiu neste contexto, conforme veremos a seguir.

3.2 Sistema e meio na Teoria dos Sistemas

Na teoria dos sistemas o conhecimento é produção de significado, não é um desvelar, uma descoberta, é isto sim uma construção de significados. O mundo se caracteriza pela contingência. Contingência são as várias possibilidades que se apresentam. O conhecimento é resultado de um processo de observação e aquele que observa constrói significados, constrói o mundo a partir das diferenças, das distinções operadas. O critério pode mudar de acordo com o observador, o que significa que observadores diferentes podem construir conhecimentos distintos.

Conforme a teoria dos sistemas a verdade é resultado de um processo de construção que vale naquele âmbito. Nada existe fora do significado da linguagem, fora do sistema. Para afirmar uma identidade faz-se necessário estabelecer a diferença com outras identidades. Se no mundo antigo não havia a diferença entre direito, ética, moral e teologia, no mundo moderno o direito se constitui em um âmbito no qual as condições de operatividade dependem do próprio direito.

A teoria da sociedade não fala mais de objeto, mas de distinções, e esta é uma profunda transformação. Quando se efetua distinção ou indica uma parte da forma em determinado tempo (distinção temporal), significa que indicar e distinguir ocorrem simultaneamente. O procedimento para distinção é indutivo, jamais dedutivo.

A CORRUPÇÃO DOS SISTEMAS E A EXTENSÃO DA CORRUPÇÃO | 117

As construções políticas dos impérios geraram a tendência de identificar a sociedade com o âmbito de seu domínio político, isto é, definindo-a de modo regional. Gradualmente essas condições se modificam no fim do séc. XVI. A partir da Europa foi "descoberto" e colonizado o globo terrestre.[200] Na Teoria da Sociedade de Luhmann e De Giorgi, passam a um conceito de sociedade radicalmente anti-humanístico e radicalmente antirregionalístico, pois toda a análise parte das distinções e são indutivas. Não partem do todo para analisar as partes, ou seja, da sociedade X que determina os comportamentos Y.

A teoria dos sistemas utiliza a distinção entre sistema e ambiente como forma da sua observação e descrição. Para poder fazer isso, precisa poder diferenciar esta distinção de outras distinções, por exemplo, daquela da teoria da ação e, em geral, para poder operar desse modo deve formar um sistema. Por isso, não interessa a região, a espécie de pessoas que integram o sistema. Esse sistema se constrói, por isso é anti-humanístico e antirregionalístico.

Os sistemas autopoiéticos são sistemas que produzem eles mesmos a partir das operações realizadas. A comunicação é o elemento central da teoria da sociedade [201] e consiste em uma operação que fornece a capacidade de se auto-observar. O ato de comunicar como ação é uma construção do observador e do sistema da comunicação que observa ele mesmo.[202] A comunicação funciona como unidade da diferença da informação, do ato de comunicar e compreender. Para a auto-observação, porém, usa a distinção da informação. O ato de comunicar e compreender para poder estabilizar ulterior comunicação deve reagir às dúvidas.

A teoria geral do sistema autopoiético exige que seja indicada com precisão, qual operação que realiza a autopoiese do sistema em respeito ao seu ambiente. No caso do sistema social, isso acontece mediante a comunicação. A autopoiese ocorre pela comunicação.[203] O sistema autopoiético é operativamente fechado. Operações dos sistemas não têm contato com ambiente. Toda observação do ambiente deve ser efetuada no sistema, mesmo como sua atividade interna, mediante distinções. Por isso, não tem sentido falar de observação do ambiente.[204] Toda observação do ambiente pressupõe a distinção

---

[200] LUHMANN; DE GIORGI, *op. cit.*, 2002, p. 47.

[201] *Ibidem*, p. 21-22.

[202] LUHMANN; DE GIORGI, *op. cit.*, 2002, p. 27.

[203] *Ibidem*, p. 31.

[204] *Ibidem*, p. 30.

entre autorreferência e heterorreferência, a qual pode ser feita só no sistema. O fechamento operativo tem como consequência que o sistema dependa da auto-organização e a sua estrutura pode ser construída e transformada somente mediante operações nele mesmo. O sistema é fechado, porém, não tem entropia, porque não é isolado, pois existem as operações internas ao próprio sistema. Sistemas abertos: neguentropia; sistemas fechados/isolados: entropia. Fechamento operativo significa que a sociedade é um sistema comunicativamente fechado. Essa produz comunicação por meio da comunicação. Só a sociedade pode comunicar, mas não com ela mesma e nem com seu ambiente. Essa produz a sua unidade realizando operativamente comunicação, por meio da retomada recursiva e a antecipação recursiva de outra comunicação.[205]

Além disso, é fundamental na teoria de Luhmann e De Giorgi compreender a observação. Observar significa distinguir e indicar o que ocorre em uma única operação. O observador, enquanto observa, é o terceiro excluído de sua observação, pois ele não o vê mesmo. Na observação ele não pode ver ele mesmo. O observador é não observável, disse de modo rápido e conciso Michel Serres.[206]

Seguindo a premissa de que o que se vê está determinado pela maneira de ver do observador, conclui-se que o conceito de sistema é uma construção do teórico dos sistemas. Tudo aquilo que um observador descobre sobre o sistema deve aplicar a si mesmo. Ele não pode operar de forma permanentemente analítica, quando já está previamente incrustado em um sistema para poder realizar a observação. A partir dessas abordagens a Teoria dos Sistemas foi se constituindo em um sistema de auto-observação, recursivo, circular, autopoiético, dotado de uma dinâmica intelectual própria, capaz de se equiparar às abordagens sob a noção de pós-modernismo.[207]

Em suma, a teoria da sociedade é a teoria do sistema social complexo que inclui em si todos os outros sistemas sociais.

A determinação da sociedade como sistema social complexo tem como consequência que para toda comunicação que seja capaz de unir a outro pode existir só um único sistema da sociedade.[208]

Para chegar a esta conceituação houve um processo de evolução que passou pela construção teórica de autores da sociologia do direito.

---

[205] LUHMANN; DE GIORGI, *op. cit.*, 2002, p. 32.

[206] *Ibidem*, p. 23-24.

[207] LUHMANN, *op. cit.*, 2009, p. 79.

[208] LUHMANN; DE GIORGI, *op. cit.*, 2002, p. 45.

3.3 Sistemas Conforme Parsons – O Agil

Historicamente o desenvolvimento do conhecimento era levado pelo clero profissional e por uma profissão legal para aplicação dos valores culturais e as normas do sistema social. Mais recentemente o desenvolvimento é aquele dos profissionais que comportam a aplicação de várias ciências. A medicina, a engenharia são o comando para aplicação da ciência física, mas há um desenvolvimento constante, sobretudo, nas ciências sociais.

A forma moderna da disciplina intelectual tem sua origem no Renascimento. A cultura humanística foi a mais antiga e mais prestigiosa disciplina intelectual daquele período. A grande síntese do séc. XIX foi fundada no esquema de referência em que o primado se afasta do problema formulado, de modo cartesiano, na dicotomia sujeito-objeto.

A tese de Parsons é que é implícita à estrutura monística empírico-utilitarista, na qual todas as disciplinas vêm concebidas monoliticamente, e nem o dualismo idealístico possibilita representar posições que se tenha como esquemas de referência adaptados ao nível de refinamento alcançado neste campo.[209] Por adaptação não se deve entender como uma acomodação passiva às condições ambientais, mas a capacidade de um sistema vivo de fazer frente ao próprio ambiente. Essa capacidade compreende o interesse ativo ao domínio sobre o ambiente, ou seja, a capacidade de transformar o ambiente para satisfazer a necessidade do próprio sistema e a capacidade de sobreviver de frente aos elementos que não possam ser transformados. Por isso, a capacidade de enfrentar uma ampla gama de fatores ambientais, por meio da adaptação e do controle ativo, ou ambos, em conjunto, é indispensável.[210]

Da capacidade de adaptação decorre o conceito de resiliência. O sentido de resiliência, para Parsons, consiste no seguinte: os tipos inferiores que sobrevivem estão, todavia, em um grande número de relações diversas daqueles superiores; alguns ocupam especiais nichos nos quais vivem em um âmbito limitado, outros vivem uma relação simbiótica com o sistema superior. Esses não constituem, em conjunto, uma grave ameaça para sobrevivência para o sistema evolutivo mais avançado. Assim, também as doenças infecciosas constituem por muitos motivos um grave problema. As bactérias são destinadas a substituir

---

[209] PARSONS, *op. cit.*, p. 174.

[210] *Ibidem*, p. 209.

o homem como categoria orgânica dominante, enquanto o homem é simbolicamente dependente de muitas espécies de bactérias.[211]

Já o sistema de ação para Parsons tem os seguintes elementos: (a) religião; (b) comunicação (por meio da linguagem); (c) organização social (fundada no parentesco); (d) tecnologia. Sustenta o autor que não se tem notícia de nenhuma sociedade humana na qual não fossem presentes todas as quatro relações bastante definidas entre elas. Na realidade a presença destas constituiu a condição mínima de para que uma sociedade possa ser definida como verdadeiramente humana.[212] Aduz que a sociedade, enquanto sistema, obtém certas vantagens funcionais concentrando a responsabilidade por certas funções. Analiticamente essa concentração ocorre, sobretudo, em duas esferas, na política e na religiosa.

Antes de tudo a maior complexidade de uma sociedade, de cuja população e território tiveram a tendência de acrescentar e que é diferenciada em termos de *status*, gera problemas de ordem interna sempre mais difícil, como o controle da violência, a defesa da propriedade e das normas matrimoniais, etc., e de defesa contra tentativas externas.[213] Para ele, a estratificação é, todavia, a diferenciação da população sob uma escala de prestígio da unidade parental, de modo que as distinções entre tais unidades ou entre classes de tais unidades tornam-se hereditárias em tamanho relevante.[214]

Sustenta em sua análise que a sociedade primitiva precisou ser estratificada. Aponta que a estratificação é um universo evolutivo e que a sociedade primitiva não era de fato estratificada, no sentido do termo no tempo presente. A estratificação se torna uma condição preliminar para uma série de ulteriores progressos por dois motivos principais: (a) posizione di prestigio, pois aponta as posições de comando que são também os responsáveis pelas decisões; (b) disponibilidade de recursos para colocar em prática as inovações. O predomínio do legado do parentesco na organização social é conexo à rigidez, as pessoas fazem aquilo que é exigido pelo seu *status* parental e não esperam nada diferente disso.[215]

Na fase inicial do desenvolvimento a estratificação social pode ser considerada como uma das condições principais para liberar o

---

[211] PARSONS, *op. cit.*, p. 210.
[212] *Ibidem*, p. 211.
[213] *Ibidem*, p. 213.
[214] *Ibidem*, p. 214.
[215] PARSONS, *op. cit.*, p. 215-216.

A CORRUPÇÃO DOS SISTEMAS E A EXTENSÃO DA CORRUPÇÃO | 121

processo de evolução social daqueles obstáculos postos pelas atribuições. Chama atenção para o fato de que sem a estratificação e sem a legitimação não é possível realizar progressos relevantes e superar o estágio da sociedade primitiva. A estratificação é, então, condição essencial para realizar progressos relevantes de eficácia política, porque, como já vimos, confere aos elementos privilegiados uma posição suficientemente segura para fazê-los aceitar certos riscos e assumir a liderança da coletividade.

Agrega que a combinação de modelos culturais diferenciados de legitimação e de entes socialmente diferenciados é o aspecto essencial do universo evolutivo "legitimação".[216] A diferenciação exige a solidariedade e a integridade do sistema nele mesmo, com comum fidelidade e comum definição normativa da situação. Desse modo, a estratificação, para Parsons, é uma diferenciação hierárquica de *status* que se sobrepõe ao tecido contínuo do parentesco e se verifica limpidamente ao interno de uma única coletividade, de uma "comunidade societária". A legitimação é a diferenciação da definição cultural do modelo normativo de uma fusão completa, insolúvel e considerada natural com a estrutura social, acompanhada da institucionalização no sistema abaixo da sociedade da função legitimamente explícita e orientada no sentido da cultura.[217]

Já o poder, para Parsons, é a capacidade de uma unidade do sistema social, coletivo ou individual, de fundar ou de ativar o empenho a fornecer prestações que contribuem mais ou menos diretamente para conseguir o objetivo da coletividade.[218] E burocracia é a ideia de hierarquia como responsabilidade,[219] sendo desenvolvida na administração estatal, porque para atingir os objetivos depende de concentração de poder e isto está ligado à legitimação.

Acrescenta que o processo de diferenciação do estado secular da organização religiosa foi longo e complexo e seus resultados não têm alcançado, nem no estado moderno, um desenvolvimento homogêneo. Talvez o grau mais avançado deste processo fora alcançado com a separação entre estado e igreja nos EUA. Nesse processo a burocracia teve naturalmente um papel de primeiro plano. A secularização do Estado é ligada àquela do direito e todos os dois são uma relação com um nível

---

[216] *Ibidem*, p. 218.
[217] PARSONS, *op. cit.*, p. 219.
[218] *Ibidem*, p. 220-221.
[219] *Ibidem*, p. 221.

3.3.1 A questão da democracia para Parsons

Os pontos focais mais importantes de um sistema independente deste tipo são: (a) codificação das normas, com base em princípios que não são diretamente morais ou religiosos; (b) formalização de normas procedimentais, que definem sua base societária e situações nas quais devem ser pronunciadas decisões; (c) instituição de tribunais destinados a outro escopo que não àquele de consentir, aos chefes religiosos ou políticos, fazerem a declaração ou de dar exemplos.

Discorrendo sobre a polis democrática, Parsons destaca que não só era pequena se comparada aos exemplos modernos (vale recordar que Aristóteles era convicto de que a cidadania nunca deveria ser tão numerosa de não poder se reunir à importância das vozes do orador e por de mais sem o meio de difusão sonora de que temos hoje), mas em seus aspectos de associação democrática não contempla nunca toda a sociedade. Considera-se que durante a Idade de Péricles somente 30.000 de 150.000 componentes da população de Atenas fossem cidadãos, o resto sendo composto de escravos. As mulheres e as crianças, naturalmente, não tinham direito a voto.

A polis foi também, em sua fase democrática, decididamente um sistema baseado sobre duas classes. Mais tarde, quando a sociedade romana se desenvolveu de maneira a superar largamente a extensão do modelo da polis, a cidadania era destinada a perder, ao menos, por vastos setores da população do Império seu significado político em proporção ao significado jurídico que adquiria. O princípio fundamental de democracia, todavia, não foi nunca completamente perdido. De forma e graus diversos, permanece vivo no município do Império Romano, no senado romano e em vários aspectos da organização da igreja cristã, se bem que esta mantinha certos aspectos hierárquicos também.[221]

Sobre a função da democracia, Parsons destaca que não existe forma institucional fundamentalmente diversa da associação democrática, que seja em grau, não de legitimar especificamente a autoridade e o poder em um sentido muito geral, mas de mediar o consenso no seu exercício da parte de pessoas e grupos particulares e na formação da

---

[220] PARSONS, *op. cit.*, p. 227.
[221] PARSONS, *op. cit.*, p. 231.

decisão singular vinculante. Em nível elevado de diferenciação estrutural, na sociedade mesma e em seu sistema estatal, uma legitimação generalizada não pode cumular adequadamente este vazio. A função fundamental do sistema de associação democrática, deste ponto de vista, é aquele de consentir aos membros uma participação estruturada na escolha do chefe e a formação da linha política de fundo, oferecendo a oportunidade de ser escutada, de exercer influência e de cumprir uma escolha real entre alternativas diversas.[222] São de Parsons estas palavras:

> [...] sou convicto que o comunismo se demonstrará instável e que, não realizará as modificações gerais, no sentido de uma democracia eleitoral e de um sistema pluripartidário, ao invés de progredir tanto e assim rapidamente quanto se pode esperar, será condenado a "regredir" no sentido de forma de organização menos avançada e politicamente menos eficiente.[223]

Para o autor, os aspectos da sociedade humana, no âmbito cultural e da organização social que tiveram importância fundamental para o desenvolvimento sociocultural foram os seguintes: a) a estratificação, que representou uma ruptura radical a respeito da primitiva atribuição de parentesco; b) a legitimação cultural, com entes institucionalizados independentes de uma tradição religiosa.

Para Parsons essas as mais importantes, sendo que os fundamentos da estrutura da sociedade moderna estão alicerçados nos seguintes aspectos: 1) organização burocrática para fins coletivos; 2) dinheiro e sistema de mercado; 3) sistema jurídico universal e genérico; 4) associação democrática com eleição.[224] Para ele a diversidade produz uma pluralização de escala de prestígio e, por isso, traz consigo a possibilidade de acesso diferencial aos recursos econômicos, ao poder e à influência. Além disso, sustenta que o fundamento da ideia universal evolutiva está no conceito de capacidade adaptativa generalizada.[225]

3.3.2 Sistema para Parsons conforme Luhmann

Nos anos 1940 e 1950/EUA a sociologia tinha duas grandes linhas de pensamento: a) teoria do funcionalismo estrutural (ou funcionalismo da manutenção das estruturas); b) sistema de ação Talcott Parsons.

---

[222] *Ibidem*, p. 234.
[223] PARSONS, *op. cit.*, p. 234.
[224] *Ibidem*, p. 235.
[225] *Ibidem*, p. 236.

A teoria do funcionalismo estrutural desenvolveu-se a partir da análise de tribos e clãs isolados. Mediante a observação metodizada pretenderam apreender as estruturas originais da sociedade. O pressuposto desta teoria é a observação.

Para Luhmann as limitações do funcionalismo estrutural podem ser assim resumidas: a) não se perguntava acerca da função da estrutura, pois ela era dada; b) dificuldade de integrar os fenômenos considerados desvios: crimes, condutas desviantes; c) a resposta ao problema da história se a sociologia podia identificar que a sociedade havia se tornado diferente e quantas mudanças era preciso identificar para que qualquer observador coincidentemente assentisse que a sociedade antiga havia tido estruturas que já não operavam, nem emergiam na nova sociedade.[226]

Por meio dessa teoria foi difundida a ideia de que todos os países do mundo, desde que tendo a paz preservada, poderiam alcançar um suficiente grau de desenvolvimento. Uma vez localizadas as estruturas nos sistemas, elas poderiam ser reformadas, contanto que isso se cumprisse sob a consigna da modernização. A pergunta de que necessitava resposta, segundo esta teoria, era: que planejamento seria necessário para conseguir que todas as sociedades do globo terrestre chegassem a alcançar metas preestabelecidas?

O funcionalismo estrutural se aliou, assim, em muitos casos, à planificação de cima, ao controle, e, o conceito, de sistema se converteu em um instrumento de racionalização e reforço das estruturas de domínio.[227]

No urbanismo tivemos forte expressão dessa teoria, a partir da ideia do comando-controle. É como se tudo tivesse o seu lugar previamente planejado e estabelecido. No âmbito do estudo da corrupção, as soluções para enfrentamento se davam na identificação do sujeito e do objeto, do ilícito e da punição deste, como uma anomalia que precisava ser usurpada e vencida.

Já a teoria do sistema de ação de Parsons partiu do pressuposto de que a pesquisa sociológica deve ter um marco de referência claramente determinado. Segundo Parsons, no âmbito sociológico, não existe um objeto equivalente nem ao das ciências naturais, nem ao das disciplinas das estatísticas. Tomava como ponto de partida a existência de fato de determinadas estruturas nos sistemas sociais, a partir das

---

[226] LUHMANN, *op. cit.*, 2009, p. 38.
[227] LUHMANN, *op. cit.*, 2009, p. 39.

quais seria possível perguntar quais funções seriam necessárias para sua preservação e manutenção. Isso se denominava funcionalismo estrutural. Foi superado pela necessidade de explicitar as condições de possibilidade da preservação das referidas estruturas nos sistemas; resultar em listas e catálogos que se aplicavam *ad hoc*, mas sem serem teoricamente fundamentados. Assim, há uma aproximação de Parsons à teoria dos sistemas, com sua *actionis system*.

Em síntese, Luhmann explica que Parsons extrai de Webber o componente da ação e de Durkheim o sistêmico.[228] Para Parsons sistema e ação constituem uma única teoria. Já Durkheim diz que a sociedade só é possível quando se obtêm suficientes consensos morais.

Na Teoria da Ação de Parsons uma ação se realiza quando já está estabelecida a diferença entre fins e meios, ou seja, quando já existe uma concatenação de valores coletivos que se fazem presentes no momento em que o ator está decidido a atuar. O ator é um elemento do conjunto, fica subordinado à ação. Os diagramas cruzados explicam esta inter-relação da teoria e sua inserção na teoria dos sistemas ocorreu a partir de 1940 e explica como se garante que as estruturas sociais estejam disponíveis e se ativem ainda que em fases prolongadas permaneçam latentes. Parsons descobre que a combinação instrumental/interno tem a função de estabilizar permanentemente as estruturas e, assim, garantir sua disponibilidade, mesmo no caso de não serem utilizadas. O esquema por ele desenvolvido conhecido como AGIL – adaptation, goal, goal attainment, integration, latente pattern maintenance foi o método adotado para explicar sua teoria.

Parsons estava convencido de que à luz desse esquema seria possível explicar a totalidade da condição humana. O esquema AGIL é o programa teórico que leva por excelência o lema da fórmula: actionis system.[229] O desenho teórico desse esquema contém diagramas cruzados, que resultam no fechamento total das combinações possíveis. Por isso, Parsons pretendia a universalização de sua teoria. Todos os aspectos analíticos relativos à ação social estão integrados na sua teoria. Para ele em uma teoria geral de caráter sistêmico o sistema se repete dentro de si mesmo. E em cada compartimento repetem-se os quatro compartimentos – adaptation, goal, goal attainment, integration, latente pattern maintenance – AGIL.

---

[228] LUHMANN, *op. cit.*, 2009, p. 47.
[229] *Ibidem*, p. 47.

A crítica de Luhmann à Parsons considera que:

> A sociedade não pode sobreviver como sistema de ação, pois o organismo não se adapta a um meio ecológico, além do que lhe é destinado. Assim como o sangue, para obter irrigar o cérebro, requer uma temperatura constante como resposta às mudanças de temperatura no exterior, também a ação necessita de um equilíbrio do organismo do comportamento, para poder se realizar.[230]

Para Parsons a economia é uma forma de adaptação voltada ao futuro. Sustenta que o sistema social integra o sistema da ação em relação a si mesmo, ou seja, é o encarregado de integrar as funções específicas de economia, política e cultura, mediante uma comunidade que Parsons designa como a social *community*.[231] Parsons desenvolve a noção de estabilidade dos sistemas.

A partir do séc. XVII o termo estabilidade foi empregado e passou-se a desenvolver teorias da estabilidade. Hoje há sérias dúvidas se os sistemas descritos mediante a noção de equilíbrio são reais; tem-se antes chegado à convicção de que no desequilíbrio os sistemas adquirem sua estabilidade.[232]

A entropia faz com que os sistemas estabeleçam um processo de troca entre sistema e meio, e, consequentemente, por sua vez, que esse intercâmbio suponha que os sistemas devam ser abertos. Para os sistemas orgânicos, intercâmbio de energia; para os sistemas de sentido, intercâmbio de informação.[233]

Ao intercâmbio identificado pela teoria geral dos sistemas se juntou a teoria da evolução de Darwin. Variação, seleção, estabilização empregadas por Darwin consolidaram o modelo dos sistemas abertos na teoria geral dos sistemas. O caráter aberto expressava a dimensão histórica e o desenvolvimento da complexidade estrutural, contrário à lei da entropia.[234]

A teoria geral dos sistemas também trabalha com modelos de *imput* e *output*, *feedback* positivo e negativo. As funções do *feedback* negativo e positivo são, respectivamente, minorar distâncias e aumentar distâncias.[235] Conforme este modelo de *feedback* deve existir um mecanismo mediante o qual o sistema pode medir certas informações que

---

[230] LUHMANN, *op. cit.*, 2009, p. 50.

[231] *Ibidem*, p. 62.

[232] LUHMANN, *op. cit.*, 2009, p. 61.

[233] *Ibidem*, p. 62.

[234] *Ibidem*, p. 63.

[235] *Ibidem*, p. 70.

expressam a distância constituída entre o sistema e o meio. O sistema reage para obter a estabilidade.[236]

O modelo do *feedback* positivo possibilita enxergar as mudanças que o sistema pode suportar sem colocá-lo em perigo. O problema da ecologia, da quantidade de cargos públicos, dos anos de formação educacional, do crescimento populacional ou da quantidade de corrupção ou da corrupção que movimenta a economia, e que é a mola propulsora do desenvolvimento, conforme a teoria econômica dos americanos dos anos 70 pode ser explicada a partir dessa teoria.

A teoria do *feedback* positivo não tem uma qualidade de explicação causal do tipo "por que", mas somente a de fazer ver como determinados mecanismos de fortalecimento do desvio, tendem a reproduzir estados no sistema que não levam em conta as consequências, nem se ajustam aos fins programados.[237]

Para Luhmann todos os esforços desses modelos teóricos nunca enfrentaram o problema da delimitação do que é, na realidade, um sistema.

A primeira impressão do estudo da teoria dos sistemas é que esta retorna ao preceito teórico dos sistemas abertos. Contudo, isso não é exato. Os novos preceitos que concebem o fechamento da operação, a recursividade, a autorreferência e a circularidade são condição de possibilidade de abertura do sistema, a exemplo do que ocorre com o sistema de imunidade na biologia descrito desde os anos 60.[238]

Em síntese, a operação pertence ao sistema e não ao meio. Assim, coloca-se em destaque o problema da observação e a capacidade de diferenciação dos sistemas, o que significa, portanto, que existem sistemas que podem observar e distinguir. A observação é um tipo de operação que se realiza no próprio sistema.

Acerca da observação foram desenvolvidas as teorias analítica e concreta. A teoria analítica delega ao observador externo a decisão do que ele denomina como sistema e como meio, e, também, a decisão em relação aos seus limites. As teorias concretas partem do pressuposto de que os sistemas já estão substituídos e que a tarefa do teórico de sistemas é tentar descobri-los tais como eles são. Partindo dessas teorias e seguindo a premissa de que o que se vê está determinado pela maneira de ver do observador, conclui-se que o conceito de sistema é somente uma construção do teórico dos sistemas. Tudo aquilo que um

---

[236] LUHMANN, *op. cit.*, 2009, p. 71.
[237] *Ibidem*, p. 71.
[238] LUHMANN, *op. cit.*, 2009, p. 63.

observador descobre sobre o sistema deve aplicar a si mesmo. Ele não pode operar de forma permanentemente analítica, quando já está previamente incrustado em um sistema para poder realizar a observação. Ambas as teorias – analíticas e concretas – aceitam as implicações autológicas de toda a observação. O que é válido para os objetos, também o é para o observador.

3.4 A Teoria dos Sistemas para Luhmann e De Giorgi

O ponto de partida de uma Teoria dos Sistemas para a sociologia deriva de um preceito teórico baseado na diferença. Assim, todos os avanços teóricos aparecerão como variações sobre o tema sistema e meio. A teoria dos sistemas, movida por representações relativas ao intercâmbio da matéria, ou por representações do tipo *input/output*, ocupava-se em explicar que existem sistemas que não estão sujeitos à lei da entropia. Portanto, sistemas que não estão em condições de construir uma neguentropia e que, precisamente pela abertura do sistema e sua dependência do meio ambiente, estão aptos a reforçar sua diferença em relação ao meio.

O sistema só podia ser entendido em relação ao meio, e apenas de maneira dinâmica. Meio é o canal por onde a causalidade é conduzida. A atual compreensão da teoria dos sistemas em relação aos avanços de 1950 e 1960 define o sistema como a diferença entre sistema e meio. E o sistema só pode determinar a partir de si mesmo o que é o meio.

Diferente das teorias lineares, a teoria dos sistemas não começa sua fundamentação com uma unidade, ou com uma cosmologia que represente essa unidade, ou, com uma categoria do ser, mas sim com a diferença.

O ponto central da teoria dos sistemas é o processo de diferenciação. A diferença pode constituir-se em explicação da ordem social. Independente da forma como se decide, a comunicação fixa uma posição no receptor. Posteriormente, já não importa a aceitação ou rejeição, nem a imediata reação à informação. O fundamental é que a informação tenha realizado uma diferença. Todo acontecimento do processamento da informação fica sustentado por uma diferença e se orienta precisamente para ela. É a diferença que engendra a informação posterior. O processo não ocorre a partir de uma unidade indeterminada, para abrir caminho em direção à unidade determinada, mas decorre da posição de uma diferença em direção à outra.

Quando se efetua uma distinção, indica-se uma parte da forma. No entanto, com ela ocorre, ao mesmo tempo, a outra parte. Ou seja, acontecem, simultaneamente. Distinguir é, ao mesmo tempo, indicar. Cada parte da forma é, portanto, a outra parte da outra. Nenhuma parte é algo em si mesma e se atualiza unicamente pelo fato de que se indica essa parte, e não a outra. Nesse sentido, a forma é autorreferência desenvolvida, mais precisamente, a autorreferência desenvolvida no tempo. Assim, para atravessar o limite que constitui a forma, sempre se deve iniciar, respectivamente, da parte que se indica, necessitando-se de tempo para efetuar uma operação posterior. No momento em que se inicia a operação da distinção, já se pressupõe uma distinção na distinção. Um sistema é uma forma de dois lados e um desses lados (o do sistema) pode ser definido mediante um único tipo de operador. A diferença entre sistema e meio resulta do simples fato de que a operação se conecta a operações de seu próprio tipo, e deixa de fora as demais.

A autorreferência é uma operação com capacidade de articulações subsequentes.

Transportar esse corpo teórico para os sistemas sociais faz identificar a operação social que cumpre com os requisitos mencionados: operação que deva ser única, a mesma e que tenha a capacidade de articular as operações anteriores com as subsequentes. Ou seja, capacidade de prosseguir sua operação, e de descartar, excluindo as operações que não lhe pertencem.[239] Um sistema social surge quando a comunicação desenvolve mais comunicação, a partir da própria comunicação. Na teoria dos sistemas a ação é o ato individual, um acontecimento solitário, sem nenhum tipo de repercussão social.[240] Já a comunicação vai além da mera utilização da linguagem. É uma operação genuinamente social, porque pressupõe o concurso de um grande número de sistemas de consciência, mas que, exatamente por isso, como unidade, não pode ser atribuída a nenhuma consciência isolada.

Do ponto de vista da análise da forma, o sistema é uma diferença que se produz constantemente, a partir de um único tipo de operação. A operação realiza o fato de reproduzir a diferença sistema/meio, na medida em que produz comunicação somente mediante comunicação.

A comunicação tem a capacidade de se observar, principalmente quando já existe uma linguagem para a comunicação e um repertório de signos padronizados. A comunicação é o elemento pelo qual se torna possível auto-observar, sendo que tal operação não é exclusiva da consciência humana. O exemplo utilizado por Luhmann é a linguagem.[241]

---

[239] LUHMANN, *op. cit.*, 2009, p. 90.
[240] *Ibidem*, p. 91.
[241] *Ibidem*, p. 93.

Além disso, a comunicação possui um recurso que permite a ela reconstruir, retroceder, aumentar a si mesma, delimitar o que deverá prosseguir, possibilitando observar a diferença entre sistema e meio. Para a teoria dos sistemas a tarefa da sociologia consiste, precisamente, em poder responder como se chegou até aqui. Na realidade, nunca podemos ser observadores externos da sociedade.[242]

A sociologia é a ciência que deve se erguer sob um princípio de limitacionalidade, no sentido de demarcar seu âmbito, independente da relação com o ser humano. Não pode ser ciência do homem. Diz Luhmann:

> [...] sociologia não pode ser ciência do homem, porque isso significaria não considerar o incomensurável da individualidade. Querer explicar a sociedade como acordos entre os indivíduos levaria ao pressuposto (altamente discutível) da simetria dos estados subjetivos.[243]

Como sistema de pensamento, a teoria da sociedade não pode consentir apenas numa consequência lógica derivada de princípios gerais, como se tratasse de um mecanismo hipotético de dedução. Uma teoria da sociedade é, antes, o resultado da tentativa de colocar em sintonia recíproca uma multiplicidade de decisões teóricas diferentes. E apenas esta forma relativamente ampla do desenho de teoria, que permite reconhecer o quanto mais possível, que decisões foram tomadas e quais teriam sido as consequências se neste lugar se houvesse decidido de outro modo, parece-nos adequada como proposição de uma autodescrição da sociedade moderna.[244] Para Luhmann, a única operação que é capaz de basear o social de maneira autônoma é a comunicação, sendo este o ponto de partida para uma reflexão social. A comunicação é uma observação, na medida em que efetua uma diferença. E a diferença é a operação que resulta da observação que se realiza em todo ato de se comunicar. É um começo que supera qualquer outro ponto de partida aceito como possível pela sociologia.

Para Luhmann e De Giorgi os sistemas sociais só podem ser construídos como sistemas que se observam em si mesmos e uma teoria sociológica em sintonia com a sociedade moderna deve opor-se às estruturas de pensamento tradicionais que determinam a estrutura do pensamento.

---

[242] LUHMANN, *op. cit.*, 2009, p. 100.
[243] LUHMANN, *op. cit.*, 1980, p. 17.
[244] LUHMANN, *op. cit.*, 1980, p. 18.

A CORRUPÇÃO DOS SISTEMAS E A EXTENSÃO DA CORRUPÇÃO | 131

Por isso a teoria da sociedade é uma teoria construtivista, no sentido de que todo conhecimento é uma construção do mundo. A teoria do conhecimento do construtivismo radical afirma que todo conhecimento é uma construção do mundo, no mundo. Ele pode e deve operar com auxílio da diferença entre autorreferência e heterorreferência, e com o de conceitos e objetos, verdades analíticas e sintéticas. Entretanto, tudo isso não são senão diferenciações internas, que estruturam a operação específica do conhecimento, mas não podem separar-se do sistema através do qual o mundo é calculado.[245] As diferenciações internas se devem ao encerramento operativo diante do meio, o que, além do mais, possibilita que o sistema desenvolva indiferença. Ao se contrapor a isso, o antigo ceticismo não podia senão enfatizar a queixa de aceitar o inevitável. Hoje, em contrapartida, considera-se uma sorte que isso seja assim, já que, com limites abertos, o sistema sufocaria com as sobrecargas que impossibilitariam o conhecimento.[246]

A metafísica dissolveu a diferença entre sujeito e objeto. Entretanto, ela mesma pode ser desconstruída, na medida em que se verifica que os objetos podem ser apenas sujeitos, ou seja, realmente observações operantes, que observam o observador – sendo este exatamente o momento da sociologia.[247] A sociologia deveria ter clareza de que hoje ela não pode ser considerada como uma instância de reflexão capaz de instruir ou criticar a sociedade, como se estivesse colocada fora dela. Autodescrição da sociedade não significa outra coisa senão que a sociedade se diferencia do que não é sociedade, e que, com isso, ao mesmo tempo, a operação sequencial se diferencia de um centro de reflexão do que está sendo descrito. Assim, no processo de autodescrição da sociedade, sempre existem, simultaneamente, dois campos que não são indicados (marcados): aquele que não é a sociedade (o meio, se tomarmos como referência uma teoria dos sistemas), e a operação pela qual se realiza a observação.[248]

As autodescrições só são possíveis quando o sistema tem a capacidade de se distinguir dos demais, podendo, assim, fazer referência as suas próprias descrições, na medida em que distingue entre autorreferência e heterorreferência.[249] Trata-se da observação, no contexto da observação do observador. Por sua vez, a resposta para pergunta: "o

---

[245] LUHMANN, *op. cit.*, 2009, p. 353.
[246] LUHMANN, *op. cit.*, 2009, p. 354.
[247] *Ibidem*, p. 355.
[248] *Ibidem*, p. 357.
[249] LUHMANN, *op. cit.*, 2009, p. 361.

que se esconde por detrás?" Deve ser: aquilo que quem observa não pode observar. E isso não é senão o sempre pressuposto unmarked space (Spencer-Brown) ao qual se submete toda distinção; ou ainda, o sentido como meio de todas as formas que podem ser construídas; e, por fim, o próprio observador; ou mais exatamente, a unidade de cada uma das operações de observação, no contexto das remissões recursivas, possibilitando, por sua vez, a unidade do aqui e do agora das observações.[250]

3.4.1 Comunicação

Comunicação é uma síntese que resulta de três seleções: informação, ato de comunicar, compreensão. Cada um desses componentes são, em si mesmo, um evento contingente. A informação é uma diferença que transforma o estado de um sistema, isto é, produz uma diferença.[251] Forma é uma distinção, por isso também a distinção entre meio e forma é uma forma. No sistema não é o substrato meio que pode unir-se operativamente, mas somente a forma. Com os elementos desprovidos de forma, acoplados de modo solto, o sistema não pode fazer nada. Isso vale já para o meio da percepção. Não se vê a luz, mas as coisas, e se vê a luz, se vê na forma das coisas. Não se sente o ar, mas o rumor; e o ar mesmo deve fazer rumor, porque qualquer um o sente. O mesmo vale para o meio da comunicação. Sem linguagem não é possível a autopoiese de um sistema da comunicação, porque esta pressupõe sempre uma regular prospectiva de ulterior comunicação.[252]

O mais importante da codificação é o fato de que a operação elementar de uma comunicação é concluída com a compreensão e que, pela comunicação da aceitação, da recusa ou da indecisão é necessária uma ulterior comunicação. De fato, próprio a compreensão de uma comunicação é o pressuposto, porque essa pode ser aceita ou recusada. E qual seja o percurso que a comunicação neste ponto escolhe, pode ser rendido explícito só após uma ulterior comunicação.[253]

A codificação exclui toda metarregra, porque sobre a comunicação de tal regra se pode ainda tomar posição ou dizendo sim ou dizendo não. A codificação da linguagem supera a improbabilidade evolutiva de

---

[250] *Ibidem*, p. 366.
[251] LUHMANN; DI GIORGI, *op. cit.*, p. 61.
[252] LUHMANN; DI GIORGI, *op. cit.*, p. 69.
[253] *Ibidem*, p. 75.

um sistema da comunicação que se fecha operativamente: essa garante, que seja possível no sistema mesmo, a autopoiese da comunicação social, enquanto a transforma na liberdade de dizer sim ou não a toda determinação alcançada e na liberdade de fazê-lo de um modo que é carregado de consequência. Por isso, na sociedade complexa evoluiu-se não devido ao consenso, mas como queremos mostrar de modo particularizado, "media de la comunicazione simbolicamente generalizzati".

A evolução do direito começa com a publicação das Doze Tábuas e com a promulgação das "acciones" que prometiam sucesso. Também na 1ª Idade Moderna, a proteção do estado soberano recém-nascido, se serve ainda desta técnica do segredo (coisas sacrais que não devem ser conhecidas e que a religião acentua). Reação à codificação da linguagem: invenção da moral. A moral pode renunciar aos segredos, inclusive religiosos, porque a moral deve ser boa.[254]

A linguagem encontra a sua forma como diferença dos sons e dos sentidos, pois a escrita torna possível uma simbolização própria dessa diferença em outro meio da percepção, no meio da ótica. [255] O significado da escrita consiste em uma organização de fato nova da temporalidade da operação comunicativa. Há uma ilusão da cultura, baseada na escritura, na qual nós somos habituados, sendo difícil retornar à ideia fundamental que tudo só acontece no presente e acontece contemporaneamente.

A comunicação é um evento ligado ao instante, não muda nunca. O sistema da comunicação pode alcançar estabilidade dinâmica, isto é, só estabilidade em virtude da continuação, sempre através de diversas comunicações.

3.4.2 Complexidade

Inicialmente, o ponto central das deliberações sobre o tema da complexidade residia na diferença (gradiente) de complexidade que se estabelecia entre sistema e meio. Como ponto de partida, o meio foi entendido como sendo dotado de complexidade, bem como maior que o sistema, devendo ser assim estabelecida uma diferença de complexidade entre estes.[256] O percurso transcorrido para observar e descrever a questão da complexidade passou pelo estágio de apontar que o sistema

---

[254] LUHMANN; DI GIORGI, *op. cit.*, p. 79.
[255] *Ibidem*, p. 84.
[256] LUHMANN; DI GIORGI, *op. cit.*, p. 179.

não tinha capacidade de apresentar uma variedade suficiente *(requisite variety: Ashby)* para responder, ponto por ponto, a imensa possibilidade de estímulos provenientes do meio. Assim, o sistema requeria o desenvolvimento de uma disposição especial para a complexidade, no sentido de ignorar, rechaçar, criar indiferenças, enclausurar-se em si mesmo. Por isso, surgiu a expressão redução de complexidade, no que se refere à relação do sistema com o meio, mas também consigo mesmo, principalmente quando se tratava de compreender as instâncias de racionalidade, as agências de planejamento localizadas dentro do próprio sistema. A expressão redução de complexidade é encontrada pela primeira vez (até onde se sabe) em um livro de Jerome Bruner, Study oh Thinking (1956).[257]

Para Luhmann e De Giorgi, redução de complexidade é entendida basicamente sob a perspectiva da generalização e tem dois sentidos: a) o sistema desenvolve um modelo de reação igual, frente a dados distintos provenientes do meio; b) a um mesmo estímulo oriundo do meio, o sistema pode reagir diferentemente, dependendo do estado atual em que se encontre.[258] O modelo de generalização significa rompimento com a teoria que estabelece a necessidade de entabular uma correspondência, ponto por ponto, entre o meio e o sistema. A complexidade tem a ver, consequentemente, com o problema de como se pode incrementar complexidade em um sistema que, apesar disso, possa continuar operando. Utiliza como exemplo a evolução e o planejamento de uma organização.[259] Para reduzir complexidade mais complexidade é gerada e a forma desta redução exige operar com as diferenças.

A afirmação mais abstrata que se pode fazer sobre um sistema – e que é válida para qualquer tipo de sistema – é a de que entre sistema e meio há uma diferença, que pode ser descrita como diferença de complexidade. O meio de um sistema é sempre mais complexo do que o próprio sistema.[260] O sistema opera de maneira seletiva, tanto no plano das estruturas, como no dos processos, significando que sempre há outras possibilidades que podem ser selecionadas quando se quer atingir uma ordem. Isso porque, o sistema ao selecionar uma ordem se torna complexo, já que se obriga a fazer uma seleção da relação entre seus elementos.[261]

---

[257] *Ibidem*, p. 179.

[258] LUHMANN; DI GIORGI, *op. cit.*, p. 180.

[259] *Ibidem*, p. 182.

[260] *Ibidem*, p. 184.

[261] *Ibidem*, p. 184.

A CORRUPÇÃO DOS SISTEMAS E A EXTENSÃO DA CORRUPÇÃO | 135

Por complexo, designa-se a soma dos elementos, que, em razão de uma limitação imanente de capacidade de conexão do sistema, já não possibilita que cada elemento permaneça sempre vinculado. Como as relações possíveis entre os elementos aumentam quando o sistema cresce, apresentam-se limites drásticos na capacidade de relação dos elementos, principalmente quando se consideram os diversos tipos de sistema: células, cérebros, comunicação; ou quando se parte, por exemplo, dos possíveis contatos que os indivíduos possam estabelecer, em uma época determinada.[262]

A consequência é que para ordens quantitativamente grandes os elementos podem se conectar somente sob a condição de que este acoplamento se realize de maneira seletiva. Exemplo disso é a comunicação habitual no círculo dos vizinhos que não se dá com todos ou as estruturas hierárquicas de organizações que coexistem, mas não se relacionam comumente, só em momentos específicos, em geral determinados por algo pré-estabelecido.

Dito de outro modo, tem-se que o modelo da seletividade é uma confirmação de que tudo não pode mais estar conectado a tudo.

Luhmann e De Giorgi apontam que a questão da complexidade leva diretamente a um limite decorrente do fato de que não é possível a relação com cada um dos elementos. Aduzem que a "complexidade simples" (em caso de se poder usar esta expressão paradoxal) permitiria conectar todos os elementos. Já a "complexidade complexa" necessitaria de seleção e, consequentemente, de um aumento progressivo de suas próprias exigências. Esse tipo de complexidade é, portanto, seletivo, contingente, e conta com maior capacidade de variação.[263]

Na teoria dos sistemas não se trabalha com o conceito de complexidade simples, mas com a distinção de uma complexidade que permite conectar simultaneamente todos os elementos e uma complexidade de um nível superior que não o permite. No mundo atual identifica-se a complexidade de nível superior. Complexidade é, portanto, a necessidade de manter uma relação apenas seletiva entre os elementos.[264]

Um sistema pode obter a realização de diferentes modelos de resposta, contanto que exista uma maneira de ordená-los em uma sequência. Isso se denomina temporalização da complexidade.[265]

---

[262] LUHMANN; DI GIORGI, *op. cit.*, p. 184.

[263] *Ibidem*, p. 185.

[264] LUHMANN; DI GIORGI, *op. cit.*, p. 185.

[265] *Ibidem*, p. 187.

Os sistemas podem conter diversas descrições de si mesmos. É possível traçar um modelo com o qual se planejará o sistema. E, depois, outro que se encarregue de ver como as pessoas reagirão a este planejamento, sem que ele mesmo tenha a referida função. Temos, assim, o surgimento da hipercomplexidade no sistema, quando todas essas instâncias buscam introduzir um elemento de otimização a partir de cada uma de suas perspectivas, o qual, na totalidade, não leva diretamente à racionalização, mas à confusão.[266] Exemplificando essa assertiva, peguemos o caso do sistema da economia. Racional seria a otimização do cálculo das relações de utilidade sobre a base dos bens escassos. Porém, outra racionalidade consiste na aplicação de leis científicas, já que, pelo menos até o início deste século (XX), a ciência era considerada o racional por excelência – embora, atualmente, ninguém assegure que a ciência é racional.[267] Com Max Weber, o problema da racionalidade se expressou mediante a tipificação de modelos: racionalidade dos valores, dos fins; ou, para falar como Habermas, a racionalidade do agir estratégico e a racionalidade do agir comunicativo (racionalidade monológica e dialógica).

De acordo com a Teoria dos Sistemas, racionalidade não significa racionalidade ontológica do mundo, mas exclusivamente, racionalidade do sistema. O contra argumento de Habermas consiste em admitir a racionalidade sistêmica, mas advertindo que este tipo de racionalidade não é a totalidade. O reparo é excessivo, pois pode ser aplicado absolutamente a tudo, já que sempre se teria de pressupor que há áreas de consenso que não foram alcançadas ou pessoas com as quais ainda não se obteve o acordo, sobretudo quando as condições mudam mais rápido que a habilidade para obtê-lo.[268]

Para Luhmann e De Giorgi a racionalidade está situada no ponto cego da observação e, por isso, ela se torna impossível enquanto tal. Fala-se exclusivamente em racionalidade do sistema, na medida em que aspectos do meio podem ser considerados pelo sistema. Se o sistema opera a diferença com o meio, mediante um encerramento operativo, então, o sistema desenvolve uma capacidade de indiferença frente ao meio. Racionalidade do sistema significaria assim, a possibilidade de tornar reversível, que aspectos do meio possam ser levados em conta pelo sistema mediante um aumento da capacidade de irritabilidade e de ressonância que se reforça no sistema. Portanto, trata-se de um

---

[266] *Ibidem*, p. 191.

[267] *Ibidem*, p. 187.

[268] LUHMANN; DI GIORGI, *op. cit.*, p. 199.

A CORRUPÇÃO DOS SISTEMAS E A EXTENSÃO DA CORRUPÇÃO | 137

paradoxo utópico, que oscila entre a exclusão do meio e a reentrada de aspectos do meio, mediante inclusão no sistema.[269]

Conforme Luhmann e De Giorgi um sistema pode construir a própria complexidade e, portanto, sua irritabilidade e racionalidade do sistema significam se expor à realidade, colocando-lhe à prova uma distinção entre sistema e meio.[270] Os sistemas equipados com modelos de seletividade localizam mais rapidamente os campos nos quais é possível processar racionalidade e, nesse aspecto, a sociologia poderia contribuir plenamente. Dizem que a política, por exemplo, se deixa irritar, assim, pela economia, não só por aquele tipo de planejamento que nunca será efetuado, como também pelo fato de que a política desenvolve uma especial sensibilidade para os dados econômicos altamente agregados, embora sua origem nunca seja clara e somente os institutos de pesquisas econômicas apareçam como os fiadores.[271] Acrescentam que, mediante o acoplamento estrutural possibilitado pelas instituições da propriedade e pelo contrato, ou pelos direitos constitucionais, o direito pode jurisdicionar as mudanças efetuadas na sociedade e submetê-las a processos legais. Hoje existe, por exemplo, um procedimento mais refinado do que na Idade Média no que se refere a considerar elementos subjetivos para celebração do contrato, e que, na época medieval, sequer foram pensados como relevantes. Como poderiam estar incluídos tanto a vontade como os motivos, na realização do contrato? Agora isto é possível com a introdução da praxe no procedimento do direito.[272]

E a corrupção, como é hoje tratada pelo direito? Sempre foi deste modo? A resposta é não. A evolução histórica feita no primeiro capítulo dá conta de que paulatinamente houve uma separação do conceito jurídico, do político e moral. Contudo, um tema como este, o preceito moral ronda as decisões e permanece como uma ameaça à racionalidade do sistema. Isso porque o direito transforma conflito social em problemas jurídicos, todavia, não pode ser preocupação do direito a decisão ser boa ou má, ela precisa atender a racionalidade do sistema, o direito posto, pois na modernidade e na democracia é esta a função do direito, proteger a sociedade dela mesma, das incursões em searas que se dispa do cumprimento do procedimento. Por isso, é que no direito não é possível admitir ações sem fundamento jurídico ou sem provas

---

[269] LUHMANN; DI GIORGI, *op. cit.*, p. 199.

[270] *Ibidem*, p. 200.

[271] *Ibidem*, p. 200.

[272] LUHMANN; DI GIORGI, *op. cit.*, p. 201.

comprobatórias do ilícito, rechaça-se a ideia de "não tenho provas, mas tenho convicção", se exige cumprimento de procedimento, contraditório, devido processo legal para aferição das condutas. Isso não significa que inexista uma evolução do sistema jurídico. Esta se dá a partir do próprio sistema, do direito que modifica o direito e esse procedimento é uma forma da necessária diferenciação entre sistema e meio.

De outra parte, as diferenciações produzidas permitem hoje que o sistema jurídico seja um modo de estabilização de outros sistemas, tal como o econômico e o político. Os Tratados de combate à corrupção produzidos a partir da OCDE e nas Nações Unidas são exemplos disso, na medida em que surgem para estabilizar o sistema da concorrência. Por outro lado, a adoção desses conceitos jurídicos e a sua operacionalização irritam o sistema da política que também se movimenta e cria seus modos de estabilização e esta é a expressão da racionalidade dos sistemas.

No momento em que as deliberações se organizam dentro de uma teoria da sociedade, seu significado consiste em que precisamente a diferenciação por sistemas tem a função de aproveitar as oportunidades de racionalidade, mediante a elevação da capacidade de irritação do sistema. Este, por sua vez, permite que tal capacidade aumente e, ao mesmo tempo, prepara medidas de contraste e contraposição. Tudo isso se realiza em cada um dos sistemas de funções, mas não pode ser efetuado no plano da totalidade do sistema da sociedade.[273] Por isso, é que Luhmann e De Giorgi acentuam, por exemplo, que os problemas ecológicos não podem ser abordados como unidade que seria resolvida unanimemente na sociedade, a não ser que a mesma se decomponha nas perspectivas distintas dos sistemas de funções (economia, política, legislativa/regulação).

Um modo racional de enfrentar os problemas pode ser buscado unicamente a partir dos sistemas e sob as condições do prosseguimento da sua autopoiesis, implicando sempre a manutenção da diferença. Aqui, ainda, as oportunidades de racionalidade consistem na manutenção e na utilização das diferenças e não na sua eliminação. A irritabilidade dos sistemas deve ser reforçada, e por isso pode ocorrer somente no contexto do seu operar fechado. É isso que pretende a teoria dos sistemas, ao tratar da distinção entre sistema e meio como a forma do sistema.

Mais do que em qualquer outra teoria, a teoria da sociedade é o centro da concepção teórica, que emergem os problemas ecológicos e,

---

[273] LUHMANN; DI GIORGI, *op. cit.*, p. 201.

exatamente no mesmo sentido, os problemas humanos. O fato de que a teoria concentre sua atenção na diferença leva a dirigir o olhar para problemas que evocamos de uma forma que elimina qualquer esperança de solução total e definitiva. Só ao aceitar isso é que os problemas poderão ser tratados como programa de trabalho, buscando-se a melhoria da posição dos sistemas de funções relacionados aos seres humanos e a seu meio ecológico, conforme critérios que devem ser construídos e modificados nos próprios sistemas.[274]

O problema da corrupção, a nosso sentir, tem o mesmo viés. Não há como ter solução definitiva para a questão da corrupção. Ela não será erradicada do seio da sociedade. Todavia, para o enfrentamento, controle e prevenção desta deve-se produzir diferenças a fim de enxergar as diversas possibilidades que se apresentarão. Contudo, essas diferenças separam o que é o sistema político dos sistemas econômico, jurídico e moral. O sistema político se irrita com as decisões do sistema jurídico, porém o sistema jurídico não substitui e não tem a função e a capacidade de desempenhar a função do sistema político.

Demais disso, muitas diferenciações hão de ser produzidas. Em se tratando de corrupção urbanística no Brasil ainda não diferenciamos de forma suficiente os âmbitos do direito e da política. Como resultado, de um lado não enxergamos a corrupção em matérias que já haviam de ser assim descritas; e, de outro, as matérias urbanísticas ainda são tratadas como matéria de governo, sujeita a modificações a cada quatro anos. Disso decorre uma enorme fragilidade na sociedade, não agradando empresários, servidores, gestão. Nesse contexto, pode-se dizer que o direito não está exercendo sua necessária função de estabilização, por absoluta ausência de regras e de compreensão desta necessária função, matéria que será examinada em capítulo próprio nesta tese.

3.5 A corrosão dos códigos destes sistemas: conceito, extensão e efeitos – reflexos no tema da corrupção

De todo o exposto, verifica-se que uma das conquistas do Estado Moderno foi o processo de diferenciação funcional, que separa os diversos códigos que se desenvolvem mediante linguagens e comunicação próprias, inerentes e internas ao seu sistema. Esses códigos coexistem, porém não se comunicam. Os códigos científico, religioso, político moral e jurídico têm suas próprias bases e desenvolvimento. Esse

---

[274] LUHMANN; DI GIORGI, *op. cit.*, p. 202.

desenvolvimento se dá a partir do processo de evolução. Eles não interagem entre si, exceto nas possibilidades de acoplamento estrutural, que são momentos especificamente definidos, a exemplo das Constituições que representam o encontro do sistema da política e do direito.

Não se resolve problemas jurídicos com base no sistema moral. Não se resolve situações, crises da política, com base no sistema jurídico e assim por adiante. A separação funcional desses códigos foi uma conquista e uma necessidade da modernidade. Tornar a tratar as questões apresentadas de modo a misturar os sistemas significa retroagir conceitos que não se prestam a sociedade moderna ou, dito de outro modo, deturpam as funções estabelecidas na sociedade moderna, comprometendo as diferenciações já produzidas. Misturar esses sistemas significa corrompê-los, tomar decisões que não enxergam o problema a partir do sistema em si.

Se cada sistema tem seu código é preciso que estes se estabilizem no interior do próprio sistema. E a estabilização desses sistemas, por meio de seus códigos, representa a estabilização da sociedade. Uma função não exclui a necessidade do desempenho da outra função. O exercício acentuado da função jurídica, o deflagrar de operações específicas, ostensivas de combate à corrupção, representa o exercício da função jurídica, porém não substitui o sistema da política. Em um sistema político cujo processo de decisão e de aprovação de modificações exige formação de maiorias ocasionais é movida por subornos, a atuação do sistema jurídico permite enxergar essas situações, exercer sua função de estabilização, atuar para coibir essas práticas, mas tudo dentro da racionalidade do sistema jurídico. Todavia, o sistema jurídico se exaure nesses limites e precisa ficar por aqui, sob pena de ele próprio se corromper. E a corrosão do sistema jurídico significa a sua degeneração, o comprometimento da função que deve desempenhar.

De outra parte, a corrupção pressupõe decisões que tem a função de impedir a simultânea observação do problema, a partir da perspectiva dos destinatários do problema. Isso significa que há pontos cegos que o observador não consegue enxergar. As operações produzindo diferenças possibilitarão enxergar esses pontos cegos. A generalização esconde o problema. A diferenciação externa as possibilidades, o que significa possibilitar o enfrentamento do problema. A generalização também é uma forma de corrosão dos códigos. No momento em que se enxerga corrupção em tudo sem exercer a necessária seleção a partir dos códigos do sistema, estamos contribuindo para a corrosão deste mesmo sistema.

3.6 Controles voltados aos homens ou aos sistemas? A corrupção é dos homens ou dos sistemas?

A corrupção dos homens, que se degeneravam e eram as "maçãs podres" que pereciam do mesmo modo que se dá com os sistemas vivos, era a corrupção da antiguidade, aquela descrita por Aristóteles. No mundo moderno a corrupção é dos sistemas. A sociedade do mundo é composta por sistemas (jurídico, político, econômico, religioso, moral, científico, etc.) e avança a partir da evolução destes.

Para Luhmann e De Giorgi a expressão sociedade do mundo deve indicar que toda sociedade, inclusive a sociedade da tradição, constrói um mundo e assim dissolve o paradoxo do observador do mundo.[275] Dito de outro modo, a sociedade produz sociedade a partir da evolução dos sistemas internos a ela.

A corrupção dos sistemas gera a corrosão destes e, por conseguinte, afeta a sociedade. Os mecanismos de estabilização desses sistemas auxiliam no retorno ao seu equilíbrio.

No sistema moral, externar as práticas corruptivas, debater e identificar os meios repreensíveis a partir dos códigos desse sistema representa mecanismos de ativação desse sistema. E há dilemas! Em tese, e generalizando, as práticas de suborno são moralmente condenáveis. Todavia, o que dizer dos subornos pagos aos guardas dos campos de concentração para que permitissem a fuga dos prisioneiros? Foi prática moralmente condenável? Ou foi uma prática que irritou e expôs as atrocidades do sistema da política? O sistema da moral tem seu código, que é distinto do código do direito e assim deve sê-lo. Para o direito, na hipótese aventada, talvez houvesse excludente de ilicitude, inexigibilidade de conduta diversa, exercício arbitrário das próprias razões, etc., diferente dos sistemas da política e da moral.

No sistema jurídico o processo é diferente, em decorrência da função exercida por este sistema no mundo moderno. Luhmann assinala que a corrupção, em sentido repreensível, somente pode aparecer quando ocorrer a diferenciação do sistema político e os seus processos jurídicos estiver suficientemente avançada. Aponta que a penalização direta da corrupção tem uma origem muito anterior, a exemplo do que se vê na descrição da legislação das Doze Tábuas, que ameaça o juiz corrupto com pena de morte. Salienta que esta penalização direta constitui uma espécie de troca ad doc, não vinculada à estrutura da

---

[275] LUHMANN; DI GIORGI, *op. cit.*, p. 50.

sociedade. Ainda, aponta, que fatos encarados por sociedades complexas fortemente diferenciadas correspondem, nas sociedades primitivas, às expectativas morais e que também tinham cobrança direta. A ideia do ter que ajudar o próximo, por exemplo.[276] Todavia, na sociedade moderna, que é funcionalmente diferenciada, ou seja, cada sistema tem a sua função, e o sistema jurídico exerce uma dessas funções, a corrupção para ser repreensível pelo direito não pode pertencer ao sistema moral. Na sociedade moderna o direito tem uma função de estabilização das expectativas. O direito é indiferente à moral, pois são ambas – direito e moral – qualificações de sentido que não se entrelaçam. E nisso está a estabilização necessária.

Importante destacar que não se analisa o fenômeno da corrupção como se estivéssemos fora dele. Integramos os sistemas e evoluímos com eles, estamos em meio a eles. Por isso, não obstante a coibição da corrupção exigir um tratamento daqueles que praticam o ato em si seja pessoas físicas ou jurídicas, a corrupção é dos sistemas e todo modo de irritação possível é desse sistema.

A evolução e os processos que ocorrem nesses sistemas para enfrentar a corrupção também não são das pessoas, mas dos sistemas que evoluem a partir das diferenciações produzidas.

O processo de diferenciação funcional produziu as formas jurídicas de combate à corrupção. E as formas jurídicas evoluíram a partir das diferenciações produzidas. No século passado o combate à corrupção se dava por meio dos crimes de peculato e concussão. Hoje há um sistema jurídico que trata a corrupção nas suas especificações, a partir das diferenciações e das seleções operadas. Ainda, há um tratamento jurídico para prevenção da corrupção (*compliance*, meios de prevenção de lavagem de dinheiro), técnicas que não se cogitava em tempos não tão remotos. Isso é possível em função do processo de evolução do sistema originário das diferenciações produzidas. E ele é interno ao sistema jurídico.

A sociedade moderna é altamente complexa. Os processos corruptivos também o são. Por isso, quanto mais os diferenciamos mais complexidade foi gerada e, este incremento da complexidade permite enxergar outros modos de corrupção.

No caso da corrupção urbanística no Brasil faz-se necessário produzir mais observação. Será que não temos corrupção urbanística em nosso país ou não a enxergamos como um modo juridicamente

---

[276] LUHMANN, *op. cit.*, 2002, p. 59.

condenável? Projetos de lei que alteram uso sem critérios técnicos, permitem aumento de altura aumentando valor de imóveis sem contraprestação, ou as facilitações de licenças, de autorização para construir com benefícios diretos para os proprietários são descrições que se aplicam somente a Portugal, Espanha e Itália, ou ainda não operamos as diferenciações necessárias?

A corrupção se dá no âmbito dos sistemas e, na sociedade funcionalmente diferenciada, os controles precisam ser voltados a estes e não às pessoas. Mas, para tanto, os sistemas precisam ser observados, descritos e diferenciados a partir das observações produzidas.

A corrupção urbanística no Brasil ainda não é tratada com a diferenciação necessária. Os sistemas do direito e da política em nosso país ainda estão muito próximos, umbilicalmente ligados, de um lado, e, de outro, produzem aparência de legalidade por meio de alterações legislativas das leis urbanísticas que imputam legalidade a projetos que ferem a impessoalidade e trazem benefícios específicos a determinados grupos ou pessoas, em detrimento do caráter difuso do controle urbanístico inerente ao direito à cidade.

CAPÍTULO 4

CIDADES E CORRUPÇÃO URBANÍSTICA

4.1 O processo de formação das cidades: o que significa urbanismo

A primeira referência à formação das cidades é de Coulanges,[277] na sua obra clássica "A Cidade Antiga", quando registra que o nascimento da cidade ocorreu no momento em que diversas tribos puderam associar-se, sob a condição de o culto de cada uma ser respeitado. Segundo o autor, "a sociedade humana não cresceu como um círculo que se alastrasse pouco a pouco, mas, ao contrário, pela agregação de pequenos grupos, de há muito constituídos." Prossegue dizendo: "várias famílias formaram a fratria, várias fratrias a tribo, e diversas tribos a cidade. Família, fratria, tribo, cidade, são, portanto, sociedades perfeitamente análogas nascidas umas das outras por uma série de confederações."[278]

A cidade assim nascida é apresentada como uma espécie de confederação.[279] Isso porque, apesar da reunião dos diferentes grupos – famílias, fratrias, tribos – nenhum perdia sua individualidade nem a sua independência. Explica o autor que, embora muitas famílias estivessem reunidas em uma fratria, cada uma se mantinha constituída como na época de seu isolamento, ou seja, não alterava seu culto, o sacerdócio, o direito de propriedade ou a justiça interna.[280] Cidade e

---

[277] COULANGES, Fustel. *A Cidade Antiga*. São Paulo: Martin Claret, 2007.

[278] *Ibidem*, p. 138.

[279] A cidade não é um agregado de indivíduos, mas uma confederação de vários grupos previamente constituídos e que ela deixa subsistir. (MUMFORD, Lewis. *A Cidade na História: suas origens, transformações e perspectivas*. 4. ed. São Paulo: Martins Fontes, 1998, p. 139.)

[280] A cidade era uma confederação. Por isso se viu obrigada, pelo menos durante alguns séculos, a respeitar a independência religiosa e civil das tribos, das cúrias e das famílias; não teve

urbe não eram sinônimos entre os antigos. A cidade era a associação religiosa e política das famílias e das tribos; a urbe, o lugar de reunião, o domicílio e, sobretudo, o santuário dessa sociedade.[281]

Ainda na Antiguidade, em período posterior, por exigência da religião, cada cidade deveria ser absolutamente independente. Isso porque cada cidade tinha sua religião, e como as leis derivavam desta, tinham um direito próprio, expressado nos códigos. E a Justiça também era de cada cidade, sendo que nada existia superior à sua justiça. Também era próprio às cidades seu calendário, suas festas religiosas, sua moeda particular (que, nos primórdios, trazia cunhado seu emblema religioso), seus pesos e medidas. Até o casamento entre pessoas de cidades distintas foi, por largo tempo, considerado ilegítimo. Nada de comum se admitia entre as cidades. Representava uma forma de proteção à manutenção da cidade.[282]

Na cidade antiga, a religião dera origem ao Estado e o Estado mantinha a religião, apoiando-se mutuamente. A cidade havia sido fundada como uma religião e constituída como uma Igreja, decorrendo daí sua força, onipotência e domínio absoluto sobre seus membros. A liberdade individual não existia, pois, numa sociedade fundada nestas bases, as pessoas estavam submetidas em tudo às cidades.[283] [284] O homem não considerava que existissem direitos em face da Cidade e de seus Deuses.

Mumford,[285] Benévolo[286] e Hall,[287] [288] cada um a seu modo e segundo suas observações, sob perspectivas diferentes, desenvolveram

---

no princípio o direito de intervir nos negócios particulares de cada um desses pequenos corpos. A cidade nada tinha a ver com o que se passava no seio de cada família: não era juiz do que ocorria, e deixava ao pai o direito e o dever de julgar a mulher, o filho ou o seu cliente. Por essa razão o direito privado, fixado na época do isolamento das famílias, pode perdurar nas cidades, vindo a se modificar mais tarde. (MUMFORD, *op. cit.*, p. 138.)

[281] *Ibidem*, p. 138.

[282] COULANGES, *op. cit.*, p. 223.

[283] COULANGES, *op. cit.*, p. 248.

[284] Exemplificando este aspecto, diz o autor: "O Estado tinha o direito de não tolerar deformidades ou monstruosidades em seus cidadãos. Em consequência, ordenava ao pai de filho defeituoso que o matasse. Essa lei encontra-se nos antigos Códigos de Esparta e de Roma. Não sabemos se tal existiu ou não em Atenas; dela somente conhecemos o que Aristóteles e Platão inscreveram em suas legislações ideais." (*Ibidem*, p. 249.)

[285] MUMFORD, *op. cit.*, p. 386.

[286] BENÉVOLO, Leonardo. *História da Cidade*. São Paulo: Perspectiva, 2003.

[287] HALL, Peter. Cities in Civilization: culture, innovation, and urban order *apud* FREITAG, Bárbara. *Teoria das Cidades*. Campinas/SP: Papirus, 2006.

[288] Freitag cita o seguinte sobre a obra: "[...] nesta enorme Peter Hall trata desde os centros clássicos da civilização greco-romana a Atenas de Péricles e a Roma dos Césares, até Memphis, a cidade natal de Elvis Presley, onde nasceu o *rock'n'roll*. O que interessa ao autor é

CIDADES E CORRUPÇÃO URBANÍSTICA | 147

estudos magistrais que servem de fonte para quem se ocupa do tema das cidades.

Para Mumford,[289] os registros históricos da cidade física ocorreram a partir das últimas fases do período neolítico. Todavia, ele sustenta que o aparecimento real da cidade ocorreu como resultado da união entre os componentes paleolíticos e neolíticos.[290][291]

As culturas humanas não morrem como organismos biológicos, como acreditavam os antigos, passam, isto sim, por processo de evolução, a partir das suas próprias transformações. Esse é um processo de evolução que se constrói a partir da evolução do sistema, que é a cidade e dos subsistemas existentes neste sistema.

A cidade medieval se renovou até o século XVI, porém, entre os séculos XV e XVIII com o processo de evolução, tomou forma na Europa um novo padrão de existência, calcado em uma nova economia, a do capitalismo mercantilista. Esse fator desencadeou profundas mudanças nas cidades, embora lenta e gradualmente.[292] De início, neste período, o centro era o rei. A tendência da nova ordem só veio a se tornar inteiramente visível no século XVII. Todos os aspectos da vida se afastaram do polo medieval e se reuniram sob o signo do príncipe.[293] Depois do século XVI, as cidades que mais rapidamente aumentavam população, superfície e riqueza eram aquelas que abrigavam uma corte real, a fonte

---

destacar o conjunto de fatores, a constelação histórica específica e a competência do gênio humano, encarnado em um indivíduo, que faz florir uma civilização nova, que transborda, transcendem as fronteiras da cidade e influencia a cultura nacional e universal." (FREITAG, *op. cit.*, p. 70.)

[289] MUMFORD, *op. cit.*, p. 29.

[290] Assim, embora com base nas provas atuais, datemos apropriadamente a cidade física a partir das últimas fases da cultura neolítica, o aparecimento real da cidade ocorreu como resultado final de uma união mais remota entre os componentes paleolíticos e neolíticos. Essa união, se minha suposição é correta, foi sustentada, quando não provocada, pelo último grande progresso da revolução agrícola, a domesticação dos cereais e a introdução da cultura do arado e da irrigação. O resultado final foi a coalescência do grupo total de instituições e controles que caracterizam a 'civilização. (MUMFORD, *op. cit.*, p. 28.)

[291] [...] a ideia de que a cultura paleolítica foi inteiramente substituída pela cultura neolítica é uma ilusão. Ainda hoje, ao redor de toda grande cidade, num domingo de primavera, milhares de pescadores enfileirar-se-ão às margens dos rios e dos lagos, praticando a antiga ocupação paleolítica da pesca, ao passo que, mais para o fim do ano, e mais para o interior, outros obedecerão a uma prática ainda mais antiga, colher cogumelos, bagas ou castanhas, apanhar conchas ou madeiras flutuantes, ou cavar à procura de mariscos à beira-mar: fazendo ainda, pelo prazer, o que o homem de antigamente fazia por necessidade de sobrevivência. (*Ibidem*, p. 29.)

[292] Mumford alerta que "a fim de compreender a cidade pós-medieval, é necessário que nos guardemos contra a interpretação ainda em moda da Renascença como um movimento no sentido da liberdade e do restabelecimento da dignidade do homem". (*Ibidem*, p. 376.)

[293] Refere-se ao "Príncipe", obra de Maquiavel. (*Ibidem*, p. 378.)

do poder econômico.[294] Em contraste com o regime medieval, o poder e a população não mais se achavam dispersos e descentralizados.[295] No crescimento do Estado Moderno, o capitalismo, a técnica e a guerra desempenhavam papéis decisivos.[296] Mumford identifica como os dois braços deste novo sistema o exército e a burocracia. E a mudança de uma economia de mercadorias para uma economia monetária aumentou grandemente os recursos do Estado.[297] Essa nova configuração política tem enorme reflexos nas cidades, iniciando as denominadas grandes transformações urbanas.[298]

Outro aspecto abordado por Mumford [299] refere-se à expansão comercial e à dissolução urbana. Aponta que o crescimento da cidade comercial foi um processo lento, pois enfrentou resistência na estrutura medieval, aduzindo que,

> [...] durante a Idade Média, liberdade significara liberdade em relação às restrições feudais, liberdade para as atividades corporativas da municipalidade, a guilda, a ordem religiosa. Nas novas cidades do comércio, liberdade significava liberdade das restrições municipais: liberdade para o instrumento privado, para o lucro privado e para a acumulação privada, sem qualquer referência ao bem-estar da comunidade como um todo.[300]

O reflexo dessa nova ordem econômica nas cidades foi significativo. A terra escapou à detenção feudal e, com isso, passou a ter enorme valor econômico. Foi o momento em que a terra deixou de ser um bem para se transformar em um produto.[301] E que era usado sem

---

[294] *Ibidem*, p. 386.

[295] [...] a modificação das cidades cessou, ou pelo menos aquela atividade foi em grande parte transferida, entre os séculos XVI e XIX, para o Novo Mundo [...]. A construção de cidades era um meio de consolidar o poder político num único centro nacional, posto diretamente sob o olhar do rei e impedindo que tal desafio à autoridade central se levantasse noutra parte, em centros dispersos, mais difíceis de controlar. A época das cidades livres, com sua cultura amplamente difusa e seus modos relativamente democráticos de associação, cedeu lugar à era das cidades absolutas. (MUMFORD, *op. cit.*, p. 387.)

[296] *Ibidem*, p. 388.

[297] *Ibidem*, p. 395.

[298] A cidade foi sacrificada ao tráfego na nova planta: a rua, não a vizinhança ou o bairro, passou a ser a unidade de planejamento. A avenida uniforme levou o movimento e a confusão a partes da cidade que tinham sido tranquilas e contidas em si mesmas: e tendeu a estender o mercado ao longo das linhas de tráfego, em vez de prover pontos locais de concentração de vizinhança, onde as pessoas pudessem se congregar e se encontrar. (*Ibidem*, p. 424.)

[299] *Ibidem*, p.

[300] MUMFORD, *op. cit.*, p. 450.

[301] Mumford: "o resultado desse ânimo foi dúplice. Os interesses do dinheiro progressivamente dominaram os interesses da terra, no traçar e construir os novos bairros da cidade. O que é

regras estatais. Esse fator está assim descrito por Mumford: "dividindo fazendas contíguas em trechos de construção, o desmembramento, peça a peça, da cidade organizada foi realizado." Desde o princípio do século XIX, o laissez-faire significava, em termos municipais: "pode aquele que quiser especular na elevação dos valores da terra e dos aluguéis". Com a demolição da muralha militar, os controles sociais sob a infinita expansão e dispersão da cidade desapareceram. A aceleração dos transportes, as empresas, a princípio privada, depois públicas, aumentaram as possibilidades de rodízio e acelerou o ritmo de toda transformação urbana. A especulação comercial, a desintegração e a desorganização física prosseguiram de mãos dadas. No próprio momento em que as cidades estavam se multiplicando em número e aumentando em tamanho, por toda a civilização ocidental, a natureza e a finalidade da cidade tinham sido completamente esquecidas.[302] Inicia-se, assim, concomitantemente, o processo de degradação das cidades.[303]

Sobre este período, Mumford sintetiza seu pensamento com a seguinte assertiva:

> [...] a cidade, desde o princípio do século XIX, foi tratada não como uma instituição pública, mas como uma aventura comercial privada, a ser afeiçoada de qualquer modo que pudesse aumentar a rotatividade e fazer subirem mais ainda os valores dos terrenos.[304]

Destaca, ainda, que "as funções urbanas originais deixaram de ser significativas na cidade comercial."

O próximo período analisado por Mumford foi a cidade industrial, e salienta que a maior contribuição gerada por esta foi o saneamento e a higiene pública. A sociedade que gerou os problemas também apontou caminhos. Diz que "dar de novo à cidade ar puro, água fresca,

---

talvez mais significativo ainda é que toda a terra tinha escapado à detenção feudal e estava sujeita à venda ilimitada, tornando-se cada vez mais um meio de fazer dinheiro. A terra feudal era concedida por um prazo de 99 ou 999 anos; pelo menos três gerações. Esse sistema favorecia a continuidade e reduzia o movimento ascensional dos preços. Quando a terra se tornou um produto, e não um bem permanente, fugiu a qualquer espécie de controle comunal." (*Ibidem*, p. 450.)

[302] MUMFORD, *op. cit.*, p. 454.

[303] Mumford ilustra a degradação ao examinar a organização do transporte e da toca e falar da situação dos estivadores: "a degradação do estivador, do porteiro, do carregador e do marinheiro não só infestou o próprio cais, mas se propagou para outras regiões da cidade, aumentando, provavelmente, a incidência de pestes e, sem dúvida de sífilis. Tão generalizada tem sido essa degradação em cidades portuárias que passou a ser tratada como um aspecto normal de existência de qualquer cidade marítima." (*Ibidem*, p. 455.)

[304] *Ibidem*, p. 461.

espaços abertos de verdura e sol passou a ser o primeiro objetivo do bom urbanismo".[305] Os novos padrões higiênicos se constituem em um prelúdio do proposto por Courbusier e ao movimento da época que inspirou a Carta de Atenas.

A questão urbana é tornada consciente, com o advento da modernidade.[306] Passam a serem adotadas análises setoriais. As funções urbanas são definidas. Neste período é que Courbusier redige a "Carta de Atenas" (1933), marco do urbanismo, citado com veemência até hoje. Mas essa preocupação, análise e resultados urbanísticos refletiam as ideias da época: modernismo, cientificidade, monumentalidade, embelezamento, inovações tecnológicas. É também deste período os primeiros apontamentos da corrupção urbanística na forma que conhecemos hoje.

Benévolo[307] trata da história do cenário das cidades. Cita que a arquitetura moderna é a busca de um novo modelo de cidade, alternativo ao tradicional e começa quando artistas e técnicos são chamados a contribuir com a gestão da cidade pós-liberal.[308] Há uma reação contra a "feiúra" que veem à sua volta. São deste período: Matisse, Picasso, Cézane, Van Gogh, Gaughin, Manet, Monet. A difusão do aço permite construir novas estruturas (grandes coberturas sem suportes intermediários), arranha-céus mais altos. A invenção do dínamo (1869) permite utilizar a eletricidade como força motriz e torna possível construir edifícios mais altos. O telefone, a lâmpada elétrica, o elevador, a invenção do motor (1885) permitem usar petróleo para mover carros, navios e depois, aviões. O trânsito intenso, as novas instalações urbanas geram a insuficiência dos espaços públicos, característica da cidade pós-liberal.[309]

As cidades cresceram de uma forma muito veloz. Essas mudanças enfraqueceram as formas de gestão tradicionais e fizeram nascer também, nas camadas inferiores a procura de uma renovação do ambiente construído.[310] É deste período a fuga para a periferia tão bem descrita por Mumford. A análise das funções na cidade moderna foi desenvolvida e há formulações.[311]

---

[305] A necessidade era tão premente que surge a função higiênica. Aqui é cunhada a expressão "pulmões" da cidade, ao se referir a parques, usada até hoje. (MUMFORD, *op. cit.*, p. 514.)

[306] FREITAG, *op. cit.*, p. 75.

[307] BENÉVOLO, *op. cit.*, p. 612.

[308] *Ibidem*, 2003, p. 615.

[309] BENÉVOLO, *op. cit.*, p. 616.

[310] *Ibidem*, p. 616.

[311] Para aprofundar ver: BENÉVOLO, *op. cit.*, p. 630-631.

Benévolo[312] aponta que a arquitetura moderna surgiu com o intuito de superar as discriminações existentes nas cidades pós-liberais e para dar aos cidadãos condições cientificamente estudadas. Dito de outro modo, retomar o comando-controle da política urbanística, perdido no período liberal. Contudo, a cidade pós-liberal ou moderna, que deveria ser regularizada, não esteve e não está disponível para todos, sendo que grande parte da população se aglomera na cidade irregular que reproduz em escala muito maior às mazelas dos estabelecimentos liberais do primeiro período industrial.[313][314]

Durante o período da cidade pós-liberal, também conhecido como modernismo, a urbanização das cidades passou a se intensificar. Fruto da revolução industrial e das inovações tecnológicas, paulatinamente a procura pela cidade aumentou, gerando o fenômeno conhecido como êxodo rural. Todavia, a cientificidade das propostas para as cidades urbanisticamente adequadas foram insuficientes para dar conta da nova realidade que se apresentava, ou seja, o crescimento intenso da área urbana.

Os autores utilizados nessa digressão histórica são clássicos. Não se referem pontualmente ao Brasil, mas às situações, guardados os momentos históricos que não tivemos, tal como a cidade antiga e a clássica medieval, fazem parte de um mesmo processo, só que de forma protraída no tempo.

Sobre o processo de formação da sociedade brasileira temos três obras clássicas que descrevem a relação com Portugal e o legado daí decorrente, as formas que o estamento se manifestou, e ainda se manifesta, na organização e estrutura do Estado brasileiro, de modo umbilicalmente ligado aos "donos do poder", o meio como se mantém, bem como a relação e formas de perpetuação do coronelismo em nossa sociedade. Sérgio Buarque de Holanda em "Raízes do Brasil",

---

[312] *Ibidem*, p. 630.

[313] *Ibidem*, p. 725.

[314] A divisão das duas cidades é produzida por uma política de construção que declara abusivas as moradias e os bairros construídos espontaneamente pelos habitantes, e realiza grande conjuntos de moradias industrializadas de tipo 'moderno' convencional. (...) deste modo renuncia-se ao trabalho espontâneo dos interessados, produz-se moradias caras e em quantidade insuficiente, ao mesmo tempo em que se aceita que as moradias e os bairros espontâneos se tornem incômodos e insalubres até o limite, porque sua existência não é reconhecida oficialmente; depois corrigem as falhas evidentes, neles introduzindo os serviços públicos mais urgentes: os encanamentos da água, as instalações elétricas, as escolas, os postos de polícia, e alguns trechos de ruas para carros, para deixar passar as ambulâncias e as viaturas policiais. (BENÉVOLO, *op. cit.*, p. 725-726.)

[315] Raimundo Faoro [316] no seu "Os Donos do Poder", e, "Coronelismo, Enxada e Voto", de Victor Nunes Leal, [317] descrevem as inter-relações do processo de evolução da sociedade brasileira até a metade do século passado.

Esse processo de evolução se passa nas cidades e a afirmação do estamento e do poder por meio da força se desenvolve em âmbito local. Dallari [318] aponta que, em função desta força local, a 1ª Constituição Brasileira Imperial outorgada em 1824 foi submetida às Câmaras Municipais:

> O Imperador rejeitou o Projeto de Constituição elaborado pela Constituinte e designou um Conselho Especial – que foi a raiz do conselho de Estado – para elaborar um outro projeto. Não quis, ainda o Imperador, pura e simplesmente impor a obediência dos brasileiros à constituição cujo projeto foi elaborado por tal Conselho. O que fez D. Pedro I para legitimar a Constituição foi enviar cópias do Projeto às Câmaras Municipais, para que elas se pronunciassem a respeito. Houve uma série de pronunciamentos favoráveis à Constituição, pedindo-se, mesmo ao Imperador, que não retardasse mais a adoção dela. [319]

A relação umbilical existente entre o poder e as formas de manutenção deste, por meio do direito no processo de formação dos municípios, é um dos motivos pelos quais até hoje, no âmbito das cidades, os sistemas do direito e da política não estão diferenciados, de modo a enxergar a corrupção urbanística. A naturalização de práticas corruptivas, o não enxergar a natureza difusa e não privada de bens coletivos segue sendo uma prática instituinte e arraigada nas cidades brasileiras.

Embora o processo de evolução legislativa no Brasil tenha avançado ao longo dos tempos, ainda carece de muitas descrições.

Para Leal, [320] na primeira metade do século XIX no Brasil, a maioria das cidades permaneceu como pequenos povoados, embora fossem centros de abastecimento de algumas regiões do País. Sustenta

---

[315] HOLANDA, Sérgio Buarque de. *Raízes do Brasil*. São Paulo: Companhia das Letras, 2006.

[316] FAORO, Raimundo. *Os Donos do Poder: formação do patronato político brasileiro*. 3. ed. revis. São Paulo: Globo, 2001.

[317] LEAL, Victor Nunes. *Coronelismo, Enxada e Voto. O município e o regime representativo no Brasil*. 2. ed. São Paulo: Alfa-ômega, 1975, p.

[318] DALLARI, Dalmo de Abreu. Auto-organização do Município. *RDP* 37/38, jan./jun. 1976.

[319] *Ibidem*, p. 297-298.

[320] LEAL, Rogério Gesta. *A Função Social da Propriedade e da Cidade no Brasil*. Porto Alegre: Livraria do Advogado, 1998.

que o aumento da importância das cidades ocorreu no final do século XIX, quando perderam seu aspecto colonial.

No século XX, início da década de 20, é que iniciaram os debates sobre a introdução do urbanismo, com a elaboração do Plano Diretor do Rio de Janeiro na onda higienista, e que resultaram numa série de obras na gestão Pereira Passos. Nas décadas de 30 e 40 surgiu uma nova tendência que reproduziu o que ocorrera na Europa no século anterior: o embelezamento, a monumentalidade e o controle sobre o uso do espaço orientando a intervenção.[321] Surgiram os Planos Diretores do Rio de Janeiro e, posteriormente, de Curitiba e Porto Alegre. Em 1935, no auge do Modernismo no Brasil, ocorreram a Semana de Urbanismo e a instalação do escritório de plano de urbanismo em Salvador. Segundo Leal, a concepção dualista campo-cidade (tradicional X moderno) acontece a partir da década de 50, quando os temas envolvendo a cidade deslocaram-se para a economia.[322]

Os períodos seguintes, em maior ou menor escala, tiveram características desenvolvimentistas inerentes à modernidade. Entre 1940 e 1980 a população brasileira migra do campo para a cidade.

Em meio a este contexto o direito urbanístico brasileiro também desenvolveu sua evolução. Silva[323] aponta que nas Ordenações Filipinas são encontradas normas genéricas sobre estética da cidade, sendo que aos vereadores era atribuído o encargo de dispor sobre imposições urbanísticas.[324] Do período colonial, Silva[325] traz exemplos de Cartas da Capitania de São José do Rio Negro, da Câmara Municipal de Vila Rica (Ouro Preto) e da Câmara de São Paulo, já apontando regras edilícias, como, por exemplo, vedando a construção de casas sem alicerce e sem autorização municipal. Ainda, nas Ordenações Filipinas consta que todas as pessoas que tivessem casa ruinosa, capaz de deformar a cidade ou a vila, e, em caindo causasse dano ao vizinho, procedesse a sua reedificação, sendo até mesmo obrigado a vendê-la para quem

---

[321] Esse movimento é descrito por Benévolo como pós-liberal ou moderno. (BENÉVOLO, *op. cit.*, p. 630.)

[322] BENÉVOLO, *op. cit.*, p. 73.

[323] SILVA, José Afonso da. *Direito Urbanístico Brasileiro*. 2. ed., revista e atualizada. São Paulo: Malheiros Editores, 1995.

[324] "Aos vereadores pertencem ter encargo de todo o regimento da terra e das obras do conselho, e de tudo que puderem saber e entender, porque a terra e os moradores dela possam bem viver, e nisso hão de trabalhar. Nisso estaria a ideia de que as imposições urbanísticas eram de competência das autoridades locais." (*Ibidem*, 1995, p. 44.)

[325] *Ibidem*, 1995, p. 45.

assumisse o encargo de fazê-lo, caso se tratasse de pessoa pobre e sem recurso para cumprir o preceito.[326]

A Constituição Imperial declarou que existiriam Câmaras em cada cidade, atribuindo a estas o governo econômico e municipal. Em razão disso, foi editada a Lei nº 10.1828, que atribuiu aos vereadores poderes para dispor sobre; (a) tratar de bens e obras do Município; (b) governo econômico e policial da terra, (c) repor o antigo estado das servidões e caminhos públicos, não permitindo que os proprietários de prédios usurpassem, tapassem, estreitassem ou mudassem a seu arbítrio estradas, (d) posturas e natureza urbanística, a seguir destacada: alinhamento, limpeza, iluminação e despachamento das ruas, cais e praças; conservação e reparos de muralhas e quaisquer outras construções em benefício comum dos habitantes, ou para decoro e ornamento das povoações; cemitérios; esgotamento de pântanos; estagnação de águas infectas; asseio dos currais e matadouros públicos, curtumes, depósitos de imundices, e tudo que disser respeito à salubridade da atmosfera; edifícios ruinosos, escavações e precipícios nas vizinhanças das povoações; vozerias nas ruas em horas de silêncio, injúrias e obscenidades contra a moral pública; construções, reparo e conservação das estradas, caminhos; plantações de árvores para preservação de seus limites à comodidade dos viajantes e das que forem úteis para a sustentação dos homens e dos animais.[327]

A primeira lei de desapropriação remonta a 1826 e autorizava a desapropriação por utilidade pública para execução de obras de comodidade geral e decoração pública. Posteriormente sobrevieram outras leis de desapropriação para abertura de vias, praças, decorações, aquedutos canais, pontes e logradouros públicos (1836). Em 1945, foi publicada a nova lei de desapropriação, permitindo a utilização do instituto para a fundação de povoações, e, em 1855, para construção da estrada de ferro. Na República as desapropriações foram vinculadas a um plano de obras.

O Decreto-lei 58, de 10 de dezembro de 1937, foi o primeiro diploma legal a tratar do parcelamento do solo no Brasil. Editado em pleno Estado Novo, teve por objetivo maior uma espécie de proteção daquele que adquiria o terreno, por isso regrou as transações imobiliárias. Não foi uma legislação urbanística, no sentido de tratar o parcelamento do solo como função pública.

---

[326] SILVA, *op. cit.*, 1995, p. 45.

[327] *Ibidem*, p. 46.

Na década de 60 foi editada a Lei nº 4.380/64, que criou o Banco Nacional de Habitação (BNH). Disso decorreu uma tentativa de implantar uma política urbana no país que restou fracassada. Sob o financiamento do BNH foram construídas cidades inteiras, porém sem isso significar uma política urbana inclusiva. O BNH financiou casas de veraneio, subsidiou mansões e nos locais vulneráveis não incidiu de forma suficiente.[328]

Já, em 1967, sobreveio o Decreto-lei 271, de 28 de fevereiro, que dispôs sobre o loteamento urbano, estabelecendo a possibilidade dos municípios apontarem algumas exigências de acordo com a realidade local, bem como apontando a hipótese de recusa na aprovação de loteamentos. Veja-se que à época o país vivia a ditadura militar, grande parte dos municípios estava sob intervenção federal [329] e não detinham competência constitucional para legislar sobre a matéria, na forma que passaram a ter após a Constituição de 1988. De qualquer sorte, o advento deste Decreto-Lei – à exceção da hipótese de concessão de uso que foi utilizada por muito tempo – não trouxe grandes inovações e não foi o que se denomina uma legislação urbanística.

O advento da Lei Federal nº 6.766, de 19 de dezembro de 1979, foi um marco no direito urbanístico brasileiro.[330] Foi incorporado o princípio do concurso voluntário, [331] o parcelamento do solo passou a exercer uma função pública subsidiária, houve uma articulação entre a lei urbanística e os registros públicos, regrou contratos, normas de salubridade para ocupação dos espaços urbanos, obrigou a realização da infraestrutura no imóvel, introduziu dispositivos penais, visando

---

[328] Dourados no Mato Grosso do Sul é exemplo de cidade construída com recursos do BNH. Foi planejada e possui o Plano 1, o Plano 2, o Plano 3 e o Plano 4, todos financiados pelo BNH quase de forma subsidiada. A infraestrutura decresce de acordo com o plano em que a pessoa reside. E, no plano 4, onde vive a mão de obra assalariada da cidade é o local com maior carência, sendo que as ruas têm pouca fluidez, há falta de espaços públicos e o esgotamento pluvial é precário. Dados empíricos. A signatária residiu lá em 1997 e observou a dinâmica da cidade.

[329] Não havia eleições nas áreas de segurança nacional, nas cidades com bases militares, na fronteira e em todas as capitais.

[330] Nesse sentido, Fernandes, a saber: "De especial importância para o avanço da legislação urbanística foi a aprovação da Lei Federal n. 6766 de 1979, que dispõe sobre o parcelamento (loteamento e desmembramento) do solo urbano, a qual constituiu um notável avanço em relação ao Decreto-lei nº 58 de 1937 que vigorou até então sobre a matéria e que não dispunha de instrumentos urbanísticos adequados". Estado de Direito Ambiental: tendências. (FERNANDES, Edesio. *Direito do Urbanismo: entre a "cidade legal" e a "cidade ilegal". In: FERNANDES, Fernandes (org.) Direito Urbanístico.* Belo Horizonte: Del Rey, 2000.)

[331] Art. 22. Desde a data de registro do loteamento, passam a integrar o domínio do Município as vias e praças, os espaços livres e as áreas destinadas a edifícios públicos e outros equipamentos urbanos, constantes do projeto e do memorial descritivo.

à coibição da irregularidade. Em que pese ter sido uma importante lei urbanística, o tratamento dado às cidades, a exclusão e a segregação social não terem sido objeto de preocupação das políticas públicas, mesmo nas cidades planejadas, estas foram construídas sem espaço adequado para população de baixa renda. A falta de financiamento público para habitação popular, entre outros aspectos, gerou a enorme irregularidade urbana hoje existente em nosso país. Tem-se, atualmente, um enorme passivo ambiental nas cidades brasileiras decorrente da falta de habitação popular adequada à baixa renda, implicando a ocupação de áreas inadequadas à moradia (áreas de risco), na utilização das áreas ambientalmente sensíveis e cuja legislação ambiental não permite utilização.

Saulle Jr.[332] descreve que, a partir dos anos 70, a institucionalização do planejamento se disseminou nas administrações municipais por intermédio das Leis Orgânicas dos Municípios, neste período elaboradas pelos Estados.[333][334] À época, vivíamos no Brasil um período de ditadura política, centralizadora de recursos, de decisões políticas e de falta de autonomia de Estados e Municípios. Saulle Jr. aponta: "o plano diretor de desenvolvimento integrado foi uma exigência imposta pelos Estados aos Municípios para obtenção de auxílio financeiro e transferência de recursos." O resultado dessa política centralizadora, que não dialogava com os efetivos problemas locais, foi um planejamento tecnocrático, de "escritório". Foi nesse período que, não obstante os Planos Diretores de Desenvolvimento Integrado (PDDIs), ocorreu a maior intensificação das favelas, cortiços e loteamentos clandestinos. Evidentemente não se está imputando a proliferação de favelas, cortiços e loteamentos clandestinos aos PDDIs, o que seria um reducionismo da questão. O modelo centralizador das decisões, o milagre brasileiro vivenciado no período, que incentivavam a vinda para cidade, a falta

---

[332] SAULE JR., Nelson. *Novas Perspectivas do Direito Urbanístico Brasileiro. Ordenamento Constitucional da Política Urbana. Aplicação e eficácia do Plano Diretor.* Porto Alegre: Sérgio Fabris Editor, 1997.

[333] O autor cita que: as Leis Orgânicas dos Municípios do Estado de São Paulo, Santa Catarina, Rio Grande do Norte, Pará, Mato Grosso, Alagoas, Ceará, adotaram o plano diretor de desenvolvimento integrado como instrumento de planejamento e, nas demais Leis Orgânicas, apesar de não mencionarem de forma expressa o plano diretor, os municípios dos Estados de Minas Gerais, Rio de Janeiro, Paraná, Goiás, Bahia, Pernambuco, Sergipe, Rondônia eram obrigados a elaborar planos de desenvolvimento. A fonte utilizada por Saulle Jr. é uma publicação do Senado Federal, Subsecretaria de Edições Técnicas, 1987, denominada Leis Orgânicas dos Municípios vol. 1, 2 e 3.

[334] Rio Grande do Sul e Bahia foram exceções. As Leis Orgânicas Municipais não eram elaboradas pelos Estados, cabendo a cada município a sua elaboração.

de financiamento de políticas urbanas e agrárias, entre outros aspectos são elementos de um conjunto de medidas que compunha o modelo de Estado daquele período. Os PDDIs fizeram parte da difusão desse modelo no âmbito das cidades. Para Silva, o fato de um conjunto de leis federais ter condicionado a obtenção de verbas ou a celebração de convênios, a existência de tal plano acabou gerando planos elaborados tecnocraticamente, sem correlação com a realidade existente.[335]

Par e passo com o desenvolvimento de legislação, inicia-se a identificação da corrupção urbanística, na forma que hoje a conhecemos. Isso porque a terra passa a ter valor econômico significativo. O que pode e o que não pode ser construído agregam valor a esta mesma terra. Além disso, é deste período o sistema de comando e controle que domina as políticas públicas, estabelecendo padrões a serem cumpridos. A antítese desse padrão – que são necessários – é o não cumprimento destes. E, na complexidade das formas de buscar o não cumprimento destes, desenvolve-se o amplo espectro da corrupção urbanística.

Demais disso, as normas urbanísticas têm por característica histórica estarem sujeitas a decisões casuísticas, seja no seu processo de formação – quando passam a ser normas, no âmbito do executivo ou do Legislativo – seja na execução, momento da aprovação do projeto. Isso porque, de um lado, não desenvolvemos procedimentos de controle e eficiência suficientes no âmbito das exigências urbanísticas e, de outro, o processo de aprovação das leis urbanísticas ainda está muito vinculado às maiorias possíveis na Câmara dos Vereadores e não aos necessários requisitos técnicos mínimos, considerando que o conteúdo afeta todo o sistema da cidade. Ainda há uma ideia de que as limitações urbanísticas e a determinação de função social da propriedade, como exige a Constituição, "atrapalha" a propriedade e afeta o desenvolvimento, como se fossem contrapostas.

A Constituição brasileira de 1988 estabelece um importante marco, ao introduzir um capítulo sobre a Política Urbana, o que desencadeou legislações infraconstitucionais que têm estabelecido tratamento jurídico a questões outrora da política, tema que será desenvolvido no próximo capítulo. Assim, a partir da Constituição de 1988 há uma disciplina constitucional que faz nascer um direito à cidade. Esse direito à cidade produziu um processo de diferenciação funcional que separou a dimensão política da dimensão jurídica, significando que temas tratados no

---

[335] SILVA, José Afonso. Inovações Municipais na Constituição de 1988. *Revista dos Tribunais nº 669*, p. 12, julho de 1991.

sistema anterior como possibilidades passam a ser direitos consagrados e passíveis de serem exigidos. Essa construção jurídica que demonstra o processo de evolução significa uma atribuição de sentido normativo. Significa dizer que o conteúdo produzido é normativo e cogente. O reconhecimento do direito à cidade, nessa perspectiva, é decorrente desse processo evolutivo e só se modificará a partir do próprio direito, ou seja, se o direito se modificar.

Em decorrência, a cidade inserida na Constituição Federal de 1988 acarreta consequências jurídicas. Isso porque a Constituição de 1988 é Constituição Democrática, que tem na dignidade humana o fio condutor e na redução das desigualdades sociais seus objetivos. As cidades como integrantes do contexto federativo e como entes que expressam o esforço do Estado para cumprir com a Constituição têm compromissos com os seguintes aspectos: a) a cidade é um espaço da cidadania; b) expressão do direito à diferença e as políticas públicas precisam ser inclusivas (ex: acessibilidade universal, reconhecimento à mobilidade reduzida que o urbanismo passa a observar); c) função socioambiental; d) funções sociais da cidade, que não se resumem às funções da cidade modernista;[336] e) dimensão de território; f) diálogo com a escassez dos recursos naturais; g) gestão democrática.

Nessa perspectiva é que a estruturação na forma prevista no Brasil transformou em direito situações que no sistema anterior integravam o âmbito da política. Dessa forma, produziu uma diferenciação, distinguindo o que é direito e criando meios para sua garantia. Disso resulta uma série de consequências no âmbito dos municípios, que é o lócus, por excelência, do exercício do direito à cidade.

O paradoxo é que quanto mais se fornecem essas garantias, mais se reforça o âmbito de exclusão, pois surgem outras necessidades. Há uma multiplicação histórica dos novos direitos. No dizer de Bobbio essa multiplicação se deu por três razões: a) aumentou a quantidade de bens considerados merecedores de tutela; b) estendeu-se a titularidade de alguns direitos típicos a sujeitos diversos do homem; c) o homem não é mais visto na especificidade ou na concreticidade de suas diversas maneiras de ser em sociedade, como criança, velho, doente etc.[337]

---

[336] Para cidade modernista as funções da cidade eram: recrear, circular, trabalhar e morar (Carta de Atenas). Os planos diretores físico-territoriais prestigiaram estas funções, mesmo que para criar grandes áreas de lazer e circulação, por exemplo, fizessem profundos aterros. Hoje além destas funções, a cidade da contemporaneidade tem uma série de outras funções, tais como ambiental, saneamento, infraestrutura urbana, serviços, gestão democrática, etc.

[337] BOBBIO, Norberto. *A Era dos Direitos*. Rio de Janeiro: Campus, 1992.

Neste momento, de todo o exposto, importa considerar que as cidades sofreram inúmeras modificações ao longo dos cinco mil anos de existência. E, como organismos vivos que são, permanecem em franco processo de evolução. De diversas maneiras, fica claro que o sucedido nas cidades refletiu o regime político vivenciado no momento histórico respectivo.

As modificações de um período histórico para outro não foram lineares e ocorreram em momentos distintos e simultâneos no mundo. E cada qual no seu sistema evoluiu a partir de operações internas ao seu sistema.

A estruturação de uma sociedade funcionalmente diferenciada, na qual o sistema jurídico tem papel de estabilização e é um sistema fechado, que se modifica a partir dele mesmo e representa uma proteção da sociedade contra ela mesma, ainda não está totalmente diferenciado.

No Brasil, o urbanismo ainda se encontra muito próximo do sistema da política, sujeito às maiorias do momento e sem planejamento a longo prazo, além das leis, em sua grande parte, não exigir estudos técnicos como requisito prévio ao envio ao Legislativo.

No âmbito das aprovações urbanísticas está obsoleto. Não desenvolveu estratégias de estabilização do sistema, não utiliza ferramentas tecnológicas compatíveis com o estágio de evolução da sociedade, na maior parte das cidades é feito por funcionários mal remunerados, que não são estáveis (cargos comissionados), não tendo a função exigida de continuidade do serviço público, está sujeito a uma quantidade de legislações que muitas vezes apresentam incongruências entre si. Disso resulta uma aprovação fragmentada, morosa, impessoal que favorece a corrupção. Assim como as descrições da Itália, do período fascista, ou dos diagnósticos da União Europeia, este cenário favorece, estimula, incentiva e facilita os processos corruptivos.

4.2 A corrupção corrompe a cidade: o ilícito se transforma em lícito

Ao longo deste estudo temos demonstrado que a corrupção se apresenta de diversos modos, em todos os sistemas, tendo variados sentidos. Assim como em nome da europeização dos costumes deu-se a corrupção dos hábitos e da estrutura social indígena, significando a corrosão daquela sociedade, ou o desenvolvimento da sodomia corrompeu os códigos da religião da Idade Média, ou ainda, a corrupção política corroeu os partidos políticos italianos da 1ª República, a corrupção das cidades corroem o próprio sistema da cidade. Mas o que significa a corrupção corromper a cidade? Identificamos três modos. No primeiro, têm-se um núcleo representado pelas formas do ilícito que transformam em lícito no sistema jurídico. Estão neste universo: (a) as alterações legislativas pontuais e específicas, produzidas com interesses de corporações e com uso de meios ilícitos, tais como pagamento de propina para aprovação de projetos de lei; (b) as aprovações de projetos de modo impessoal; (c) o pagamento de suborno para máquina administrativa funcionar a favor daqueles que praticam a corrupção ativa; (d) os "buracos negros" que somente alguns servidores conhecem.

No segundo, tem-se a corrosão da própria cidade, em função da corrosão dos sistemas que nela operam. Conforme examinado no capítulo 3, a sociedade moderna que é funcionalmente diferenciada, exige a separação dos sistemas, dentre os quais o do direito e o da política.

E, no terceiro, estão os temas que não são vistos como corrupção. O espaço que não se vê, porque não foram operadas as diferenciações necessárias, ou dito de outro modo, porque a reiterada generalização esconde as possibilidades de diferenciação. Vamos examinar alguns dos instrumentos urbanísticos que ainda carecem ser enxergados, na perspectiva colocada neste trabalho.

4.3 Ilícito que se transforma em lícito

A descrição do ilícito que se transforma formalmente em lícito se dá de diversos modos, mas guardando uma mesma identidade. Essa identidade objetiva atribuir uma regularidade jurídica ao ato praticado, como se o ato resultante convalidasse todo processo que está eivado de ilícitos. É disso que resulta, por exemplo, aprovações que não observam os requisitos necessários. Terá um ato de aprovação final, porém, o exame do processo percorrido desvelará as obscuridades do transcurso. Ou ainda, aprovações que exigem a juntada de documentos. Estes sendo falsos contaminam a aprovação exarada.

Exemplo disso ocorreu na Inspeção realizada na Secretaria de Urbanismo (SMURB), em Porto Alegre, relatada em item próprio do Capítulo 5. No curso da Inspeção identificaram-se expedientes cujo parecer da Comissão responsável pela aprovação foi substituído para deixar de constar exigência de construção de bacias de contenção, anexação a processo administrativo de licença ambiental falsificada, falsificação de assinaturas de membros de Comissão Municipal de aprovação e de atos de aprovação, além de terceiros ofertando serviços privados para facilitar a aprovação nos órgãos municipais e nos bombeiros.[338][339] Estes terceiros, identificados por meio de interpelação judicial, negaram o vínculo com servidores municipais específicos.[340] Foi possível perceber que a atuação imediata nessas hipóteses desarticula o discurso daqueles que apostam em supostas "verdades sabidas" como meio de reforçar suas propostas ilícitas. A ideia disseminada da possibilidade de corrupção no processo de aprovação urbanística foi facilitadora da venda de um "serviço" que se aproveitava desse contexto. A resposta imediata da administração municipal desarticulou o discurso ao enfrentar a generalização e exigir juridicamente o apontamento dos responsáveis. Problemas de suborno na administração pública foram constatados e resultaram na demissão de nove servidores. Porém, a generalização

---

[338] A Comissão de Inspeção, designada pelo Senhor Prefeito Municipal através da Portaria n. 422, de 22.11.2012, encaminhou à Promotoria de Justiça Especializada Criminal de Porto Alegre 04 Notícias-Crime: 1) PROCESSO/OBJETO: PAs n. 002.324296.00.0 (Avenida Plínio Kroeff, 1435, Porto Seco) e n. 002.275920.00.9.003 (Avenida Assis Brasil, 1100 – Condomínio Landell) – falsificação de assinaturas e de aprovações municipais, bem como a falsificação de licença ambiental; PA n. 001.051938.12.0 – Sindicância/Inquérito, tendo em vista participação do servidor municipal. ENCAMINHAMENTO: Notícia-Crime encaminhada à Promotoria de Justiça Especializada Criminal de Porto Alegre através do Ofício n. 015/2012, recebido em data de 27.12.2012 e complementado em 14.02.2013, através do Ofício n. 32/2013; 2) PROCESSO/OBJETO: falsificação de 03 aprovações de projetos e 01 licença ambiental detectada pela Comissão. a) PA n. 002.269122.00.1 (Travessa Miranda e Castro, 49) aprovação de projeto de um prédio comercial – falsificação de parecer; b) PA n. 002.263773.00.1 (Rua Dona Leopoldina, 247, esquina com a Rua Dom Pedro II, 162) aprovação de pavilhão para comércio – falsificação de parecer; c) PA n. 002.251442.00.7 (Rua Dr. Salvador França, 1241) aprovação de projeto de um pavilhão para lojas – suspeitas de falsificação; d) PA n. 001.002357.13.5 (Avenida Assis Brasil, 7802) indícios de falsificação de Licença de Operação. ENCAMINHAMENTO: Notícia-Crime encaminhada à Promotoria de Justiça Especializada Criminal de Porto Alegre através do Ofício n. 032/2012, recebido em data de 14.02.2013; 3) PROCESSO/OBJETO: surgimento de indício de prática criminosa envolvendo profissional que oferece serviços a bares interditados por meio da Força-tarefa criada pelo Município para averiguar a situação destes em Porto Alegre. Facilitação na liberação de habite-se mediante pagamento. ENCAMINHAMENTO: Notícia-Crime encaminhada à Promotoria de Justiça Especializada Criminal de Porto Alegre em data de 28.02.2013; 4) Notícia-crime dirigida ao Ministério Público Estadual/Promotoria Criminal, indicando fatos e testemunhas ouvidas no âmbito desta Comissão acerca de potenciais ilícitos ocorridos nas Secretarias SMOV e SPM, atualmente setores que integram a SMURB.

[339] Da Inspeção determinada pelo Sr. Prefeito resultou a demissão de 8 servidores municipais em âmbito administrativo, por sugestão da Comissão Processante de Inquérito – CPI, após o devido processo legal, homologada pelo Conselho Municipal de Administração e Pessoal – COMHAP e ratificada pelo Prefeito, autoridade que determina a demissão.

[340] Interpelação Judicial, processo n. 001/1.13.0056333-9, 5ª Vara da Fazenda Pública. (Disponível em: <http://www.tjrs.jus.br>.).

pública da ideia do pagamento de subornos legitimou outros atos externos à administração pública, que demonstraram não ter nexo de causalidade com os atos que os servidores podiam praticar. Aqui, mais uma vez, demonstra-se que as generalizações escondem, encobrem os problemas e as diferenciações os explicitam.

Diante das situações identificadas, a pergunta de um observador poderia ser: será que o empreendedor não sabia disso, eis que se beneficiou do ilícito?

Contudo, a pergunta da observação por nós proposta no âmbito deste trabalho é: como é possível na administração pública, com todos os meios tecnológicos, possibilidades existentes, ainda acontecer situações banais como as desveladas na investigação procedida? Troca de plantas, falsificações de assinaturas grosseiras, licenças ambientais falsificadas.

O investimento na estruturação dos setores estratégicos, a responsabilização das chefias pelo andamento do trabalho, a cobrança de responsabilidades, o desenvolvimento de ferramentas no processo de aprovação de responsabilidade da administração pública, a transparência neste, a adoção de estratégias que diminuam a discricionariedade administrativa, além da identificação e enfrentamento dos "nichos de poder técnico", representados pelo conhecimento de uma pessoa só, são medidas adotadas em outros países para diminuir o risco de corrupção nestas áreas vulneráveis.

Porém, há que se agir. No estágio de diferenciação funcional em que estamos, com o grau de tecnologia e de informação, manter nichos da administração pública com práticas ocultas, com "buracos negros" que poucos conhecem, desestruturados, não parece ser mais admissível.

De outro lado, enxergar que permitir ou se omitir diante de estruturas administrativas sucateadas, que não conseguem minimamente responder a demanda, incentiva a vulnerabilidade e favorece o ambiente para práticas corruptivas.

A leitura atenta da experiência italiana do período fascista permite ver como a deterioração física e de procedimentos da administração pública afeta o âmago do serviço e do servidor público, na forma que veremos no próximo capítulo.

Também se considera ilícito que se transforma em lícito as matérias que são objeto de lei, mas que não guardam exigências de ordem técnica, modificando o regime jurídico de determinada área sob os auspícios de critérios políticos e, muitas vezes, ferindo o princípio da impessoalidade. Publicação de decretos para atender situações específicas, projetos de lei para atender interesses impessoais, são exemplos dessa espécie de prática.

A decisão do STJ, cujo Relator foi o então Ministro Luiz Fux, julgando Recurso Especial em Ação Popular, é exemplo. Nessa ação, o STJ julgou procedente o pedido de não aplicação de lei municipal que alterou zoneamento, por ser lei de efeitos concretos e contrária ao interesse público.[341] Acolheu argumento de que a transformação de loteamento residencial para de uso misto foi unicamente para atender interesses de algumas pessoas, inclusive de vereador do Município, que ali pretendiam construir motéis. Entendeu que a Lei Municipal nº 1.310/97 padece de vícios, uma vez que foi promulgada para atender determinadas pessoas, deixando de estabelecer regras gerais, abstratas e impessoais.

Nos termos do sistema vigente a norma urbanística é daquelas complexas, que exige elementos técnicos aliados à decisão política. Não basta substituir a decisão do Executivo pela do Legislativo e assim obter uma lei formalmente válida, há que ser materialmente válida. Por isso, o percurso da norma desde seu nascedouro integra o conteúdo de legalidade e constitucionalidade desta, não bastando sua aprovação formal. E esta diferenciação precisa ser feita e apontada. E, ainda, esses elementos não podem ser as "verdades de servidores" que justificam as decisões a partir de praxes históricas ou modo de proceder usual. Faz-se necessário transparência nas regras, nos procedimentos para que o processo decisório não seja de surpresas ou de "dificuldades que possam gerar facilidades".

Esse nicho de áreas da administração pública que poucos conhecem e que não se abre para ser conhecida mantém códigos para poucos é daquelas apontadas como vulneráveis à corrupção, na forma apontada pelos relatórios europeus examinados.[342] Compreender e ter consciência dessas possibilidades não significa dizer que a área é corrupta, significa, isto sim, apontar elementos para operar as diferenciações necessárias e, desse modo, possibilitar adotar posturas institucionais que diminuam os riscos das práticas corruptivas.

---

[341] SUPERIOR TRIBUNAL DE JUSTIÇA. Recurso Especial n. 474.475 – SP (2002/0108946-1). Relator Ministro Luiz Fux.

[342] O Capítulo 5 se dedica às descrições relevantes da corrupção urbanística e examinamos normativas da União europeia e descrições de Portugal, Espanha e Itália.

4.4 Corrosão do sistema urbanístico

O sistema do direito representa o espaço de temas protegidos pela sociedade, das mudanças ocasionais e de composição de maiorias características do sistema da política. Todavia, quando o espaço do direito é substituído por decisões da política ou, de outro lado, o espaço do direito rompe com seus códigos e adota decisões, assumindo posturas da política, estamos diante da corrosão, da corrupção dos sistemas. No urbanismo, esse espaço de separação ainda é muito tênue, precisa ser constantemente diferenciado. E também, por outro lado, há a ideia de que o direito pode resolver disputas que são da política. A ideia de que tendo o instrumento previsto na norma estar-se-á garantindo o direito que se quer ver protegido. Todavia, o instrumento por si só não é bom ou ruim. É um instrumento jurídico com regras específicas. A sua utilização depende das condições jurídicas estabelecidas para que ele opere e da respectiva gestão.

Esta ilusão de que a simples existência do instrumento poderia ser substituída por necessárias operações que se dão no espaço da política esteve muito presente na aprovação do Estatuto da Cidade. Era como se a aprovação do Estatuto representasse a garantia de Reforma Urbana. Esse mesmo processo ocorreu posteriormente no âmbito das cidades. E, em determinados momentos, o espaço da lei cedeu espaço para aprovações formais para cumprir ritual, acreditando-se que estava garantido o direito pelo instrumento geral. Todavia, aqui voltamos ao tema da função do direito no sistema jurídico. Não é para o bem ou para o mal. É uma função de limite e de definição. O âmbito da luta pelo reconhecimento ainda é da política.[343]

De outra parte, o sistema jurídico se corrompe quando deixa de observar a proteção construída no seu sistema. Em um sistema complexo, que protege vários direitos, não há escolhas possíveis entre proteger um ou outro direito, em detrimento de outro, pois os direitos coexistem e tem a mesma proteção jurídica.

É como se estivéssemos diante de um cilindro dentro do qual há vários balões. Estes balões representam os direitos hoje protegidos e não podem furar, precisam coexistir, pois a função do cilindro é

---

[343] O livro de Felipe Francisco de Souza "A Batalha pelo Centro de São Paulo: Santa Ifigênia, Concessão Urbanística e Projeto Nova Luz", examinado no próximo capítulo é uma descrição da confusão entre direito e mobilização social (espaço da política), retratada na ótica dos movimentos sociais e da esquerda que esperava que a aprovação do instrumento da concessão urbanística fosse utilizada para uma finalidade que considerava boa. (SOUZA, Felipe Francisco de. *A Batalha pelo Centro de São Paulo: Santa Ifigênia, Concessão Urbanística e Projeto Nova Luz*. 1. ed. São Paulo: Paulo's Editora, 2011.)

garantir a coexistência de todos, sendo uma espécie de proteção contra a corrosão destes.

Meio ambiente, moradia, patrimônio cultural, acessibilidade, mobilidade, propriedade, gestão democrática, saneamento, dentre tantos outros direitos constitucionalmente protegidos precisam coexistir neste cilindro.

Pensemos em exemplos.

Para os movimentos defensores do patrimônio histórico-cultural dificilmente se justifica uma rampa de acesso a um prédio tombado, mas a acessibilidade é um direito protegido. Já, para os militantes da acessibilidade, dificilmente se conformam em entrar por uma entrada lateral, mesmo que o prédio seja tombado. O que fazer? Não é possível buscarmos soluções externas de valor moral (justificativas desta ordem: é melhor mexer com a Igreja do que com os portadores de deficiência ou vice-versa), político (o Prefeito prefere prestigiar a Igreja aos portadores de deficiência, porque são menor quantidade no Município) ou qualquer outro externo ao sistema jurídico. A racionalidade interna ao sistema jurídico é que deve responder. E aí a ponderação pode ser a técnica a ser utilizada.[344] Há outra forma de acessar a igreja, além da porta da frente? Se há, é possível ter rampa e acessibilidade compatível com as regras jurídicas? Se não há, a rampa projetada contempla a finalidade e foi projetada de forma compatível com um bem protegido, tendo o menor impacto? E, ainda, fazer a rampa é indispensável à acessibilidade? As respostas a essas perguntas que atentam ao critério da ponderação decorrem da racionalidade do sistema, mantendo-se no âmbito interno a este, sem buscar argumentos externos de modo a corrompê-lo.

Nessa linha, podemos colacionar inúmeros outros exemplos: moradia x ambiente, propriedade x meio ambiente, acessibilidade x mobilidade, entre outros. A questão central posta está no fato de que o universo de direitos que são protegidos só deixa de ser por meio do próprio direito, e não há escolhas aleatórias de valor moral externas a racionalidade do sistema. No momento em que hipóteses neste âmbito ocorrem estamos diante de um dos casos de corrosão do sistema.

No sistema urbanístico, a corrosão deste significa o não observar o conteúdo interno a ele, as normas produzidas e vigentes, os fundamentos que o fazem sistema.

---

[344] Ponderação como técnica de racionalidade do sistema: a) adequação: o meio escolhido contribui para o resultado pretendido? b) Necessidade: o meio utilizado é o mais idôneo, apontando a menor restrição possível ao direito examinado? c) proporcionalidade em sentido estrito/razoabilidade: a medida restritiva é indispensável para o resultado?

4.5 O valor dos "valores imateriais" nas cidades: Aquilo que nem sempre se vê. A valorização da imaterialidade da cidade e alguns instrumentos urbanísticos

Faz parte das diferenciações necessárias a descrição das operações que precisam ser vistas com os olhos de quem quer enxergar possibilidades de corrupção urbanística. Esse exercício não significa que há corrupção, mas significa que onde há essas práticas reiteradas há, também, um espaço propício e, por isso, deve ser enfrentado.

Nestes termos é que se apontam aqueles casos cujo conhecimento depende apenas de um servidor, as rotinas são restritas ao modo de um setor atuar, posturas usuais, porém não vistas como corrupção, precisam ser enxergadas como áreas vulneráveis às práticas corruptivas. Do mesmo modo, as "dificuldades que podem gerar facilidades", tais como: informações não disponíveis a todos, falta de publicidade e transparência, mudança de rotinas que facilitem o acesso à informação.[345]

De outra quadra, as cidades deste século têm agregado um valor imaterial, integrando o que chamamos "aquilo que não se pode ver se não se operar com diferenciações para permitir ver".

Vivemos um momento em que há uma redefinição do espaço e do lugar das cidades, além do modo de vida nestas. Questões que no passado não eram valoradas economicamente passam a ter valorização. O silêncio, o descanso, os espaços de lazer, a paisagem, a areação, a luminosidade, a paisagem, os recursos ambientais constituem-se exemplos de situações atualmente valorizadas economicamente. Viver em frente a um parque, adquirir um imóvel próximo a espaço de lazer que propicie contato com natureza, espaço para caminhada ou próximo a um *shopping* valoriza e altera o valor do imóvel.

De outra parte o patrimônio imaterial também passa a ter valor econômico e proteção jurídica específica, passando a integrar o sistema jurídico. A Constituição brasileira seguiu a tendência mundial de

---

[345] Neste particular vale registrar a imensa dificuldade enfrentada em Porto Alegre para colocar a DM (declaração municipal das condições de uso do solo) na internet. Havia uma resistência tanto do setor técnico quanto dos interlocutores do setor da construção civil. Os argumentos variavam desde as possíveis imprecisões, o medo da informação não ser completa ou correta em todos os casos, até falta de necessidade, pois para o setor da construção civil o que importa é a estabilidade temporal do documento. Importante destacar que, a nosso ver, as condições de uso do solo decorrentes desta declaração atendem e dialogam com a transparência da informação, ou seja, disponível a todos.

proteção de patrimônio para além das coisas, para os bens intangíveis. A Organização das Nações Unidas para a Educação, a Ciência e a Cultura (UNESCO), em 1972, aprovou a "Convenção sobre a proteção do patrimônio mundial, cultural e natural". Esse tratado visa a promover a identificação, a proteção e a preservação do patrimônio cultural e natural de todo o mundo, considerado especialmente valioso para a humanidade. Como complemento ao Tratado foi aprovada, em 2003, uma nova Convenção, desta vez especificamente sobre o patrimônio cultural imaterial. O patrimônio imaterial é aquele que guarda relação entre a sociedade e a atividade, expressão ou modo de viver a ser protegido. São exemplos de patrimônio imateriais juridicamente protegidos no Brasil o Círio de Nazaré de Belém, no Pará, e o frevo de Olinda, em Pernambuco. Essa proteção tem registro e visa a deixar para as futuras gerações, como legado, a existências dessas formas de expressão. Conhecer o modo de viver e de se expressar de um povo ancestral é conhecer a si mesmo. Muito da história da humanidade foi contada dessa forma, com o cultivo de algumas tradições. A UNESCO define o patrimônio cultural imaterial como aquele que "faz referência às práticas, representações, expressões, aos conhecimentos e ao saber transmitidos de geração em geração no seio de uma comunidade, criados para transformar (...) a interação entre a natureza e a história". Integra o conceito de bens imateriais a serem protegidos: as tradições orais, a língua, as práticas sociais, os rituais (folclore, cantos, jogos), as práticas que resguardam a natureza e o universo de conhecimento, as habilidades artesanais. Com base nesse conceito, a UNESCO já declarou como bens imateriais não só da Itália, mas da humanidade, o teatro de marionetes da Sicilia (2001), o canto de tenores dos pastores do centro da Barbagia (2005), a dieta mediterrânea e a pizza napolitana. Conhecer os bens protegidos e as formas jurídicas que possibilitam sua preservação e continuidade permite às comunidades e à população identificar as expressões, o modo de criar, fazer e viver, as áreas especiais que pelas suas características merecem qualificação jurídica. Um povo que se reconhece, se identifica e mantém a sua especificidade. A democracia permite a proteção dos bens de natureza difusa, que estão acima das pessoas individualmente consideradas, bem como permite externar e proteger a multiculturalidade que caracteriza a formação do nosso povo. Compreender que o nosso tempo valoriza a diferenciação e encontrar possibilidades de enxergar na proteção destes bens uma forma de bem viver, de conviver e de reconhecer o bem viver exige enxergar além do que se vê.

Ainda, as cidades passam a ser um mercado consumidor importante. Os serviços precisam ser prestados localmente, pois é onde se situa o mercado consumidor, onde tudo ocorre. Assim, redes de serviços precisam ser implantadas, a interação destes serviços com a cidade e os cidadãos, ocorrendo inclusive que grandes empresas utilizam em seu marketing a proximidade com as pessoas e os valores da cidade. Todos esses aspectos contribuem para gerar uma identidade da cidade. De outra parte, o regime urbanístico das cidades tem valor econômico. Permitir construir 05, 10 ou 20 andares faz muita diferença. Atribuir regime urbanístico a áreas que não o tinham, permitindo a sua utilização com potencial econômico, também faz muita diferença. Os franceses compreenderam isso desde o início do século passado. Lá não há um direito originário de construir e o instrumento do solo criado,[346] que separa o direito de propriedade do direito de construir e de cuja concepção origina-se a outorga onerosa e a transferência de potencial construtivo, nasce inspirado nesta concepção. Dessa forma, compreendendo que a cidade é um mercado e que precisa ser regulada, o Município deve controlar o regime urbanístico, de modo a valorizá-lo.

É urbanística e juridicamente equivocada a concepção de que não tem custo para cidade a adoção de regime urbanístico maior, pois este tem valor de mercado. Mudar uso sem contrapartida, permitir construção maior sem contrapartida, são exemplos da falta de compreensão do que estes instrumentos urbanísticos significam. Muitas cidades já compreenderam esse fenômeno e trabalham com esta variável. Todavia, esta variável precisa ser diferenciada e integrar o conteúdo da legislação urbanística da cidade. Compreender que a cidade não é abstração, tem conteúdo, funciona como um sistema e que os instrumentos urbanísticos integram este sistema é fundamental para não permitir que, simplesmente, toleremos aumento de altura, alteração de regime ou de uso como se fosse direito individual, ou, utilizado de forma destacada do planejamento da cidade, em detrimento do caráter difuso desta.

---

[346] O solo criado é o resultado da criação de áreas adicionais utilizáveis, não apoiadas diretamente sobre o solo natural. (GRAU, Eros Roberto. *Direito Urbano: Regiões Metropolitanas, Solo Criado, Zoneamento e Controle Ambiental, Projeto de Lei de Desenvolvimento Urbano*. São Paulo: Editora Revista dos Tribunais, 1983.)
"O solo criado será sempre um acréscimo ao direito de construir, além do coeficiente básico de aproveitamento estabelecido pela lei. Acima deste coeficiente, até o limite que as normas edilícias admitirem, o proprietário não terá o direito originário de construir, mas poderá adquiri-lo do Município." (MEIRELLES, Hely Lopes. *Direito de Construir*. 7. Ed. atualizada por Eurico de Andrade Azevedo. São Paulo: Malheiros Editores, 1996.)

4.6 Compreendendo a extensão do solo criado, das operações concertadas, das contrapartidas, da alteração de uso de solo e das parcerias público-privadas nas cidades – enxergando o valor econômico e as decorrências jurídicas que não se vê: um diálogo com o sistema das cidades

Exercitando o enxergar as possibilidades a partir das diferenciações, abordaremos quatro instrumentos previstos no Estatuto da Cidade e as parcerias público-privadas, procurando identificar seu conteúdo, alcance, função e previsão jurídica. Em nosso entendimento esses instrumentos urbanísticos estão dentre aqueles, em face da sua pouca transparência e publicidade nas administrações municipais, bem como falta de compreensão da sua função como integrante do sistema jurídico, tornando possíveis situações que o direito não prevê, deixando de observar exigências que não poderiam ser descumpridas e criando possibilidades de aparente legalidade, são suscetíveis e estão no rol de vulnerabilidade relativa à corrupção urbanística.

4.6.1 Solo criado (Outorga onerosa do direito de construir e transferência do direito de construir – Instrumentos previstos no Estatuto da Cidade)

A outorga onerosa do direito de construir e a transferência do direito de construir são institutos jurídico-urbanísticos que separam o direito de propriedade do direito de construir. Dito de outra forma, o proprietário do solo não será necessariamente o do subsolo ou do espaço aéreo, o acessório nem sempre segue o principal, em se tratando de utilização da coisa. A Carta de Embu de 1976 definiu as diretrizes para utilização do solo criado no Brasil, somente incorporado a nossa legislação a partir das definições de outorga onerosa do direito de construir e transferência do direito de construir previstos no Estatuto da Cidade. O solo criado é o resultado da criação de áreas adicionais utilizáveis não apoiadas diretamente sobre o solo natural.[347] Segundo Hely Lopes Meirelles,

> [...] o solo criado será sempre um acréscimo ao direito de construir, além do coeficiente básico de aproveitamento estabelecido pela lei.

---

[347] Nesse sentido: GRAU, *op. cit.*, 1983.

Acima deste coeficiente, até o limite que as normas edilícias admitirem, o proprietário não terá o direito originário de construir, mas poderá adquiri-lo do Município.[348]

Essa aquisição do Município se dá de forma onerosa, revertendo recursos para os cofres públicos municipais, que devem ser utilizados na política urbano-ambiental. De outra quadra, toda a noção de solo criado está diretamente vinculada à função social da propriedade urbana, indicando que não há um direito natural de construir e que o exercício do direito de construir depende das regras das cidades. No caso brasileiro, depende da definição prevista pelos Planos Diretores que são os instrumentos jurídicos que definem a função social da propriedade em nosso país, a teor do que dispõe o art. 182 da Constituição Federal. Tanto a outorga onerosa quanto a transferência do direito de construir somente tem sentido se vinculado a uma concepção urbanística.

A outorga onerosa do direito de construir implica a fixação de áreas no Plano Diretor nas quais o direito de construir poderá ser acima do coeficiente de aproveitamento.[349] O coeficiente pode ser único ou diferenciado e há necessidade de monitoramento do adensamento, decorrente da utilização deste instrumento de intervenção urbanística, a teor do que dispõe o §3º, art. 28, do Estatuto da Cidade. Nessas áreas em que podem ser construídos além do coeficiente, os interessados devem adquirir este direito de construir do Município, sendo que os recursos auferidos com essa alienação tem utilização vinculada a finalidades urbanísticas e ambientais.

Já a transferência do direito de construir implica a possibilidade do proprietário exercer o direito de construir em outro local. Depende de lei municipal e está vinculada a finalidade específica. Ainda, pode ocorrer a alienação deste direito mediante escritura pública. Esse instrumento é extremamente relevante e se bem utilizado pode ser implementador de políticas públicas estruturais das cidades. Para ambos os instrumentos de intervenção urbanística, acima elencados, alerta-se que sua utilização precisa refletir uma concepção urbano-ambiental de desenvolvimento da cidade. Utilizá-los de forma pontual e fragmentada é a antítese da sua concepção e pode, no tempo, comprometer sua aplicação, por representar o antiplanejamento. Bairros cujo Plano Diretor indica construções de baixa densidade e altura, por

---

[348] MEIRELLES, *op. cit.*, 1996.

[349] Coeficiente de aproveitamento é a relação entre a área edificável e a área do terreno, nos termos do §1º do art. 28 do Estatuto da Cidade, Lei Federal nº 10.257/2001.

exemplo, não podem se socorrer destes instrumentos para aumentar esses elementos do regime urbanístico. A visão instrumental exige que o instrumento esteja a serviço da concepção de cidade e não a cidade se adeque ao instrumento, não sendo um mecanismo para adequar projetos ao regime urbanístico.

De outra parte, por todo o exposto, também fica claro que o solo criado é patrimônio público municipal. É um recurso extrafiscal que precisa observar o regramento jurídico a respeito do patrimônio público. De consequência, não pode ser gerido com critérios eminentemente de conveniência e oportunidade. Precisa ter valor atribuído, publicizado e controlado pelo gestor público responsável. É um preço público e como tal juridicamente precisa ser tratado. Neste sentido, importante exame sobre o tema, que dá conta da posição jurídica do Município de Porto Alegre no assunto, está descrita no Parecer da Procuradoria-Geral do Município, de lavra da Dra. Andrea Vizzotto, cuja ementa é a que segue:[350]

> Ementa: Outorga onerosa do direito de construir. Atualização do preço público do solo criado não adensável e de pequeno adensamento. Ato negocial, condicionado à infraestrutura e controle do adensamento populacional e habitacional. Atribuição do Conselho Municipal de Desenvolvimento Urbano Ambiental (CMDUA). Natureza das decisões dos conselhos municipais e prerrogativas do gestor público em razão de matéria de ordem técnica.

Este estudo decorreu de impasse entre a Secretaria Municipal da Fazenda (SMF) e a Secretaria Municipal de Urbanismo (SMURB), acerca da necessidade de atualização dos valores do solo criado. A SMURB, em consonância com o Conselho Municipal, apontando um valor alto para os índices decorrente do cálculo da SMF, pretendia não atualizar ditos valores. O argumento utilizado era a recessão no país e os efeitos no mercado imobiliário. Já a SMF sustentava sua posição no cumprimento da legislação regente. O parecer examina com profundidade as hipóteses e salienta o sistema jurídico existente e a falta de discricionariedade da gestão, ou seja, a impossibilidade jurídica de

---

[350] Parecer nº 1191/2015. Preço público de índices construtivos. Necessidade de atualização da tabela de preços públicos como decorrência da sua natureza negocial. Data: 28/05/2015. Relator: Andrea Teichmann Vizzotto. Assunto: Preço público de índices construtivos. Necessidade de atualização da tabela de preços públicos como decorrência da sua natureza negocial. (Disponível em: <http://www2.portoalegre.rs.gov.br/pgm/default.php?reg=981&p_secao=33>.)

aplicar ou não a correção, na medida em que se trata de patrimônio público, sujeito a regras específicas.

Cabe salientar que esse debate se deu no ano de 2015, portanto, bem recente, e é ilustrativo das diferenciações que ainda precisam ser feitas no âmbito do direito e da política em matéria de urbanismo.

Outra situação, também de Porto Alegre, originou o ajuizamento da Adin – Ação Direta de Inconstitucionalidade 70071549513,[351] que arguiu a inconstitucionalidade da Lei Complementar Municipal nº 792/15, que, sem estudos urbanísticos prévios, mudou o regime urbanístico da cidade, permitindo maior densidade e altura, sem cotejar com a infraestrutura existente.

O projeto de lei foi vetado pelo Sr. Prefeito, o veto foi derrubado pelos vereadores e a lei foi promulgada pelo Presidente da Câmara Municipal, sendo, posteriormente, ajuizada ação direta de inconstitucionalidade, por ferir dispositivos da Constituição do Estado do Rio Grande do Sul. Os argumentos elencados na Adin pelo Município apontando as inconstitucionalidades que exigem o afastamento da lei do mundo jurídico, e que embasaram o veto são as seguintes: a) ausência de participação popular para alteração do Plano Diretor; b) supressão de exigência constitucional que qualifica o processo legislativo em matéria urbanística, o qual exige estudos técnicos prévios às proposições, além da participação popular anterior à aprovação de projetos de lei que versem sobre tal conteúdo; e, c) vício de iniciativa por tratar-se de lei que impacta no orçamento municipal. Da mesma forma que os procedimentos das leis que regem a emancipação, fusão e anexação de municípios, as leis urbanísticas e que alteram plano diretor são leis que exigem um procedimento prévio que, se descumprido, geram uma inconstitucionalidade formal por ausência de procedimento constitucionalmente assegurado. No mais, fere a independência entre os Poderes a instituição de norma que impacta diretamente nas finanças públicas, impondo despesas sem previsão na lei orçamentária. Em se tratando de matéria urbanística é preciso respeitar: a gestão democrática da cidade por meio da participação popular na elaboração, aprovação e execução

---

[351] adin. lei complementar municipal que dispõe sobre alterações no plano diretor. ausência de participação popular. É inconstitucional a Lei Complementar n.º 792/2016, do Município de Porto Alegre, porque alterou o Plano Diretor, sem a necessária observância da exigência constitucional de participação popular. Violação aos artigos 5º, parágrafo único; 10; 82, incisos VII e XI; 149, incisos I, II e III, §3º; e 152, §3º, todos da Constituição Estadual. Lições doutrinárias. Precedentes jurisprudenciais. JULGARAM PROCEDENTE. UNÂNIME. ação direta de inconstitucionalidade nº 70071549513. Órgão Especial. Comarca de Porto Alegre. (Nº CNJ: 0365145-61.2016.8.21.7000)

das leis de planejamento e gestão do uso e ocupação do solo urbano; a necessidade de planejamento prévio da ordenação do território; a previsão orçamentária para fazer lastro à infraestrutura e serviços públicos decorrente de adensamento urbano. Especialmente no caso concreto, nenhum dos itens foi observado, aprovando-se alteração de regime urbanístico que modifica, significativamente, o planejamento e a gestão da cidade. Conforme se constata, a Lei atacada altera o regime urbanístico de áreas de revitalização naquilo que diz respeito à densidade bruta, regime de atividade, índice de aproveitamento e regime volumétrico, dando nova configuração urbanística às regiões beneficiadas, sem que se tenha havido o prévio diagnóstico dos efeitos junto à infraestrutura e serviços públicos. Ou seja, operou-se a antítese da ordenação democrática do território da cidade. Tudo isso sem a realização de audiência pública e sem a realização dos indispensáveis estudos de viabilidade técnica e jurídica imprescindíveis à possibilidade de adensamento das áreas. Além disso, de forma demagógica, a lei operou a vinculação dos valores arrecadados com a outorga onerosa do direito de construir para políticas sociais sem qualquer relação com a política urbana. [352] [353]

4.6.2 Operações urbanas concertadas

Na doutrina brasileira a utilização da nomenclatura "Operações Urbanas" foi utilizada para identificar a relação entre Poder Público e iniciativa privada, na qual o segundo aporta contrapartidas em troca possibilidade de um modelo urbanístico mais flexível.[354] Nos relatos de Maricato e Ferreira (2002) utilização de transferência de potencial construtivo,[355] aplicação de medidas mitigadoras e compensatórias no âmbito do licenciamento ambiental[356] e pequenas operações resultantes de acordos formais entre Poder Público e a iniciativa privada, materializados em contratos, que geram recursos diretos e indiretos, a exemplo do que ocorre no Rio de Janeiro, estão englobadas neste conceito.

---

[352] Dados extraídos na petição da Adin, tombada sob nº 70071549.

[353] A liminar foi deferida, pende de decisão de mérito.

[354] Nesse sentido ver experiências com Operações Urbanas relatadas por: MARICATO, Ermínia; FERREIRA, João Sette Whitaker. Operação Urbana Consorciada: diversificação urbanística participativa ou aprofundamento da desigualdade? In: OSORIO, Letícia Marques (org.). *Estatuto da Cidade e Reforma Urbana: Novas Perspectivas para as Cidades Brasileiras*. Porto Alegre: Sérgio Antonio Fabris Editor, 2002, p. 215.

[355] Operação Faria Lima, citada por Maricato e Ferreira.

[356] Relato instalação Shopping Center em Porto Alegre, citado por Maricato e Ferreira.

Ao longo da história urbanística brasileira tivemos, também, as Operações Interligadas de São Paulo, amplamente relatadas na doutrina e que influenciaram a redação do Estatuto da Cidade, hoje em vigor. A Operação Urbana Consorciada regulada no Estatuto da Cidade e que nasceu a partir das experiências existentes tem requisitos próprios, que dão o tom, estabelecem os requisitos, da relação entre o Poder Público e os particulares a ser estabelecida.

Nessa quadra, a partir do advento do Estatuto da Cidade tem-se uma formulação jurídica distinta, com princípios inerentes às Operações Urbanas Consorciadas. Exemplo disso é a destinação dos recursos nas Operações interligadas de São Paulo. Lá, os recursos podiam ser destinados para intervenções fora da área delimitada para a Operação. Aqui, por força do que dispõe o Estatuto da Cidade, não há esta possibilidade. Os recursos devem ser utilizados no âmbito e em benefício da própria Operação. Outro aspecto é a cogência de realização de Estudo de Impacto de Vizinhança (EIV), instrumento que tem por função avaliar a relação da cidade com o empreendimento e do empreendimento com a cidade. Do comando que exige a elaboração prévia de EIV para a Operação Urbana Consorciada, decorre que este estudo deve ser parte integrante do projeto de lei que propõe a Operação Urbana Consorciada. Esta exigência é similar às hipóteses de alienação de bens imóveis que exigem laudo com avaliação prévia do bem. Nesse caso o laudo é um anexo do projeto que lei, cuja inexistência implica a ausência de exame do respectivo projeto, em face da ausência de um pré-requisito deste.

As operações urbanas consorciadas[357] estão definidas como um conjunto de intervenções coordenadas pelo Poder Público, envolvendo

---

[357] Art. 32. Lei municipal específica, baseada no plano diretor, poderá delimitar área para aplicação de operações consorciadas.

§1º Considera-se operação urbana consorciada o conjunto de intervenções e medidas coordenadas pelo Poder Público municipal, com a participação dos proprietários, moradores, usuários permanentes e investidores privados, com o objetivo de alcançar em uma área transformações urbanísticas estruturais, melhorias sociais e a valorização ambiental.

§2º Poderão ser previstas nas operações urbanas consorciadas, entre outras medidas:

I – a modificação de índices e características de parcelamento, uso e ocupação do solo e subsolo, bem como alterações das normas edilícias, considerado o impacto ambiental delas decorrente;

II – a regularização de construções, reformas ou ampliações executadas em desacordo com a legislação vigente.

Art. 33. Da Lei específica que aprovar a operação urbana consorciada constará o plano de operação urbana consorciada, contendo, no mínimo:

I – definição da área a ser atingida;

II – programa básico de ocupação da área;

III – programa de atendimento econômico e social para a população diretamente afetada pela operação;

diversos interessados, visando a melhorias urbanas e valorização ambiental. Para realizar uma operação urbana consorciada, faz-se necessária a aprovação de lei específica, articulada com o plano diretor. São requisitos da lei: a forma de controle da operação partilhado com a sociedade civil e a realização de estudo de impacto de vizinhança, apontando os aspectos positivos e os negativos deles. Pode estar previsto na lei a transferência de potencial construtivo no âmbito da operação, bem como certificados de potencial adicional de construção, que serão alienados em leilão ou utilizados diretamente no pagamento das obras necessárias à própria Operação.[358] Importante destacar que, em se tratando de lei específica, afasta leis de gerais, a exemplo das leis de uso do solo que vigoram nas cidades.[359]

A operação urbana consorciada do Estatuto da Cidade exige participação popular no planejamento, gestão, acompanhamento e avaliação desta, sendo expressão do princípio da democracia participativa na gestão urbano-ambiental.

Para além de um regime urbanístico mais flexível, efetivamente o seu resultado precisa demonstrar as melhorias urbanísticas e ambientais, sob pena de estarem eivadas de ilegalidade. Há, também, neste aspecto, a expressão da corrosão do sistema do urbanismo.

IV – finalidades da operação;

V – estudo prévio de impacto de vizinhança;

VI – contrapartida a ser exigida dos proprietários, usuários permanentes e investidores privados em função da utilização dos benefícios previstos nos incisos I e II do §2º do art. 32 desta Lei;

VII – forma de controle da operação, obrigatoriamente compartilhado com representação da sociedade civil.

§1º Os recursos obtidos pelo Poder Público municipal na forma do inciso VI deste artigo serão aplicados exclusivamente na própria operação urbana consorciada.

§2º A partir da aprovação da lei específica de que trata o *caput*, são nulas as licenças e autorizações a cargo do Poder Público municipal expedidas em desacordo com o plano de operação urbana consorciada.

[358] Art. 34. A lei específica que aprovar a operação urbana consorciada poderá prever a emissão pelo Município de quantidade determinada de certificados de potencial adicional de construção, que serão alienados em leilão ou utilizados diretamente no pagamento das obras necessárias à própria operação.

§1º Os certificados de potencial adicional de construção serão livremente negociados, mas conversíveis em direito de construir unicamente na área objeto da operação.

§2º Apresentado pedido de licença para construir, o certificado de potencial adicional será utilizado no pagamento da área de construção que supere os padrões estabelecidos pela legislação de uso e ocupação do solo, até o limite fixado pela lei específica que aprovar a operação urbana consorciada.

[359] Nesse sentido, CABRAL, Lucíola. Operação Urbana Consorciada: possibilidades e limitações. In: *Revista Magister de Direito Ambiental e Urbanístico*. V. 19 (ago./set. 2008). Porto Alegre: Magister, 2005.

Nesse particular, vale trazer à colação decisão do TJSP acerca de uma das Operações Urbanas do Município que pretendia que o regime urbanístico fosse definido pelo Executivo, em detrimento da previsão legal. O Tribunal de Justiça daquele Estado fulminou as Operações Concertadas pretendidas pelo Município, com base no seguinte argumento da violação ao princípio da delegação de atribuição entre os poderes e na ofensa ao princípio, segundo o qual não é dado ao Poder Executivo, mediante mero ato administrativo alterar índices urbanísticos e características de uso e ocupação do solo, uma vez que, na dicção do art. 181 da Constituição Bandeirante, matéria jaez, além de outras correlatas, devem ser disciplinadas por lei, e apenas por lei. A Lei Municipal declarada inconstitucional por aquele Tribunal (Adin n. 11.773/95) dispunha sobre o Programa Direito à Moradia.[360] Tornava possível a construção de área maior do que a prevista na Lei de Zoneamento em troca de pagamentos feitos pelo particular-interessado, destinando-se este dinheiro para construções populares. O debate judicial iniciou em 1997, e por ter sido concedida a liminar fulminou a lei municipal que autorizava ao Município aplicá-la, e se deu no âmbito dos limites constitucionais à delegação de atribuições.

4.6.3 Contrapartidas

Contrapartida é a denominação atribuída pelo Estatuto da Cidade para estabelecer a valoração de algo antes intangível e que passa a ter valor, na medida em que terá benefício direto ou indireto com a realização da Operação Urbana Consorciada. Não é tributo nem preço público, e também não se confunde com as medidas compensatórias decorrentes do licenciamento ambiental.

Em geral, as contrapartidas se perfectibilizam em obras públicas vinculadas às finalidades da Operação (vias, urbanização de praças, implantação de esgotamento sanitário, estação de tratamento de esgoto etc.), destinação de bens imóveis no âmbito da Operação Urbana para cumprir com as finalidades desta (criação de unidade de conservação), destinação de habitação de interesse social e oferta de lotes a preço compatível com a renda da demanda habitacional prioritária, ou contrapartida financeira, destinada à conta vinculada à Operação Urbana Consorciada. O importante é que ocorra uma equação

---

[360] Adin n. 45.352.0/7-01 – TJSP – o acórdão do Agravo regimental é bastante elucidativo.

econômico-financeira que demonstre a adequação e a compatibilidade entre o valor auferido com a Operação e a contrapartida ofertada.

O histórico das Operações Urbanas realizadas no Brasil dá conta de uma série de problemas jurídicos relacionados ao valor da operação, da garantia do pagamento deste valor e da destinação adequada desses recursos, abrindo amplo espaço para corrupção urbanística.

As Operações Urbanas só têm validade se cumprirem a lei que dispõe sobre estas, tendo todas as formalizações jurídicas inerentes à espécie. O gestor não tem a liberalidade de "negociar" o regime urbanístico, o contrato das obras, as mais valias. Há relatos, por exemplo, de flexibilização de regime urbanístico, desde que fossem feitas melhorias viárias, mas que no plano dos fatos não se realizaram. Estabelecer o quando, o como, e com qual valor esta pretensa contrapartida fica vazia, inclusive sem possibilidade de ser cobrada pelo Poder Público. Se for melhoria viária, por exemplo, a área na qual a via pública será executada já foi desapropriada? Se não foi, quem pagará pelo valor desta? Em que momento (prazo) deverá ser feita a via e quais as condições (tamanho da caixa, tipo de pavimento etc.).

A contrapartida não pode nem ser vil, nem extorsiva. Precisa ser proporcional, razoável. Além disso, precisa ser certa, líquida e exigível. Para tanto, tem-se usado os Termos de Compromisso, previstos no CPC,[361] que são uma forma de juridicamente atribuir um caráter contratual às parceiras estabelecidas pelo Poder Público com os particulares. Na forma do CPC, esses Termos são título executivo extrajudicial, o que permite a sua execução, na hipótese de descumprimento. As responsabilidades precisam estar claras e definidas nesses Termos, pois as obrigações e os prazos para a sua implementação são requisitos para que possam ser cobrados posteriormente.

Outra possibilidade é utilizar subsidiariamente a Lei Federal nº 11.079/04, que regra as parcerias público-privadas no Brasil, sendo que as Operações Urbanas são uma espécie deste gênero. Aplica-se essa lei naquilo que não for contrário ao que dispõe o Estatuto da Cidade sobre as Operações Urbanas.

É importante, ainda, ter presente que a valorização ambiental e melhorias sociais são elementos intrínsecos à operação, sendo que a inexistência destes gera consequências jurídicas.

---

[361] BRASIL. Lei nº 13.105, de 16 de março de 2015. Código de Processo Civil. Brasília. DOU de 17.3.2015. (Disponível em: <http://www.planalto.gov.br>.)

Ademais, flexibilizar não é desregrar, sendo que no Brasil o poder regulamentar não cria direitos. Regime urbanístico é matéria de lei e não de regulamento, por isso delegações completas na lei são incompatíveis no sistema brasileiro. O Plano da Operação é fundamento desta; não é mera declaração de intenções.

Em resumo, tanto as Operações Urbanas quanto a utilização do solo criado, por meio da outorga onerosa do direito de construir e da transferência do direito de construir tem representado um espaço que propicia a corrupção, tanto no sentido de pagamento de propina que exige posteriormente a lavagem de dinheiro, como foi o caso da Água Espraiada e da construção do Túnel Ayrton Sena, antes descrita, assim como no sentido da corrosão do sistema de urbanismo. Em termos conceituais se equipara aos contratos urbanísticos do direito português, os convênios urbanísticos espanhóis e italiano, citados como instrumentos facilitadores da corrupção nos respectivos países, na medida em que aumentam a discricionariedade administrativa (ver próximo capítulo).

4.6.4 Alteração de uso previsto no Plano Diretor

O Estatuto da Cidade tem como diretrizes a justa distribuição dos benefícios e ônus decorrentes do processo de urbanização[362] e a recuperação dos investimentos do Poder Público de que tenha resultado valorização de imóveis urbanos, tendo em vista a necessidade da construção de uma cidade para todos e com fruição de todos os cidadãos. A essência desses comandos decorre do princípio da equidade.

Na lição de Rosângela Cavalazzi, do princípio da equidade derivam outros dois: 1) a afetação das mais-valias do custo da urbanização; e, 2) a justa distribuição dos benefícios e encargos/ônus decorrentes da atuação urbanística.[363]

Inserido nesse contexto está expressamente previsto o pagamento de contrapartida em decorrência da alteração de uso,[364] tudo com base no Plano Diretor da cidade. Assim, áreas de expansão urbana, por exemplo, para serem transformadas em urbanas devem observar essa

---

[362] Art. 2º inc. IX e inc. XI do Estatuto da Cidade.

[363] CAVALLAZZI, Rosângela Lunardelli. O Estatuto Epistemológico do Direito Urbanístico Brasileiro: possibilidades e obstáculos na tutela do Direito à Cidade. In: COUTINHO, Ronaldo; BONIZZATO, Luigi, (orgs.) *Direito da Cidade: novas concepções sobre as relações jurídicas no espaço social urbano.* Rio de Janeiro: Lumen Juris, 2007.

[364] Lei Federal nº 10.257/01, art. 29: O plano diretor poderá fixar áreas nas quais poderá ser permitida alteração de uso do solo, mediante contrapartida a ser prestada pelo beneficiário.

contrapartida. Isso porque o regime urbanístico será diferente. Em áreas urbanas há necessidade de serviços públicos com maior intensidade (drenagem, esgoto, via pública), diferente da área de expansão urbana, cuja essência é ser uma transição. O mesmo raciocínio se aplica à mudança de uso da área rural para urbana, da área comercial para industrial, da área que não tem regime urbanístico por ser funcional para área com regime urbanístico. De rural para urbana talvez seja o exemplo mais gritante. O imóvel que tinha valor em hectare passa a ser valorado e vendido em metro quadrado.

Mas, não é diferente a definição de regime urbanístico para área originalmente sem regime e afetada à finalidade específica (ex. estádio de futebol, porto, estaleiro, cemitério, etc.). A indicação de um regime urbanístico agrega valor ao imóvel, porque define o que é possível construir no local.

No planejamento urbano é comum as alterações de uso e a existência de áreas sem regime urbanístico que mudam de finalidade, porque a dinâmica da cidade assim exige ou porque as oportunidades de negócio surgem. A cidade muda, cresce, modifica-se, áreas antes sem valoração econômica passam a ter valoração e ser importantes para o mercado. Por esses motivos o regime urbanístico também deve mudar.

Reconhecendo que a cidade se modifica é que o legislador previu a necessidade de cobrança pela alteração de uso,[365] na medida em que a propriedade, por força de alteração da lei municipal, também muda seu preço, sendo mais valorizada. Nesse sentido, os proprietários beneficiados por alterações de uso e valorização monetária da propriedade por força de alteração da lei municipal devem contribuir, pagar o valor previsto nas respectivas leis municipais, valor este que deve ser revertido para melhoria da infraestrutura, na forma prevista no Estatuto da Cidade, na medida em que é um meio de retroalimentação desta. Exige mais infraestrutura com a mudança de uso, ao mesmo tempo em que prevê formas de pagamento desta, cumprindo, assim a função social da propriedade.[366]

---

[365] Lei Federal nº 10.257/01, art. 30: Lei Municipal específica estabelecerá as condições a serem observadas para a outorga onerosa do direito de construir e de alteração de uso, determinando:
I – a fórmula de cálculo para a cobrança;
II – os casos passíveis de isenção do pagamento da outorga;
III – a contrapartida do beneficiário.

[366] Uma das primeiras formas do direito brasileiro que prevê a doação de área privadas para finalidades públicas, exercendo uma função pública subsidiária, é na lei de loteamentos de 1979, que previa doação de áreas públicas para equipamentos, vias e áreas de uso comum do povo. 35% da superfície da gleba devia ser destinada a estas qualificações, sendo 20% para

Este instrumento concretiza o princípio da justa distribuição dos benefícios e ônus decorrentes do processo de urbanização[367] e não é liberalidade do gestor, é, isto sim, uma obrigatoriedade decorrente do sistema jurídico.

4.6.5 Parcerias Público-Privadas – PPPs

A crise do Estado nos anos 90 levou a modificação do modelo de gestão estatal concentrado, gerando diversas formas de participação social de outros setores nas tarefas públicas.

Sem entrar no mérito do que isso tem significado para o Estado brasileiro, tem-se que as parceiras público-privadas, em sentido amplo, representam a forma jurídica dessa participação.

Sundfeld[368] alerta que há uma base legal múltipla destas denominadas parceiras público-privadas, sendo a lei de concessão a mais conhecida delas. No âmbito urbanístico a expressão das parceiras são os instrumentos acima examinados.

O mesmo autor cita que o que conhecemos por lei das PPPs não é uma lei geral de parceiras, mas uma lei que regula duas espécies: a concessão patrocinada e a concessão administrativa, que não estavam reguladas na lei de concessão. E define:

> Em sentido amplo, PPPs são os múltiplos vínculos negociais de trato continuados estabelecidos entre a Administração Pública e particular para viabilizar o desenvolvimento, sob a responsabilidade destes, de atividades com algum coeficiente de interesse geral (concessões comuns, patrocinadas e administrativas; concessões e ajustes setoriais; contratos de gestão com OSs; termos de parcerias com OSCIPs; etc.). Seu regime jurídico está disciplinado nas várias leis específicas.

Em sentido estrito, PPPs são os vínculos negociais que adotem a forma de concessão patrocinada e de concessão administrativa, tal qual definidas pela Lei Federal nº 11.079/04. Apenas esses contratos sujeitam-se ao regime criado por essa Lei.

---

vias públicas. Se não fosse esta regra nossas cidades não teriam a malha viária organizada, pois o desenho do loteamento precisa se conectar com o desenho da cidade, especialmente na largura das vias públicas.

[367] Art. 2º, inc. IX do Estatuto da Cidade.

[368] SUNDFELD, Carlos Ari (coord.) *Parceiras Público-Privadas*. 1. ed. 2. Tir. São Paulo: Malheiros, 2007.

Para o fim deste estudo, importa salientar que as PPPs são importantes instrumentos incorporados à legislação brasileira para viabilizar e contratualizar a realização de tarefas públicas, de serviços e obras públicas por particulares. As PPPs adentram no sistema jurídico com regras próprias, sem, contudo, se afastar do sistema. Representam também, um importante instrumento na perspectiva do financiamento das cidades, sem, contudo, implicar completa desoneração do Estado na realização das tarefas públicas, mas parceria, por suas diversas formas, na consecução destas. Para adoção em urbanismo precisa incorporar uma parte técnica, atinente às normas urbanísticas, como pressuposto de sua utilização.

Souza[369] desenvolveu uma detalhada pesquisa sobre o instrumento da concessão urbanística, citada em item anterior, previsto no Plano Diretor de São Paulo e utilizado mediante lei específica na Operação Urbana Santa Ifigênia. Com detalhes de todo processo jurídico e político, sua obra ilustra as preocupações aqui elencadas.

Conforme destacado ao longo deste capítulo, a Constituição de 1988 inaugurou uma disciplina constitucional que faz nascer um direito à cidade. Esse direito à cidade produziu um processo de diferenciação funcional que separou a dimensão política da dimensão jurídica, significando que temas tratados no sistema anterior como possibilidades passam a ser direitos consagrados e passíveis de serem exigidos. No processo de evolução histórica das cidades são conquistas que significam um novo *locus* e exigências das cidades. Essa construção jurídica que demonstra o processo de evolução significa uma atribuição de sentido normativo. Significa dizer que o conteúdo produzido é obrigatório. O reconhecimento do direito à cidade, nessa perspectiva, é decorrente desse processo evolutivo e só se modificará se o direito mudar.

A corrupção urbanística ocorre no âmbito desse direito e se expressa pelas formas de corrosão do próprio sistema, pelas vulnerabilidades apresentadas pelo sistema, pelas formas do ilícito se transformar em lícitos.

O setor urbanístico é apontado como um setor vulnerável e suscetível à corrupção. Um dos motivos é a falta de noção de que a "coisa pública" não pertence ao indivíduo, mas é de titularidade indefinida e está sendo gerida pelo poder público. Isto se dá com os instrumentos

---

[369] SOUZA, Felipe Francisco de. *Um Olhar Crítico sobre a Concessão Urbanística em São Paulo*: Formulação pelo Executivo, Audiências Públicas e Regulamentação pelo Legislativo / Felipe Francisco de Souza. – 2010. 143 f. Orientador: Marta Ferreira Santos Farah. Dissertação (mestrado) – Escola de Administração de Empresas de São Paulo.

urbanísticos examinados neste capítulo, com o patrimônio material e imaterial que guarda esta mesma característica.

A expressão da corrupção urbanística não se trata de atos individuais que podem e devem ser punidos também de modo individualizado. A corrupção urbanística indica a corrosão do próprio sistema. Proceder às diferenciações para estabelecer as diferenças é um primeiro passo para, posteriormente, enxergar as possibilidades e desenvolver as respectivas formas de estabilização do sistema.

A estruturação de uma sociedade funcionalmente diferenciada, na qual o sistema jurídico tem papel de estabilização e é um sistema fechado que se modifica a partir dele mesmo, representando uma proteção da sociedade contra ela mesma, ainda não está totalmente diferenciado. Isso se dá com a separação dos sistemas e o urbanismo ainda se encontra muito próximo do sistema da política, sujeito às maiorias de momento e sem planejamento a longo prazo. As leis urbanísticas, para além do critério da aprovação política, exigem estudos técnicos como requisito prévio ao envio ao Legislativo. De outra parte, no que diz com o processo de aprovação urbanística, o que o caracteriza é sua desatualização, pois não utiliza ferramentas tecnológicas compatíveis com o estágio de evolução da sociedade, na maior parte das cidades é feito por funcionários mal remunerados, que não são estáveis (cargos comissionados), não tendo a função exigida de continuidade do serviço público, está sujeito a uma quantidade de legislações que muitas vezes apresentam incongruências entre si. Disso resulta uma aprovação fragmentada, morosa, impessoal que abre espaço às práticas corruptivas.

CAPÍTULO 5

CORRUPÇÃO URBANÍSTICA
DESCRIÇÕES RELEVANTES

5.1 Corrupção urbanística: Descrições relevantes

A corrupção urbanística foi um dos setores destacados na pesquisa de Cazzola sobre corrupção política, sendo um dos casos de maior incidência. As referências doutrinárias em Melis (1997), Della Porta e Meny (1995) e Cappelletti (2012)[370] também são significativas, demonstrando que houve análise específica desse setor nos países europeus.

No capítulo 1 desta tese já registramos que a corrupção urbanística foi um dos itens destacados por Cazzola no âmbito do que chamou corrupção política na Itália do século XX. Dos dados coletados pelo autor relacionados ao tema, 111 casos cuidam de corrupção edilícia, por abuso ou similar; 63 por empreitadas de obras; 16 em matéria de poluição (falta de intervenção), entre outros.[371] Destaca-se a corrupção urbanística na modalidade de concessão edilícia, ou seja, de direito de construir. O autor apresenta tabelas, a partir do estudo dos dados analisados, que dão conta de que fraudes nas licenças edilícias lideram os casos de corrupção. Outro dado levantado pelo autor é que a incidência dessa espécie de corrupção se deu em todos os partidos políticos, pois ele cotejou os casos e o período de incidência, com o partido político que estava no poder à época respectiva.

Diferente do que ocorre no Brasil onde não encontramos descrições sistematizadas sobre corrupção urbanística, a experiência europeia

---

[370] CAPPELLETTI, Mauro. *La Corruzione nel Governo Del Territorio. Forme, attori e decisione nella gestione occulta del territorio.* Book Sprint Edizioni, finito distampare, maio 2012.

[371] *Ibidem*, p. 63.

dá conta de que este é um tema bastante presente, descrito e, de certo modo, enfrentado.

No Brasil, temos uma espécie de banalização da questão. Para facilitar e agilizar os processos de aprovação há registros de suborno para servidores, objetivando desde a movimentação rápida de expedientes, como a obtenção de despachos específicos, além de uma cultura de não considerar esses subornos como relevantes.

Exemplo registrado e com efeito concreto dessa espécie de prática encontramos na Inspeção realizada na Secretaria do Planejamento Municipal de Porto Alegre em 2012. O Prefeito Municipal de Porto Alegre determinou a realização de uma Inspeção na Secretaria de Urbanismo (SMURB),[372] objetivando a investigação nos processos de aprovação municipal. Deste trabalho resultou a sugestão de uma série de procedimentos de controle, a demissão de oito servidores por meio da apuração da responsabilidade administrativa, auxiliou na especificação dos descaminhos da aprovação administrativa. Em item específico descrevemos esta Inspeção e seus resultados respectivos. Foi uma atuação conjunta entre a Procuradoria-Geral do Município de Porto Alegre e do Ministério Público Estadual, visando à apuração de suborno no processo de aprovação municipal. Além da atuação administrativa que gerou a demissão dos servidores, o Ministério Público os denunciou

---

[372] As inspeções administrativas são instrumentos de controle interno da Administração Pública para verificação da legalidade, legitimidade e, especialmente, o atendimento da finalidade pública. Nesse sentido, o senhor Prefeito Municipal, por meio da Portaria n. 422, de 22-11-2012 designou os servidores para executar inspeção no processo de aprovação urbanística e ambiental do Município de Porto Alegre, nos termos do que segue: DESIGNA Vanêsca Buzelato Prestes, 249832/2, Paulo Ricardo Rama, 381886/1 e Agueda Reny Martins Gonçalves Pahim, 235432/1, todos da Procuradoria-Geral do Município; Izabel Christina Cotta Matte, 292269/3, do Gabinete de Planejamento Estratégico; Maurício Gomes da Cunha, 777990/1, da Secretaria Municipal de Gestão e Acompanhamento Estratégico, para sob a coordenação da primeira, elaborar metodologia, coordenar e executar Inspeção a ser realizada no processo de aprovação urbanística e ambiental do Município de Porto Alegre, especificamente nas Comissões de Aprovação CTAPS, CAUGE, CVEA, CADHAP, na aprovação de edificações na SALP/SMOV e nos temas de atuação municipal que envolvam a recompra, a negociação por índices construtivos e os Termos de Compromisso firmados pelo Município de Porto Alegre decorrentes do processo de aprovação de empreendimentos. DESIGNA, ainda, para serem membros integrantes das inspeções a serem realizadas, os servidores: Andréa Teichmann Vizzotto, 104647/2, Ana Luísa Soares de Carvalho, 310454/1, Claudia de Aguiar Barcellos, 367646/2, Napoleão de Barros Neto, 286580/1, Roberto Silva da Rocha, 935752/2; Luciano Saldanha Varella, 442206/5, todos da Procuradoria-Geral do Município e Cleber Lemos Costa, 210514/2, da Secretaria Municipal da Fazenda. A Inspeção deverá examinar processos aprovados nos últimos 02 (dois) anos pelos respectivos órgãos, cabendo ao Procurador-Geral do Município, João Batista Linck Figueira, designar servidores da Procuradoria-Geral do Município e de outros Órgãos que atuarão nas inspeções específicas. Através da Portaria nº 422 de 22.11.2012.

por diversos crimes e ajuizou ação de improbidade contra servidores, arquitetos e consultores que pagavam a propina.[373]

Também não é incomum a promíscua relação entre profissionais contratados e aqueles que aprovam projetos. Há um nicho de mercado que gira entre profissionais que estão acostumados com o processo de aprovação, que conhecem os atalhos dos percursos e que, inclusive, são sugeridos porque têm este perfil. Falta transparência, procedimentos, uso da tecnologia já disponível, excesso de discricionariedade, todos os elementos que favorecem atos corruptivos.

Relatando o tema na Itália, De Lucia[374] aponta que em matéria urbanística a corrupção, os abusos, o peculato, a concussão, a malversação sempre existiu, assumindo diversas formas e de maneiras mais ou menos densa. Todavia, dedica seu estudo ao que denominou a urbanística dos anos 80, segundo o qual, em seu pensamento e citando Pietro Craveri, sofreu uma crescente degeneração. Para o autor, a filosofia dos anos 80 levou ao que chamou abandono da planificação. É o período que emerge a desregulação e que a planificação é substituída pela contratação. Segundo o autor, a contratação parecia muito moderna, mas, ao invés, permitiu às rendas fundiárias tornarem-se preponderantes sobre o urbanismo. Diz que as contratações urbanísticas se revelaram como mecanismos oficiais de violação de regras e que favoreceram a corrupção, em função da discricionariedade.[375] Indica como desafio da sua geração colocar ordem no território e na cidade, pois o urbanismo se transformou em uma porção da política, em detrimento da atenção com a arquitetura ou com a expressão artística. Para tanto, aponta a necessidade de retornar às regras urbanísticas, acabando com as degenerações ocasionadas nos anos 80 e 90.[376]

Outro autor que descreve a corrupção urbanística na Itália é Brioschi.[377] Ele destaca que ilegalidades corruptivas eram concentradas no setor edilício, entre as licenças, planos de loteamento e mudança de destinação dos imóveis, ocorrendo verdadeiro escambo em troca das aprovações públicas, tanto para empreendedores quanto para particulares:

---

[373] A respeito ver a descrição da Inspeção – item 5.4.3.

[374] DE LUCIA, Vezio. L'Urbanística. In: *Etica Pubblica e Ammistrazione – per una storia della corruzione nell' Italia Contemporanea.*Guido Melis (a cura di). Cuen, 1997, p. 65-73.

[375] *Ibidem*, p. 71.

[376] *Ibidem*, p. 73.

[377] BRIOSCHI, *op. cit.*, 2010, p. 235.

[...] un tempo l'illegalità era concentrata nel settore edilizio, tra licenze, piani di lottizzazione e cambiamenti di destinazione. Poi ha guadagnato terreno: e così sono comparsi il pizzo per esistere (per ottenere certificati di residenza e permessi di soggiorno), il pizzo sulla cittadinanza (per saltare il servizio militare e favorire il voto di scambio), il pizzo per un tetto (in vista dell'assegnazione di case popolari o dell'imminenza di uno sfratto) il pizzo per un titolo (dagli esami di maturità a quelli universitari), il pizzo per lavorare (assunzioni per concorso, autorizzazioni all'esercizio di attività commerciali e licenze per liberi professionisti) il pizzo per sopravvivere (pensioni e farmaci salvavita) e infine il pizzo per riposare in pace (trovare un posto al camposanto è compito sempre più arduo). Si paga per la strada, nei cantieri, negli uffici pubblici e al Ministero, in pieno giorno o a tarda sera.

A primeira fase da corrupção urbanística foi descrita por Brioschi concentrando nas licenças, nos planos de loteamentos e mudanças de uso. Para consegui-los deveria ser pago o suborno aos responsáveis. Posteriormente, o pagamento desta "taxa" avançou para o lote, para a obtenção do habite-se, para ter um endereço para requerer residência e não prestar serviço militar, para autorização de exercício de atividade comercial e licença de atividade profissional liberal, até a morada final, o terreno do cemitério, entre outras atividades da vida civil. Para tudo era necessário subornar.

Da mesma forma, em países cuja incidência de corrupção é menor, o tema do suborno aparece no urbanismo.

A França e a Alemanha são apontadas como países que souberam desenvolver um aparato estatal e uma tradição administrativa capaz de resistir à usurpação e à imprudência. No entanto, este fator, não significa que estão imunes ou não tem corrupção.

Em seu estudo Seibel [378] trata da corrupção da Alemanha. E, segundo o autor, o setor de maior incidência de casos de corrupção é o edilício. Como motivação, aponta dois fatores: a) quantidade de normas legais a serem atendidas e, por consequência, pela imprecisão do que atender; b) pela lentidão no processo administrativo. [379]

Mais recentemente, Razzante [380] aponta que a ligação entre a corrupção e a criminalidade organizada é reconhecível em setores estratégicos e destaca o ambiente e as edificações como um desses

---

[378] SEIBEL, Wolgang. Costruzione dello stato e etica pubblica in Germania. In: DELLA PORTA; MENY, 1995, p. 107.

[379] *Ibidem*, p. 108.

[380] RAZZANTE, *op. cit.*, 2015, p. 06-07.

setores. Diz que no crime ambiental se destacam dois vieses: o primeiro referente ao ciclo do cimento, considerado por ele desde a extração e movimentação da terra, a produção da construção e o abuso edilício em zonas turísticas, urbanas e rurais; o segundo refere-se ao ciclo dos resíduos, referindo as fases de recolhimento, transporte e destino final, destacando o amplo interesse econômico envolvido em ambas as atividades. Acrescenta que na Campania e na Sicília, estas atividades representam umas das principais fontes de renda da criminalidade e tem relação direta com o território, seja pelo perigo que representam ou pelos efeitos ambientais danosos que geram, sobretudo de toxidade, insalubridades conexas ao destino final dos resíduos, originando grandes áreas contaminadas.

Na Itália, além dos estudos já citados, merece destaque a abordagem de Cappeletti[381] que explora a corrupção em forma de planificação, ou seja, de modo institucionalizado, sustentando que o sistema regulatório do urbanismo tem favorecido a corrupção. Em seu estudo examina casos de corrupção no governo do território em cidades italianas, destacando casos do que chamou de passado – Roma, Napoli, Agrigento e Milão – e casos atuais Florença (2008-2010), Giugliano (2009), Castiglion della Pescaia (agosto de 2010), Lignano (setembro de 2007), Napoli (novembro de 2010), e Riano (janeiro de 2010). Sua abordagem explora os problemas inerentes ao sistema urbanístico.

Em Portugal o tema da corrupção urbanística assumiu relevância nos últimos anos, ao ponto de ser introduzido um crime urbanístico na legislação penal. Os estudiosos e militantes do tema, apontam que a bolha imobiliária que aqueceu o mercado da construção civil, ao mesmo tempo criou um mercado de alvarás, a saber:

> De Portugal (...) nas últimas décadas, o caminho mais eficaz para o enriquecimento pessoal tem sido, além da especulação com fogos habitacionais, a apropriação privada de rendas (mais valias) urbanísticas: por isso, quem controla a emissão de alvarás de loteamento controla as fortunas e o destino do país – com efeito, reina sobre os portugueses quem gozar o poder de alterar ou suspender Planos Directores Municipais (PDM), de desafectar terrenos à Reserva Ecológica Nacional (REN) ou à Reserva Agrícola Nacional (RAN), ou de autorizar urbanizações de áreas. Não surpreende que a maioria dos escândalos de corrupção recentes surgidos no nosso país tenham por pano de fundo alterações a planos de ordenamento do território, sempre envolvendo novas permissões para lotear ou urbanizar. A retenção pública das mais valias urbanísticas

---

[381] CAPPELLETTI, *op. cit.*, p. 35.

deveria ser feita interditando-se o loteamento particular de terrenos privados, como é de regra nos países mais desenvolvidos e, diga-se de passagem, se praticou também em Portugal até 1965. Deveria competir unicamente à administração pública adquirir terrenos rústicos a preço rústico, fraccioná-los em lotes edificáveis segundo bons projectos urbanísticos, e oferecê-los em hasta pública. Assim se conseguiria não só criar condições para desenhar novos e bem concebidos bairros sem o sufoco de pressões especulativas, como também se obteria uma concorrência perfeita entre construtores civis ao quebrar-se o controlo dos loteadores privados sob a qualidade da construção. A concretização política destas reformas, aparentemente simples de um ponto de vista técnico, não será fácil. Nas autarquias, nos órgãos de soberania, no tecido empresarial do país, existem inúmeros protagonistas cuja ascensão ao poder tanto político como económico resultou das oportunidades de enriquecimento a expensas de alvarás urbanísticos. Rebentada a bolha imobiliária, a fonte das suas riquezas secou; mas o seu poder político mantém se. Se, durante as décadas de despautério imobiliário não souberam fazer melhor do que promover o caos urbanístico aprovando loteamentos em terrenos de aliados seus, ao mesmo tempo que fechavam os olhos ao endividamento nacional que sustentava as fortunas que criaram a dedo, dificilmente serão eles a encontrar solução para o problema em que a sua ganância nos lançou. Quem sacrificou Portugal à corrupção urbanística não pode salvar o país da miséria que ela trouxe.[382]

Na Espanha, merece destaque o caso da Costa do Sol, conhecido como caso Marbella. Em novembro de 2005 o Juiz Miguel Angel Segura, da "Fiscalía Anticorrupción"[383] deflagrou investigações acerca de concessões de alvarás para construção na denominada Costa do Sol. Ao longo do tempo que se desenvolveram, as investigações promoveram afastamento de Prefeitos, Conselheiros, assessores em Málaga, Madrid, Huelva, Cádiz, Murcia, Granada, Córdoba, Sevilla e Pamplona. A sentença foi proferida em 2012 e na Corte de Cassação, em 2014.

O Parlamento Europeu também tem debatido o tema da corrupção urbanística. Merece destaque sua Resolução de 21 de junho de 2007, que dá conta dos resultados da missão de estudo e de informação sobre as regiões da Andaluzia, de Valência e de Madrid, levada a cabo em nome

---

[382] CORRUPÇÃO EM PORTUGAL. Disponível em: <http://asul. blogspot.com.br/2009/07/corrupcaoemportugal5.html>. Publicada por Ponto Verde à(s) domingo, julho 26, 2009. Acesso em: 4. out. 2016.

[383] Na Espanha são considerados Juízes tanto os membros do Ministério Público quanto do Poder Judiciário na forma que conhecemos no Brasil. O Juiz da Fiscalía é o nosso Ministério Público.

da Comissão das Petições,[384] e se manifesta sobre os casos rumorosos daquele país, que resultaram na prisão de uma série de Prefeitos, além

---

[384] Resolução do Parlamento Europeu, de 21 de junho de 2007, sobre os resultados da missão de estudo e de informação sobre as regiões da Andaluzia, de Valência e de Madrid, levada a cabo em nome da Comissão das Petições Urbanística – LRAU de Valência e respectivas repercussões nos cidadãos europeus[(1)],

A. Considerando o conteúdo e as recomendações do relatório da terceira missão de estudo e de informação a Espanha, aprovado pela Comissão das Petições em 11 de Abril de 2007, que investigou as alegações, contidas num elevado número de petições, relativas à violação do direito legítimo dos cidadãos europeus à sua propriedade e relativas a preocupações circunstanciadas relativamente ao desenvolvimento sustentável, à protecção do ambiente, ao aprovisionamento e à qualidade da água, e aos contratos públicos, preocupações que estão geralmente relacionadas com um controlo insuficiente dos procedimentos de urbanização pelas autoridades regionais e locais;

B. Considerando a sua resolução aprovada em 13 de Dezembro de 2005, sobre as alegações de utilização abusiva da Lei Reguladora da Actividade Urbanística –

C. Considerando que foram assinalados casos de corrupção no âmbito de projectos urbanísticos de grande envergadura que levaram à detenção e condenação de funcionários e de autarcas;

D. Considerando que a Espanha adoptou recentemente um novo quadro legislativo a nível nacional em matéria de lei dos solos, que deverá entrar em vigor no dia 1 de Julho de 2007;

E. Considerando que a Comissão intentou uma acção por incumprimento contra a Espanha pela não aplicação das directivas da União Europeia sobre contratos públicos no âmbito dos programas urbanísticos em Valência;

1. Considera que a obrigação de ceder uma propriedade privada adquirida legalmente sem um processo regular prévio e sem uma indenização adequada, bem como a obrigação de pagar custos arbitrários pelo desenvolvimento de infraestruturas não solicitadas e muitas vezes desnecessárias, constituem uma violação dos direitos fundamentais dos particulares, nos termos da Convenção Europeia de Salvaguarda dos Direitos do Homem e das Liberdades Fundamentais e à luz da jurisprudência do Tribunal Europeu dos Direitos do Homem (ver, por exemplo, o processo Aka contra Turquia[(2)]) e incluídos no Tratado UE;

2. Lamenta profundamente que estas práticas sejam correntes em várias regiões autónomas de Espanha e, em particular, na região de Valência e noutras zonas da costa mediterrânica, mas também, por exemplo, na região de Madrid;

3. Manifesta a sua veemente condenação e rejeição de projectos de urbanização maciça levados a cabo por empresas de construção e por promotores imobiliários que não têm nada a ver com as verdadeiras necessidades das cidades e aldeias afectadas, são insustentáveis do ponto de vista ambiental e têm um impacto nefasto na identidade cultural e histórica das regiões afectadas;

4. Condena a aprovação tácita por algumas câmaras municipais de construções que são posteriormente declaradas ilegais e que, finalmente, levam à destruição ou ameaça de destruição de imóveis comprados de boa-fé por cidadãos europeus através de promotores e agentes imobiliários;

5. Reconhece os esforços da Comissão no sentido de garantir o cumprimento, por parte de Espanha, das directivas sobre contratos públicos, mas considera que a Comissão deveria prestar uma atenção especial aos casos documentados de infracções às directivas relativas ao ambiente, à água e à política de defesa do consumidor;

6. Considera imperativo tomar medidas apropriadas para garantir a adequada aplicação e o correcto cumprimento da Directiva-Quadro relativa à água[(3)] no que respeita aos grandes projectos urbanísticos;

7. Exorta o Conselho, a Comissão e o Estado-Membro em causa a assegurarem a aplicação correcta da legislação comunitária e dos direitos fundamentais, em benefício de todos os cidadãos e residentes da União Europeia;

da derrubada de empreendimentos que foram construídos a partir de autorizações ilícitas e com prática de suborno.

Da Resolução destacam-se três aspectos: a) a veemente condenação e rejeição de projetos de urbanização maciça levados a cabo por empresas de construção e por promotores imobiliários que não têm nada a ver com as verdadeiras necessidades das cidades e aldeias afetadas e são insustentáveis do ponto de vista ambiental, além de ter um impacto nefasto na identidade cultural e histórica das respectivas regiões afetadas; b) o apelo às autoridades regionais para que criem comissões administrativas especiais com a participação de provedores de justiça locais, às quais os serviços independentes de investigação

---

8. Solicita às autoridades espanholas e aos governos regionais, em particular ao Governo da Comunidade de Valência, que têm a obrigação de respeitar e de aplicar as disposições do Tratado UE e a legislação da UE, que reconheçam o direito legítimo dos cidadãos à propriedade adquirida legalmente e que estabeleçam por lei critérios mais precisos para a aplicação do artigo 33º da Constituição Espanhola no que respeita à utilidade pública, a fim de impedir e proibir a violação dos direitos das pessoas à propriedade por decisões das autoridades regionais e locais;

9. Questiona os métodos de selecção dos responsáveis pelo planeamento das cidades e dos promotores imobiliários, assim como os poderes, muitas vezes excessivos, que lhes são conferidos por algumas autoridades locais em detrimento das comunidades locais e dos cidadãos que ali têm as suas casas e as suas propriedades adquiridas legalmente;

10. Insta as autoridades locais a consultar os seus cidadãos e a fazê-los participar em projectos urbanísticos, a fim de promover um desenvolvimento urbanístico viável e sustentável nos locais em que seja necessário, no interesse das comunidades locais e não apenas no interesse dos promotores imobiliários, dos agentes imobiliários e de outras partes interessadas;

11. Condena firmemente a prática encapotada de alguns promotores imobiliários que consiste em destruir sub-repticiamente os direitos legítimos de propriedade de cidadãos europeus interferindo no registo das propriedades, e solicita às autoridades locais competentes que estabeleçam salvaguardas jurídicas adequadas que impeçam esta prática;

12. Apela às autoridades regionais para que criem comissões administrativas especiais em que participem provedores de justiça locais, às quais os serviços independentes de investigação deveriam reportar e que deveriam ter poderes de arbitragem sobre os conflitos relacionados com projectos urbanísticos e serem gratuitas para as pessoas directamente afectadas por projectos urbanísticos, inclusive as que são vítimas de operações imobiliárias ilegais relacionadas com projectos urbanísticos não autorizados;

13. Considera que, nos casos em que seja necessária uma indenização por perda de propriedade, esta deveria ser fixada num nível que esteja de acordo com a jurisprudência do Tribunal de Justiça das Comunidades Europeias e do Tribunal Europeu dos Direitos do Homem;

14. Solicita à Comissão que lance uma campanha de informação dirigida aos cidadãos europeus que compram bens imobiliários num Estado-Membro que não o seu;

15. Encarrega o seu Presidente de transmitir a presente resolução ao Conselho e à Comissão, assim como às autoridades espanholas e aos governos regionais *O Parlamento Europeu,*

– Tendo em conta o artigo 194º do Tratado CE, que garante a qualquer cidadão da União, bem como a qualquer outra pessoa com residência na UE, o direito de apresentar petições,

– Tendo em conta o artigo 6º do Tratado UE, segundo o qual a União respeita os direitos fundamentais tal como os garante a Convenção Europeia de Salvaguarda dos Direitos do Homem e das Liberdades Fundamentais, e deve dotar-se dos meios necessários para atingir os seus objectivos e realizar com êxito as suas políticas,

– Tendo em conta o nº 5 do artigo 108º do seu Regimento, [...]

CORRUPÇÃO URBANÍSTICA – DESCRIÇÕES RELEVANTES | 191

deveriam reportar e que deveriam ter poderes de arbitragem sobre os conflitos relacionados com projetos urbanísticos e serem gratuitas para as pessoas diretamente afetadas por estes projetos, inclusive as que são vítimas de operações imobiliárias ilegais relacionadas com projetos urbanísticos não autorizados; c) a condenação da aprovação tácita por algumas câmaras municipais de construções que são posteriormente declaradas ilegais e que, finalmente, levam à destruição ou ameaça de destruição de imóveis comprados de boa-fé por cidadãos europeus por meio de promotores e agentes imobiliários.

Em todas essas descrições, a corrupção urbanística é apontada nos processos de aprovação edilícia, de ordenamento do solo das cidades, de modificação do uso do solo e de reconstrução do patrimônio histórico, assim como as grandes obras que modificam as cidades contemporâneas. Ditas grandes obras, muitas vezes estão relacionadas a grandes eventos (exposições mundiais, olimpíadas, financiamentos externos), realidade muito próxima da vivenciada recentemente no Brasil.

5.2 O Relatório de Bruxelas das Nações Unidas

No âmbito das Nações Unidas, a partir da adoção dos Tratados Internacionais de Combate à Corrupção descritos no Capítulo 2, são desenvolvidos esforços permanentes para o diagnóstico, prevenção e combate à corrupção. Uma das formas mais utilizadas é a identificação de setores vulneráveis às práticas corruptivas.

Nesse particular, destaca-se o Relatório da Comissão Europeia de Bruxelas, firmado em 3 de fevereiro de 2014, conhecido como "Relatório de Bruxelas". O relatório identifica os setores vulneráveis e cita a área urbanística, como um destes setores, conforme abaixo se verifica:

> Setores vulneráveis selecionados em vários Estados-Membros, a análise pôs em evidência alguns setores que se afiguram particularmente vulneráveis à corrupção e que carecem de respostas direcionadas. O desenvolvimento urbano e a construção são setores em que a vulnerabilidade à corrupção é geralmente elevada em toda a UE. O relatório refere-os como setores especialmente vulneráveis à corrupção nos Estados-Membros em que foram investigados e punidos muitos casos de corrupção nos últimos anos. Em resposta aos riscos existentes nestes setores, um Estado-Membro criou um serviço especializado para combater os crimes no domínio do ambiente e do planejamento urbano, abrangendo uma vasta gama de crimes, incluindo a corrupção. O planejamento ambiental foi referido como um setor vulnerável num Estado-Membro em que a concessão de licenças de construção, em especial de projetos de grande

escala, foi afetada por alegações de corrupção e financiamento ilícito de partidos políticos.[385]

Chama atenção o destaque à incidência disseminada em todos os países da União Europeia. Neste estudo destacamos Portugal, Espanha e Itália. Portugal trilhou o caminho de alterar a legislação criminal, introduzindo um tipo penal para corrupção urbanística; a Espanha segue em processos judiciais de intensa apuração de suborno, ligados a lavagem de dinheiro, relacionados a autorizações de construções na Costa Verde; e a Itália com medidas próprias adotadas no âmbito das municipalidades, bem como com a adoção dos códigos de ética no serviço público.

5.3 As experiências de Portugal, Itália e Espanha a partir dos anos 1990

5.3.1 A identificação da corrupção urbanística em Portugal e o crime urbanístico da Lei Portuguesa

O debate que resultou em novos tipos penais incorporados ao Código Penal Português se deu no âmbito da "Comissão Eventual para o Acompanhamento Político do Fenômeno da Corrupção e para Análise Integrada de Soluções com vista a seu Combate". Essa Comissão, ao longo do ano de 2010, identificou problemas relativos no âmbito da sociedade portuguesa, sugerindo a adoção de medidas em diversos setores, dentre os quais o urbanismo.

Além dos crimes que foram incorporados à legislação penal portuguesa, a Comissão fez uma sistematização do excesso de aprovações necessárias aos empreendimentos, apontando como um dos elementos que favorecem a corrupção.

As alterações da lei portuguesa decorrentes do trabalho efetuado pela "Comissão Eventual para Acompanhamento Político do Fenômeno da Corrupção e para Análise Integrada de Soluções com vista ao seu Combate", daquele país e foram assim resumidas pelo Relatório:[386]

---

[385] RELATÓRIO DA COMISSÃO AO CONSELHO E AO PARLAMENTO EUROPEU – RELATÓRIO ANTICORRUPÇÃO DA UE – COMISSÃO EUROPEIA Bruxelas, 3.2.2014 COM(2014) 38, p. 18. (Disponível em: <http://ec.europa.eu/dgs/home-affairs/e-library/documents/policies/organized-crime-and-human-trafficking/corruption/docs/acr_2014_pt.pdf>. Acesso em: 12 out. 2016.)

[386] Disponível em: <http://www.parlamento.pt>. Acesso em: 15 set. 2016.

CORRUPÇÃO URBANÍSTICA – DESCRIÇÕES RELEVANTES | 193

Foi solicitado ao DIAP de Lisboa que se pronunciasse sobre as alterações introduzidas pela Lei n. 32/2010, de 2 de Setembro, ao Código Penal. A este propósito, foi referido que a mudança no quadro legislativo em matéria de corrupção no sector público é menor do que aparenta ser. No entanto, foi destacada a extrema importância dos designados crimes urbanísticos, quer o de "violação de regras urbanísticas", quer o de "violação de regras urbanísticas por funcionário". Também o Conselho de Prevenção da Corrupção considerou muito oportuno a previsão dos crimes contra o urbanismo, matéria, aliás, identificada nas suas acções, como uma das principais áreas de risco.

Neste domínio, é de referir o significativo contributo da Inspecção-Geral do Ambiente e do Ordenamento do Território – IGAOT, que procedeu ao levantamento das leis e regulamentos aplicáveis em matéria urbanística que permitem preencher o conceito de "normas urbanísticas" e que, consequentemente, possibilitam uma correcta interpretação deste preceito.[387]

Destaca-se ainda a existência de um protocolo de colaboração técnica entre o Ministério do Ambiente, do Ordenamento do Território e do Desenvolvimento Regional e o Ministério Público em matéria de ordenamento do território, celebrado em 2009, que será potenciado com os novos tipos criminais agora introduzidos. Esse protocolo já prevê a comunicação ao Ministério Público de eventuais ilegalidades detectadas no âmbito dos planos municipais de ordenamento do território. É de assinalar que o aprofundamento da prevenção e repressão da criminalidade urbanística poderá ainda se beneficiar de uma adequada articulação entre a IGAOT e a IGAL, bem como do envolvimento da Associação Nacional de Municípios Portugueses, porventura através de protocolo, para assegurar a devida sensibilização e consciencialização junto dos municípios para a criminalização de todos os actos administrativos que envolvam ilícitos urbanísticos. Esse protocolo poderia prever, por exemplo, a realização de uma iniciativa pública sobre esta matéria, com a presença de especialistas e de representantes das autarquias locais.

Essa Comissão para Acompanhamento da Corrupção em Portugal[388] decorre do Tratado Internacional da OCDE firmado por aquele país. Há um acompanhamento permanente, com diagnósticos,

---

[387] A lista completa consta no Anexo II.

[388] Seminário/Acção de Formação dedicado aos temas: I – "Urbanismo – regime jurídico de urbanização e edificação, na vertente dos ilícitos criminais"; II – "Urbanismo – regime jurídico dos instrumentos de gestão territorial, na vertente dos ilícitos de natureza administrativa", organizada pela IGAL em colaboração com o Ministério Público, 29 e 30 de Novembro de 2010.

seminários e sugestões de problemas a serem enfrentados. Dito de outro modo, há o mapeamento das funções de risco.

Da análise da Comissão, destaca-se o Anexo II do Relatório,[389] no qual está citada a quantidade de legislações que devem ser observadas

---

[389] ANEXO II
Mapeamento da legislação contendo as normas urbanísticas e respectivas entidades competentes em matéria de fiscalização
Decreto-Lei n. 166/2008, de 22 de Agosto (rectificado pela Declaração de Rectificação n. 63-B/2008, de 21 de Outubro) revogou o Decreto-Lei n. 93/90,de 19 de Março
Entidades responsáveis pela fiscalização – Artigo 36.
Comissões de Coordenação e Desenvolvimento Regional (CCDR)
Administrações das Regiões Hidrográficas (ARH)
Municípios
Outras entidades competentes em razão da matéria ou da área de jurisdição
A verificação assume ainda a forma de inspecção a efectuar pela Inspecção-Geral do Ambiente e do Ordenamento do Território. Este diploma foi regulamentado pelas seguintes portarias:
Portaria n. 1356/2008, de 28 de Novembro – Estabelece as condições e a viabilização dos usos e acções referidas nos n. 2 e 3 do artigo 20º do Decreto-Lei n. 166/2008, de 22 de Agosto.
Portaria n. 1247/2008, de 4 de Novembro – Fixa o montante das taxas de apreciação dos pedidos de autorização e da comunicação prévia a cobrar pelas comissões de coordenação e desenvolvimento regional – CCDR.
Decreto-Lei n. 73/2009, de 31 de Março – Revogou o Decreto-Lei n. 196/89, de 14 de Junho
Entidades responsáveis pela fiscalização – Artigo 40º
Direcção Regional de Agricultura e Pescas (DRAP)
Municípios
Decreto-Lei n. 555/99, de 16 de Dezembro, republicado pela Lei n. 60/2007, de 4 de Setembro, e alterado pelo Decreto-Lei n. 26/2010, de 30 de Março
Entidades responsáveis pela fiscalização – Artigo 93º e 94º
Presidente da Câmara Municipal com faculdade de delegação nos vereadores
A inspecção de obras pode ainda ser efectuada, através de contrato, com empresas privadas (n. 5 do artigo 94º)
Decreto-Lei n. 380/99, de 22 de Setembro, republicado pelo Decreto-Lei n. 46/2009, de 20 de Fevereiro
Planos Especiais de Ordenamento do Território (PEOT)
Plano de Ordenamento das Áreas Protegidas (POAP)
Plano de Ordenamento de Albufeiras de Águas Públicas (POAAP)
Plano de Ordenamento da Orla Costeira (POOC)
Decreto-Lei n. 142/2008, de 24 de Julho – Revogou os Decretos-Leis n. 264/79, de 1 de Agosto, e 19/93, de 23 de Janeiro
Entidades responsáveis pela fiscalização – Artigo 40.
Instituto da Conservação da Natureza e Biodiversidade (ICNB), através do Serviço de Vigilantes da Natureza
Guarda Nacional Republicana (GNR), especialmente através do Serviço de Protecção da Natureza e do Ambiente (SEPNA)
Autoridades policiais
Municípios
Autoridades marítimas
Autoridades portuárias
A verificação sob a forma de inspecção compete à Inspecção-Geral do Ambiente e do Ordenamento do Território – IGAOT
Decreto-Lei n. 107/2009, de 15 de Maio
Revogou o Decreto-Lei n.º 502/71, de 18 de Novembro
Entidades responsáveis pela fiscalização – Artigo 30.
Administrações de Regiões Hidrográficas (ARH)

para aprovação de um projeto urbanístico, bem como de autoridades que devem se manifestar. Essa pulverização é um dos fatores apontados como meio de facilitação da corrupção, na forma que o relatório já havia apontado.[390]

No âmbito penal foi aprovada a Lei nº 32/2010 que alterou o Código Penal português e criou dois novos crimes, a "violação de regras urbanísticas"[391] e o crime próprio "violação de regras urbanísticas por funcionários".[392] Além destes, foi alterada a Lei nº 41/2010 que trata de crimes de titulares da gestão pública, acrescentando um crime específico, aplicável aos respectivos titulares, denominado "violação de regras urbanísticas".[393]

Conforme Lopes,[394] ao criar o crime violação de regras urbanísticas, no Título IV do Código Penal, crimes contra a vida em sociedade e como perigo comum, tutelou a defesa do território, a saber:

Municípios
Autoridades policiais
A verificação sob a forma de inspecção compete à Inspecção-Geral do Ambiente e do Ordenamento do Território – IGAOT 83
Este diploma foi regulamentado pelas seguintes portarias:
Portaria n. 522/2009, de 15 de Maio
Portaria n. 1021/2009, de 10 de Setembro
Portaria n. 91/2010, de 11 de Fevereiro
Portaria n. 498/2010, de 14 de Julho
Portaria n. 539/2010, de 20 de Julho
Portaria n. 962/2010, de 23 de Setembro
Decreto-Lei n. 309/93, de 2 de Setembro, alterado pelos Decretos-Leis n. 218/94, de 20 de Agosto, 151/95, de 24 de Junho, 113/97, de 10 de Maio, e 96/2010, de 30 de Julho
Entidades responsáveis pela fiscalização – Artigo 13º
Autoridade Marítima
INAG
Autarquias locais
Guarda Nacional Republicana (GNR)
Demais autoridades policiais
Despacho Interno MAOTDR n. 11/2009, de 9 de Outubro – Administrações de Regiões Hidrográficas (ARH), INAG, Capitania do Porto.

[390] RELATORIO AUKEN, PARLAMENTO EUROPEU. Disponível em: <http://www.europarl.europa.eu/sides/getDoc.do?type=REPORT&reference=A6-2009-0082&format=XML&language=PT>. Acesso em: 11 out. 2015.

[391] Art. 278º – A – Código Penal Português, alterado pela Lei n. 32/2010, de 02 de setembro de 2010.

[392] Art. 382º – A Código Penal Português, alterado pela Lei n. 32/2010, de 02 de setembro de 2010.

[393] Não é nosso objetivo debater o tipo penal, para aprofundar consultar: DIAS, Maria do Carmo. Breves Notas sobre os Crimes previstos nos artigos 278º-A e 382º-A do Código Penal. *Boletim de Informação e Debate*, ASJP, VI Série, n. 5, Janeiro, 2011, p. 421.

[394] LOPES, Jose Mouraz. *O Espectro da Corrupção*. Coimbra: Almedina, 2011, p. 62.

A estrutura típica do crime e a sua inserção sistemática permitem a conclusão de que o bem jurídico tutelado é a defesa do ordenamento do território, nomeadamente a utilização dos recursos do solo como elemento ambiental de modo a atingir altos níveis de qualidade de vida e respeito do habitat humano, numa perspectiva de um desenvolvimento social sustentado.

Ainda, destaca Lopes, o segundo crime – violação de regras urbanísticas por funcionários – inserido nos crimes de abuso de autoridade, trata-se de um crime cujo bem tutelado é a integridade no exercício das funções públicas.[395]

Em Portugal, portanto, a corrupção urbanística tem se destacado como um dos setores de grande incidência e vulnerabilidade, tendo sido definidas atuações tanto preventivas, a partir das indicações do GRECO[396] daquele país, assim como tipificando condutas na lei penal regente.

5.3.2 Corrupção urbanística na Espanha

O noticiário da Espanha do início dos anos 2000 esteve recheado de uma série de denúncias de corrupção urbanística. O jornal El País disponibiliza em seu acervo *online* as matérias do período, dando conta da intensa investigação, medidas judiciais decorrentes e efeitos produzidos.[397] [398] [399] Destaca-se o resumo dos casos que integraram a Operação Malaya, que investigou a corrupção em Marbella e outras localidades da Costa do Sol.[400]

A corrupção urbanística na Espanha não é nova, porém, tal qual ocorreu em Portugal, houve intensificação atribuída à "bolha imobiliária", que aumentou os negócios nesta área, as competências municipais em matéria urbanística que atribui ao Chefe Executivo Municipal certa liberalidade em autorizar empreendimentos (utiliza, para tanto, o

---

[395] LOPES, *op. cit.*, p. 63.

[396] GRECO – groupe fstates against corruption, ou grupo de estudos contra a corrupção formado pelo Conselho da Europa, decorrente do Tratado Internacional de combate à corrupção da União Europeia (ver Capítulo II).

[397] Disponível em: <http://elpais.com/tag/corrupcion_urbanistica/a>. Acesso em 11 out. 2016.

[398] Disponível em: <http://www.elmundo.es/especiales/2006/11/espana/corrupcion_urbanistica/sospechosos.html>. Acesso em: 11 out. 2016.

[399] Disponível em: <http://www.rtve.es/temas/corrupcion-urbanistica/6210/>. Acesso em: 11 out. 2016.

[400] Disponível em: <http://www.abc.es/hemeroteca/historico-06-11-2006/Nacional/el-mapa-de-la-corrupcion-urbanistica-en-espa%F1a_1524119294984.html>. Acesso em: 11 out. 2016.

convênio urbanístico), a legislação complexa, o instrumento do convênio urbanístico, a discricionariedade da decisão e a grande quantidade de recursos envolvidos.[401]

> La corrupción urbanística en España no es nueva, pero durante la primera década de este siglo confluyeron una serie de factores que desencadenaron un aumento considerable de su incidencia, tales como la burbuja inmobiliaria, las competencias municipales en materia urbanística, la legislación compleja, la figura del convenio urbanístico, la capacidad del alcalde de tomar decisiones sin contar con el pleno municipal y la gran cantidad de recursos económicos que movieron dichas actividades.[402]

No âmbito acadêmico também há produção intensa[403] de diversas áreas, dentre as quais o direito.

Para o fim aqui proposto, vale destacar os estudos de Guillamón e Bastida[404] que sistematizaram dados de 110 municípios espanhóis de mais de 35.000 habitantes. Em artigo publicado, dizem os autores:

> En la investigación se ponen bajo el microscopio 676 casos de corrupción urbanística, tomando en consideración los siguientes factores para identificar cuáles de ellos fueron determinantes: el grado de transparencia en el municipio afectado, los ingresos totales del ayuntamiento, el porcentaje de dichos ingresos que provienen de la planificación urbanística, el nivel de endeudamiento del consistorio, el crecimiento del superávit en la hacienda local, el nivel educativo de la población del municipio y los salarios del equipo de gobierno.
> Más transparencia y más salarios, menos corrupción "El trabajo demuestra con datos una serie de cosas lógicas que todos tenemos en la cabeza cuando reflexionamos sobre la corrupción", explica a eldiario.es el coordinador del estudio, Bernardino Benito. En relación a la transparencia, Benito argumenta: "Es cierto que no es una garantía, pero por lo menos ayuda. Con nuestro estudio se demuestra que cuando hay más transparencia, se reduce la corrupción".

---

[401] Disponível em: <http://www.eldiario.es/politica/investigacion-urbanistica-Espana-transparencia – institucional_0_288021440.html>. Acesso em: 12 out. 2016.

[402] Disponível em: <http://www.eldiario.es/politica/investigacion-urbanistica-Espana-transparencia – institucional_0_288021440.html>. Acesso em: 12 out. 2016.

[403] Ver: PÉREZ, Laura Pozuelo (Coord.). *Derecho Penal de la Construcción*. Granada: Comares, 2006.

[404] El trabajo, realizado por María Dolores Guillamón, Francisco Bastida y Ana María Ríos, y coordinado por Bernardino Benito, toma como referencia el periodo 2000-2009 y se centra en los 110 municipios españoles de más de 35 mil habitantes, donde habitan el 48% de la población del Estado. Para su elaboración se parte de los datos recogidos en un estudio anterior de la Universidad de La Laguna y de la información oficial – que los mismos autores califican en ocasiones como insuficiente.

Las tretas legales también se reducen, según los resultados del estudio, a medida que aumentan los salarios de los equipos de gobierno municipales. No obstante, el coordinador de la investigación considera que "en torno a los sueldos de los políticos hay mucha demagogia". Y se explica: "Querer pagar a un alcalde en función del número de habitantes de su población es absurdo. Habrá políticos que tengan que estar bien retribuidos y otros que no lo tengan que estar tanto, pero el hecho de limitar el sueldo no significa que se vaya a acabar con la corrupción". Sin embargo también recuerda que, al margen de los resultados obtenidos, existe un componente cíclico que tiene mucho que ver con la relajación de los estándares morales en periodos de auge económico, y con el llamado "efecto avaricia", que opera sin importar el sueldo que percibe el gobernante.

Un diseño institucional fallido. Uno de los factores clave que subraya la investigación es la forma en la que está establecida la planificación urbanística en España, con la concentración de competencias en los gobiernos municipales, y sobre todo, en los alcaldes, y con la opacidad del proceso. Solo hay que fijarse, señala Benito, en la figura del convenio urbanístico, que permite al primer edil alcanzar acuerdos con interesados sin necesidad de someterlos al Pleno. "Antes llegaba una persona que había comprado un millón de metros cuadrados y le decía al alcalde: mira, voy a hacer aquí una urbanización, y a cambio de la reclasificación del suelo te voy a hacer tres pistas polideportivas y cuatro jardines (...) Y aparte de eso te pago un viaje y te compro un chalet", ejempliflica.

Además de la figura del convenio, existe otro elemento que ha generado muchos casos de corrupción: los modificados. Bernardino resopla: "Eso requiere mucho trabajo y ahí no hemos entrado porque hay que meterse a investigar todos los contratos. Pero desde luego es algo digno de estudio, ver cómo muchas empresas se llevan la adjudicación de concursos porque ofrecen de manera abusiva unos precios muy bajos, y pasan todas las cribas de las comisiones de contratación, y luego hacen unos modificados que son escandalosos, que elevan los presupuestos y que eluden todos los controles facilitando la corrupción".[405]

A repercussão das investigações e condenações decorrentes do Caso Marbella, aliada ao relatório de Bruxelas e ao diagnóstico da vulnerabilidade do setor urbanístico a práticas de corrupção, tem, também na Espanha, desencadeado medidas de diagnóstico, prevenção e penalização de práticas corruptivas.

Interessante investigação científica acerca da geografia da corrupção na Espanha foi produzida por Luis M. Jerez Darias, Víctor O.

---

[405] Disponível em: <http://www.uniovideo.es/reunido/index.php/RCG/article/view/9654/9400>. Acesso em: 12 out. 2016.

Martín Martín y Ramón Pérez González, do Departamento de Geografía de la Universidad de La Laguna (Islas Canarias, España).[406] Segundo os autores, a Espanha viveu um ciclo econômico baseado na explosão imobiliária e no consumo que se encerrou em 2008, a partir daí o país mergulhou em cifras recordes de desemprego, inflação, diminuição do PIB, dívida interna e externa e endividamento público e privado.[407] Aduzem que grande parte da expansão econômica se entrelaçou com a temática da corrupção urbanística e política. Sustentam que a ligação entre a dívida externa e interna do país e a corrupção foi própria dos países que chamaram periferia da União Europeia e da moeda única. No mesmo artigo citaram casos de corrupção urbanística na Grécia, Irlanda, Portugal, além da Espanha.[408]

Com relação à Espanha o estudo foi minucioso e detalhado. Examinou notícias de corrupção urbanística municipal nos anos 2000 a 2008, apontando dados de crimes e irregularidades urbanísticas em todo o país. Salientam que o caso Malaya em Marbella só abriu a "caixa de pandora" e, a partir deste, desencadeou outras tantas investigações.[409]

O mapa a seguir (Figura 1) foi produzido pela investigação e dá conta da quantidade de municípios envolvidos em corrupção urbanística.

A georreferência aponta que o problema da corrupção urbanística municipal é de enorme envergadura na Espanha, sobretudo nas comunidades autônomas.[410]

Os autores salientam a extensão do fenômeno da seguinte forma:

> Pero el fenómeno de la corrupción urbanística en España parece no tener fin. Ampliando el análisis desde 2009 hasta junio de 2010, recogimos 262 nuevos casos. Es decir, en un solo año el fenómeno se había incrementado un 63%. Con esta última ampliación de la búsqueda de nuevos casos de corrupción, los municipios afectados sumarían la cifra de 676, un nada desdeñable 8,3% del total español; pero si la cifra se obtiene de los habitantes de los municipios afectados por casos de corrupción (26,3 millones), estaríamos hablando de que más de la mitad de la población española (el 56,1%) «ha sufrido» en su institución más cercana, el Ayuntamiento, algún caso de corrupción urbanística.[411]

---

[406] DARIAS, Jerez M. Luis; MARTÍN, Víctor O. Martín; PÉREZ GONZÁLES, Ramón. *Aproximación a una Geografía de la Corrupción Urbanística en España*. Ería, 87 (2012), p. 5-18.

[407] *Ibidem*, p. 1.

[408] *Ibidem*, p. 6.

[409] DARIAS, *op. cit.*, p. 9.

[410] DARIAS; MARTÍN; PÉREZ GONZÁLES, *op. cit.*, p. 12.

[411] *Ibidem*, p. 12.

Figura 1 – Municipios afectados por la corrupción urbanística en España entre el año 2000 y el 2008, según su localización geográfica.

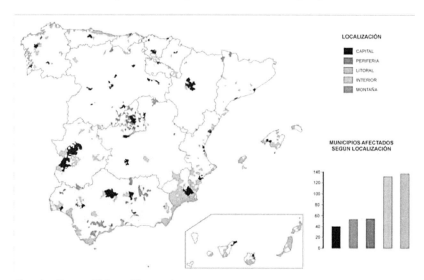

Fuente: Prensa. Elaboración propia.

Salientam que as formas de corrupção urbanística estão ligadas a utilização dos instrumentos que permitem a revalorização das terras, bem como as mudanças de uso do solo.[412]

Encerram o estudo com a seguinte questão:

> ¿Por qué se ha desarrollado ese fenómeno que se ha venido a llamar "corrupción urbanística", es decir, el concierto entre poderes económicos y poderes políticos a través del soborno y la prevaricación para saltarse o trampear la ley en la planificación urbanística?[413]

Conforme a pesquisa desenvolvida entre os fatores mais relevantes estão as condições políticas que: (a) tinham uma administração local disposta ao suborno; (b) partidos políticos predispostos ao suborno, as condições econômicas caracterizadas pela necessidade de mudança de uso do solo, de agrícola para urbano, acrescidas à pouca política de incentivo à agricultura. Aliados a estes fatores, soma-se o fator jurídico, pelos autores, assim resumido:

---
[412] *Ibidem*, p. 16.
[413] DARIAS, *op. cit.*, p. 17.

La codificación jurídica que refleja y ampara las relaciones económicas que están en la base de la corrupción urbanística. Los casos de corrupción según el tipo de irregularidad urbanística evidencian cómo se recurre de manera indiscriminada a determinados instrumentos de las leyes y los reglamentos para facilitar la transformación del suelo rústico en urbanizable: clasificación o reclasificación de suelos que deberían ser no urbanizables, convenios urbanísticos o modificaciones puntuales del planeamiento.[414]

Também aqui o alerta para as modificações pontuais, os convênios urbanísticos e o uso de instrumentos urbanísticos que corrompem a cidade. Por fim, sustentam os autores a necessidade de repensar o uso do solo na Espanha, pois, enxergam correlação entre a política casuística e corruptiva do uso do solo com a escassa produtividade, as altas taxas de desempregos e de greves, a desagregação, a falta de indústria e de desenvolvimento no país.

5.3.3 Corrupção na gestão do território na Itália

Cappelletti[415] dedicou seu doutorado ao estudo da corrupção no âmbito do território. Aponta que os casos de corrupção na Itália aumentaram após o início da 2ª República.[416] Porém, a característica do ilícito é outra. Enquanto na 1ª República o dinheiro da corrupção ia para abastecer campanhas eleitorais e a estrutura de partidos políticos, na 2ª República o direcionamento vem sendo para o enriquecimento pessoal,[417] motivo pelo qual, em seu entender, a corrupção necessita seguir sendo estudada e descrita.

Alerta que não é um fenômeno restrito à Itália. Traz exemplos da Alemanha, tais como o escândalo Siemens de 2008, e o escândalo Universitário de 2009. No primeiro, foi descoberto um enorme esquema de pagamento de propina praticado pela Siemens na Argentina, Arábia Saudita, Itália e Estados Unidos. Já no segundo, professores vendiam os exames e os estudantes que pagavam recebiam a garantia que se formariam. Nesses casos um professor da Baixa Saxônia foi condenado a três anos de reclusão.[418] Sustenta que em alguns países há uma disposição moral menor em relação à corrupção. Porém, estão sempre alerta para as oportunidades de corrupção.

---

[414] *Ibidem*, p. 17.

[415] CAPPELLETTI, *op. cit.*, p. 35

[416] A chamada 2ª República tem início entre 1992 e 1994, após a Operação Mãos Limpas.

[417] CAPPELLETTI, *op. cit.*, p. 24.

[418] CAPPELLETTI, *op. cit.*, p. 31.

Apresenta como justificativa para o estudo da corrupção no âmbito do território a identificação de espaços de oportunidades de existência de corrupção. Além disso, elenca exemplos que chamou de passado e de presente de corrupção no âmbito do território, a fim de demonstrar sua tese.

A tese sustentada pelo autor é que o sistema regulatório urbanístico favorece a corrupção. Ele discorre sobre a corrupção em forma de planificação:

> La mia ipotesi, invece, è che sia proprio l'attuale sistema regolatorio determinato dall'urbanistica la causa di gran parte della corruzione, relegando ad un ruolo marginale i fattori comportamentali. Infatti, come affermano Della Porta e Vannucci (1994, p. 32): "La particolare vulnerabilità alle negoziazioni illecite di alcuni settori di attività pubblica, come quello degli appalti e delle scelte urbanistiche, può essere spiegata proprio dalla natura dei provvedimenti pubblici che li caratterizzano".[419]

Aponta que questões técnicas vem sendo reduzidas a "obstáculos" por empreendedores, corretores de imóveis e políticos. E, para superar esses "obstáculos" promovem a modificação da legislação urbanística.[420]

Além disso, diz que a grande discricionariedade existente nos planos urbanísticos é um dos fatores que gera as possibilidades de corrupção.[421] Nesse sentido, em seu entender o sistema urbanístico favorece a corrupção. Por isso, propõe a identificação e a diminuição da discricionariedade.

Nesse particular, reflete sobre as transformações do urbanismo do século XXI e as soluções negociais, que caracterizam sua mutação, acabam, paradoxalmente, ampliando a discricionariedade. Por esse motivo, aponta que o sistema de regulação do governo do território necessita de imparcialidade, estabilidade, transparência, informação e certeza de punição.[422] Para o autor, esses elementos atuando conjuntamente são uma forma de combater as práticas corruptivas. E, desses fatores, a transparência no processo decisório, com publicidade desta fase, é elemento estruturante. Também sustenta que a participação popular neste controle, decorrente da democracia participativa, é um dos pontos que auxiliam a diminuição dos espaços corruptivos.[423]

---

[419] *Ibidem*, p. 35.
[420] CAPPELLETTI, *op. cit.*, p. 36-37.
[421] *Ibidem*, p. 61.
[422] *Ibidem*, p. 215.
[423] *Ibidem*, p. 216-217.

Sobre a mudança de destinação urbanística e incidência de crime de corrupção na Itália, localizamos a jurisprudência e comentário que segue, que reflete o entendimento sobre o tema:

Reato di corruzione. Mutamento di destinazione urbanistica. Ai fini della configurabilità del reato di corruzione, sia propria che impropria, non è determinante il fatto che l'atto d'ufficio o contrario ai doveri d'ufficio sia ricompreso nell'ambito delle specifiche mansioni del pubblico ufficiale o dell'incaricato di pubblico servizio, ma è necessario e sufficiente che si tratti di un atto rientrante nelle competenze dell'ufficio cui il soggetto appartiene ed in relazione al quale egli eserciti, o possa esercitare, una qualche forma di ingerenza, sia pure di mero fatto. Cassazione penale, sez. VI, 02/03/2010, n. 20502.

Per la giurisprudenza, nella fattispecie relativa al mutamento di destinazione urbanistica di un terreno, da suolo agricolo ad area produttiva, l'accettazione della somma di Euro (...) al medesimo costituisce il corrispettivo della svendita delle proprie funzioni, che l'imputato asserviva al corruttore in un duplice modo:

– mediante un suo intervento diretto, consentitogli dalla sua funzione di Sindaco e dagli specifici poteri conferitigli dall'atto di incarico della progettazione del regolamento edilizio, per l'inserimento nello stesso del terreno del P. con destinazione integrale (o la più ampia possibile) a uso produttivo;

– mediante indebite pressioni sui professionisti incaricati di redigere tale regolamento, abusando dei poteri di Sindaco e di quelli a lui spettanti in forza dell'atto di conferimento dell'incarico ai due predetti architetti.

L'imputato è stato destinatario della promessa di denaro in favore di terzi non già per meri motivi di cortesia o per i rapporti di amicizia, bensì in ragione delle sue funzioni di Sindaco e dei poteri del suo ufficio, che gli consentivano di porre in essere una condotta utile e idonea ad incidere sul contenuto finale della proposta di regolamento urbanistico. La Convenzione di incarico per l'elaborazione del Regolamento Urbanistico, prevede espressamente che "l'incarico dovrà essere svolto in conformità alle direttive dell'Amministrazione Comunale" – e quindi anche del Sindaco – "la quale potrà richiedere eventuali modifiche ed integrazioni alle proposte che verranno presentate".

Non ha pregio, pertanto, la tesi del ricorrente, secondo cui il M. non avrebbe accettato la somma offerta dal P. quale controprestazione per una propria attività, ma solo per trasferirla agli architetti B. e L., agendo quale semplice mandatario nei confronti dei pubblici ufficiali che si intendeva corrompere.

Al contrario, secondo la ricostruzione in fatto della vicenda operata dai giudici di merito, insindacabile in questa sede, l'imputato non si è affatto limitato a farsi latore della proposta corruttiva, ma ha accettato il denaro offerto dal P., destinato ai due professionisti, in primo luogo perchè egli stesso ponesse in essere atti contrari ai doveri del suo ufficio, promuovendo, nell'esercizio dei poteri inerenti alla sua specifica veste di pubblico ufficiale, l'inserimento del terreno in questione nel redigendo regolamento urbanistico con destinazione ad uso produttivo. Di qui la conclusione secondo cui, già nella prima fase della vicenda, caratterizzata dalla mancata accettazione dell'offerta corruttiva da parte di entrambi gli architetti, tra il P. e il M. si è creato il rapporto sinallagmatico che sta alla base del mercimonio caratterizzante la corruzione: il Sindaco, "svendendo" la sua funzione pubblica, ha accettato la promessa di una retribuzione indebita per terzi, per compiere l'intervento a lui richiesto. Trattasi di affermazione corretta sul piano logico e giuridico, atteso che, come è noto, ai fini della configurabilità della fattispecie criminosa prevista dall'art. 319 c.p., è indifferente che la ricezione del denaro o di altra utilità, ovvero l'accettazione della relativa offerta, avvenga "per sè o per un terzo". Nel caso di specie, pertanto, il fatto che il denaro offerto dal P. al M. fosse destinato a terzi non vale ad escludere la sussistenza del reato contestato, una volta accertata l'esistenza di un rapporto di strumentalità tra l'offerta di denaro al pubblico ufficiale e l'asservimento della funzione da parte di quest'ultimo.[424]

Na linha de identificação das vulnerabilidades à corrupção e em cumprimento às normas decorrentes dos Tratados descritos no capítulo 2, na Itália os municípios têm estabelecido programas trienais de transparência e integridade, visando à prevenção da corrupção e ao desenvolvimento de uma cultura de legalidade.

Nesses programas estão identificados setores vulneráveis nos municípios, medidas para enfrentar as vulnerabilidades e formas de monitoramento das fragilidades identificadas. Esses programas são debatidos com a população e com os setores produtivos, além de ter responsáveis pela sua execução. O controle dos contratos e as licenças edilícias são setores apontados como vulneráveis nos municípios.

No Anexo II desta tese consta o programa da Città Di Rosarno, Província do Reggio Calabria. Neste, a publicação dos dados das obras públicas, identificando o nome dos servidores responsáveis pelo controle dos contratos, o número de solicitações para construir e de permissões concedidas, o exame em ordem cronológica dos pedidos, a informatização dos procedimentos foram exemplos de medidas adotadas, além dos códigos de ética da administração pública que vem sendo adotados naquele país para toda a administração pública.

---

[424] Log su temi di diritto amministrativo dell'avvocato pubblicista Nicola Centofanti, componente dell'Organismo di vigilanza dell'Aler di Cremona. Chiunque può suggerire quesiti aventi carattere generale cui verrà data risposta. Collabora al Blog il dott. Paolo Centofanti. E-mail: centofanti_@libero.it. mercoledì 9 ottobre 2013.

5.4 Registros encontrados do Brasil

A tradição brasileira não tem sido de desenvolver estudos específicos sobre corrupção urbanística. Localizamos a pesquisa de Felipe Francisco de Souza, que descreve detalhadamente o conhecido "Projeto Nova Luz", no qual a partir de um instrumento urbanístico previsto em lei municipal propunha desenvolver a revitalização da área central de São Paulo e no qual há descrição de corrupção política e corrosão urbanística. Um acordo extrajudicial homologado judicialmente envolvendo Deustshe Bank, Ministério Público Estadual e Procuradoria-Geral do Município de São Paulo, envolvendo lavagem de dinheiro da família Maluf, originário das obras do túnel Ayrton Sena e da Avenida Espraiada; e a Inspeção realizada na Secretaria Municipal de Planejamento Urbano de Porto Alegre (SPM), que resultou em oito demissões de servidores estáveis, quatro ações criminais por crimes contra a administração pública e duas ações de improbidade.

5.4.1 Projeto Nova Luz/Caso Santa Ifigênia – Concessão urbanística em São Paulo

O Projeto Nova Luz tratou de uma Operação Urbana proposta pelo Município de São Paulo para o centro da cidade, na qual seria utilizado o instrumento jurídico da concessão urbanística, aprovado por lei municipal, porém não previsto no Estatuto da Cidade. A discussão quanto à competência municipal para legislar sobre a matéria foi o centro do debate em seu início, resultando em diversas ações jurídicas.

Dentre as celeumas jurídicas, há um conjunto de expectativas que oscilam de embates que omitem os projetos reais e de financiamento de campanha política de vereadores para garantir a aprovação da lei, nos moldes pretendidos pelos financiadores.

Souza[425] desenvolveu sua tese de mestrado descrevendo minuciosamente as idas e vindas da concessão urbanística que foi aprovada para ser utilizada em área do centro do Município de São Paulo. Descreveu todo processo de formulação do instrumento da concessão urbanística, que não está previsto no Estatuto da Cidade e possibilita que a desapropriação seja efetuada por terceiros que participam da

---

[425] SOUZA, *op. cit.*, 2010.
Ibidem, A Batalha pelo Centro de São Paulo: Santa Ifigênia, Concessão Urbanística e Projeto Nova Luz. 1. Ed. São Paulo: Paulo's Editora, 2011.

parceria. Por meio desse instrumento estava regrada a possibilidade de financiar a cidade por intermédio de agentes privados que são parceiros na operação,[426] [427] cabendo a estes a desapropriação de áreas. O instrumento foi pensado, desenvolvido, proposto e aprovado na gestão de Marta Suplicy[428] e visava a desenvolver mecanismos de financiamento de políticas públicas inclusivas.

Ao final dessa gestão, o projeto político representado pela Prefeita perdeu a eleição. Como legado, restou a construção jurídica para que o município tivesse competência constitucional para dispor sobre instrumento não previsto no Estatuto da Cidade, lei federal que rege o tema, o financiamento do BID para investir na concessão urbanística, herdados pelo Prefeito Kassab. Faltava a lei que definiria as condições de utilização da concessão urbanística, bem como os contornos jurídico-econômicos desta. A área objeto da concessão urbanística era o centro da cidade de São Paulo, Bairro Santa Ifigênia e englobava o que se conhece por "Cracolândia".

Conforme dito, do ponto de vista jurídico, houve debate acerca da constitucionalidade do instituto, a partir do questionamento da competência constitucional do Município para regrar a matéria. Num primeiro momento, ainda sob a égide do governo petista, a esquerda defendia veementemente a constitucionalidade da competência municipal para regrar o instrumento. Posteriormente, quando perceberam que o instrumento e as bases deste tinha vida própria, dependendo do modo que o gestor dispusesse, apontaram a inconstitucionalidade como óbice para concretização da política pública que ao longo do processo, com a mudança de governo, mudou de direção.[429]

---

[426] *Ibidem*, p. 29.

[427] A concessão urbanística, em outras palavras, permite ao poder público delegar uma concessão a uma empresa privada, para o exercício de uma função pública, com base na lei do plano diretor e nos demais planos de ordenação territorial. Por meio desse entendimento, um concessionário selecionado poderá realizar ou contratar obras, serviços, compras e alienações sem precisar de licitações. "A utilidade pública justificadora da obra está no novo ordenamento do bairro ou da cidade, por isto ela é dada pelo conjunto da operação urbana realizada não apenas em áreas ou bens de domínio público de uso comum do povo ou de uso especial" (LOMAR, 2001, p. 6-7), mas também "inclui áreas destinadas ao uso privado para implementar as diretrizes e finalidades de interesse público, estabelecidas na lei do plano diretor, com a agilidade de empresas sob o regime jurídico privado". (LOMAR, 2001, p. 50).

[428] À época Marta Suplicy era Prefeita pelo PT.

[429] A dissertação de mestrado descreve minuciosamente cada etapa deste processo, as audiências públicas indicam nomes, realizou entrevistas com os principais atores, sendo uma rica fonte de pesquisa, no qual se verifica a relação do poder político, instrumento jurídico, certa ingenuidade na compreensão da função dos instrumentos, servindo de importante reflexão,

Também neste instrumento da concessão urbanística se observa o que foi descrito nos convênios da lei portuguesa e espanhola e da ampla discricionariedade criticada pelos italianos, como forma que cria as condições para existência de corrupção urbanística.

Ao longo da dissertação, o autor descreve as audiências públicas para aprovação do projeto de lei e a relação com a Câmara de Vereadores. Cita nominalmente o voto dos vereadores e correlaciona com as doações para as respectivas campanhas políticas, demonstrando a conexão entre o desejo do financiador e o voto do financiado, apontando relações espúrias desde o envio do projeto de lei.[430]

A área é no centro da cidade, poderia ser muito rentável e o relato do autor aduz uma disputa de projetos que envolvia, de um lado, as forças econômicas já existentes na região e, de outro, potenciais interessados, desde que o perfil degradado da área fosse modificado. No relato de uma das audiências públicas sobressaem as falas do Presidente da Associação dos Moradores do Santa Ifigênia,[431] demonstrando a preocupação com o projeto de quem lá residia, de vereadores dizendo que foram procurados por comerciantes preocupados com o gravame de zona especial de interesse social, pois não tinham interesse em construir habitação popular naquele local, demonstrando o grau de interesses conflitantes no projeto. Por outro lado, ao longo dos debates, também ficam claras as várias comunicações. Em um primeiro momento uma onda favorável ao instrumento como se este fosse o "salvador das possibilidades para a região" e, posteriormente, a "demonização" do

---

bem como descreve o debate jurídico estabelecido, inclusive com entrevista dos principais representantes das posições jurídicas.

[430] O Jornal da Tarde, dias após o envio do projeto de lei, publicou matéria revelando a doação de mais de R$ 1 milhão a vereadores por entidades do setor imobiliário. Revelava-se, inclusive, que parte desse valor foi recebido por seis dos sete membros da Comissão de Política Urbana da Câmara de Vereadores: "o relator da concessão urbanística, o líder do Governo na Câmara, José Police Neto (PSDB) foi quem mais recebeu recursos do setor imobiliário nas eleições de outubro: R$ 545,4 mil" (Jornal da Tarde, p. 11A, 3 de março de 2009). A matéria elucidou que, entre os representantes do setor imobiliário, o maior doador foi a Associação Imobiliária Brasileira – AIB: ao todo ela gastou R$ 2,97 milhões nas campanhas de vereadores eleitos na capital. Explicava ainda que a AIB seria uma "fachada" do SECOVI para fazer doações para campanhas eleitorais, porque "as concessionárias que o SECOVI representa são proibidas por lei de realizarem doações: em tese quem presta serviço não pode doar para a campanha de quem compra o tal serviço" (Jornal da Tarde, p. 11A, 3 de março de 2009). O diretor executivo da ONG Transparência Brasil, Claudio Weber Abramo, argumentou que tais doações "estão nas regras do jogo", mas conscientizou: "o fato de alguém ter recebido doações de empresas do setor não pode condenar ninguém. É justo e legal. Mas é preciso vigiar o trabalho das comissões para ver se esses doadores serão diretamente beneficiados pelo Legislativo Municipal" (Jornal da Tarde, p. 11A, 3 de março de 2009). (SOUZA, *op. cit.*, 2011, p. 58.)

[431] SOUZA, *op. cit.*, 2011, p. 76.

mesmo instrumento, pelos setores e por motivos diversos, como se este tivesse vida própria.[432] Movimentos sociais e a Esquerda assumem o discurso do bem e do mal, tendo o instrumento como foco. O foco no jurídico substitui a disputa da política, mascarando as reais divergências.

Importante destaque merece a descrição do autor sobre o modo pelo qual foram financiadas as campanhas políticas de vereadores que votaram o substitutivo proposto pelo Prefeito Kassab,[433] conectando diretamente esses votos com os objetivos do financiador das campanhas políticas.

Na forma de financiamento das campanhas políticas houve uma peculiaridade. Como o setor da construção civil não podia repassar dinheiro diretamente às campanhas, o fez por meio da Associação Imobiliária Brasileira (AIB). Todavia, ao longo da investigação no TRE restou provado que a AIB não tinha recursos próprios, figurava como mera repassadora de seus associados. Assim, ficou demonstrado o nexo de causalidade entre o financiamento da campanha política dos vereadores que deram seu voto para a aprovação do projeto de lei, caracterizando a finalidade espúria.

Por último, cita o desfecho dos fatos com a denúncia eleitoral de 23 vereadores e do Prefeito, em função de financiamento irregular de campanha eleitoral. Eles foram condenados pelo TRE paulista e

---

[432] Com relação ao registro dessa consolidação hesitante, a mídia impressa teve um papel fundamental. Quando a concessão urbanística foi noticiada inicialmente, os jornais apontavam o instrumento como uma novidade na agenda pública governamental, utilizado pela primeira vez no Brasil como solução para os problemas da Nova Luz. Entre os pontos positivos, destacavam a possibilidade de o Poder Público Municipal transferir ao "particular" a responsabilidade de desapropriar, o que seria uma maneira de o "bairro dos drogados", Santa Ifigênia, ser leiloado para grandes incorporadoras capazes de "revitalizá-lo". Posteriormente, a concessão urbanística foi apresentada como um meio de "leiloar" bairros inteiros, destacando-se a posição de um dos atores preocupados em combater a entrada da concessão urbanística na agenda pública governamental: a Associação dos Comerciantes da Santa Ifigênia – ACSI. Conforme explicitado em jornal por representantes da ACSI, a concessão urbanística seria uma ameaça ao ponto comercial, ao direito de propriedade e à possibilidade de ampliações de uma das ruas comerciais mais ativas do Município de São Paulo. (SOUZA, *op. cit.*, 2011, p. 93.)

[433] Dois dias após a aprovação dos substitutivos, os jornais voltaram a noticiar as doações feitas pela Associação Imobiliária Brasileira (AIB). O jornal Folha de São Paulo alertou que, dos 42 vereadores que haviam aprovado o projeto, mais da metade, 23 especificamente, foi beneficiada pela AIB, "entidade usada pelo SECOVI, sindicato do setor imobiliário, para burlar a legislação eleitoral e dar dinheiro a vereadores durante a campanha" (Folha de São Paulo, p. C6, 24 de abril de 2009). Em nota para o jornal, o SECOVI negou ter repassado recursos para doações e afirmou que teria com a AIB apenas "algumas congruências" em suas diretorias, porém, conforme verificou o jornal, a AIB não conta com sede e nem receita próprias. (Folha de São Paulo, p. C6, 24 de abril de 2009). (SOUZA, *op. cit.*, 2011, p. 83.)

recorreram ao TSE,[434] mantendo seus mandatos por força de efeito suspensivo do recurso.

Dos apontamentos do autor, para o fim da investigação desta tese, importante destacar a seguinte fala:

É importante destacar, finalmente, nesta introdução, que instrumento urbanístico não é política pública. Instrumentos urbanísticos são objetos técnico-jurídicos elaborados como elemento integrante da formulação de políticas públicas urbanas. Embora concebidos em um contexto específico, instrumentos urbanísticos transcendem gestões político-partidárias e podem prestar-se a fins diferentes daqueles para os quais foram concebidos. Mesmo quando idealizados, por exemplo, de forma a garantir o "interesse público", como a inclusão de segmentos sociais no "direito à cidade", eles podem servir a grupos específicos e a determinados lobbies, criando conflitos entre atores sociais em torno da política urbana.[435]

Vê-se claramente a expressão da ideia de que o instrumento garante a gestão, misturando os sistemas do direito e da política.[436] Essa

---

[434] No dia 19 de outubro de 2009, a Justiça Eleitoral pediu a cassação de 13 vereadores de São Paulo por considerar ilegais as doações, vetadas por lei, de entidades de classe e concessionárias de serviços públicos recebidas em campanha. A Associação Imobiliária Brasileira – AIB doou aos 13 vereadores cassados somados o valor R$ 1,665 milhão no período das eleições (Disponível em: <http://g1.globo.com/Noticias/SaoPaulo>. Acesso em 29 fev.2010). De acordo com a sentença do juiz da 1ª Zona Eleitoral de São Paulo, Aloísio Sergio Silveira, a Associação Imobiliária Brasileira – AIB parece existir com a única finalidade de arrecadar recursos de seus associados, e doá-los aos candidatos nas eleições proporcionais e majoritárias. Este juiz considerou estranha a declaração do representante legal da associação de que a AIB não tem funcionários, nem folha de pagamento, e suas receitas são provenientes de doações voluntárias das empresas do setor imobiliário. Na avaliação de Silveira, "não é necessário nenhum esforço de intelecção para concluir que a existência da Associação Imobiliária Brasileira (AIB) é uma verdadeira fraude à lei, justamente para encobrir doações de eventuais fontes vedadas, dentre elas entidades de classe ou sindical" (disponível em: <http://www.jusbrasil.com.br/noticias>. Acesso em 26 fev. 2010). Carlos Apolinário (DEM), presidente da Comissão de Política Urbana da Câmara de Vereadores, está entre os vereadores cassados. Entre os dias 29 de outubro e 18 de dezembro de 2009, outros três vereadores foram cassados. No dia 18 de fevereiro de 2010, o mesmo juiz, Aloísio Sergio Silveira, adotou o critério de cassar quem tivesse mais de 20,0% da arrecadação proveniente de meios, considerado por ele, ilegais, via doações de fonte vedadas, tais como a AIB. Dessa forma, solicitou, além da cassação de mais oito vereadores, incluindo o relator do projeto de lei da concessão urbanística, Jose Police Neto (PSDB), também a cassação do prefeito Gilberto Kassab (DEM) e de sua vice, Alda Marco Antônio (PMDB) (disponível em <http://g1.globo.com>. Acesso em: 28 fev. 210). Gilberto Kassab, Alda Marco Antônio e os vereadores continuam em seus cargos até o julgamento sem data prevista. Todos negam quaisquer irregularidades. (SOUZA, op. cit., 2011, p. 85-86.)

[435] SOUZA, op. cit., 2011, p. 04.

[436] A aprovação do Estatuto da Cidade (Lei Federal n. 10.257 de 2001), do Plano Diretor Estratégico (Lei Municipal n. 13.430 de 2002) e da nova Lei de Zoneamento (Lei Municipal nº 13.885 de 2004) corrobora a evolução desses instrumentos. Os instrumentos presentes na regulação

ideia foi bastante difundida pelo segmento da esquerda no Brasil no período pós Constituição.

Demais disso, o minucioso, detalhado e documentado relato dá conta da interrelação entre projetos urbanísticos e financiamento de campanhas eleitorais, ilustrando a íntima relação estabelecida entre financiador e financiado.

De resto, destaca-se que o Projeto Nova Luz não se concretizou. Envolvido em uma série de disputas judiciais, em abril de 2011, a Associação dos Moradores, assustada com a possibilidade de desapropriação feita por terceiros, ajuizou Ação Direta de Inconstitucionalidade questionando a competência municipal para legislar sobre instrumento não previsto no Estatuto da Cidade. A liminar foi concedida, mantendo a lei suspensa até a decisão proferida em agosto de 2011. O projeto ficou sobrestado neste período em função da suspensão liminar da lei.

Em janeiro de 2012, nova decisão judicial suspendeu o projeto. Dessa feita, o argumento foi a ausência de participação popular, necessária para aprovação de lei desta espécie, com intervenção urbanística, contrariando as diretrizes gerais do Estatuto da Cidade. A liminar foi deferida em 1º grau e cassada pelo Tribunal de Justiça em fevereiro do

---

urbanística em São Paulo integram a mudança qualitativa da política urbana iniciada na década de 1980, momento da redemocratização do país e das intensas mobilizações sociais, quando se articulou o "movimento nacional da reforma urbana", recuperando o termo "reforma urbana" da década de 1960, no contexto das reformas de base promovidas pelo governo João Goulart. Do ponto de vista técnico, os instrumentos de intervenção urbana são "a conquista expressa por esta reforma urbana sob a forma de separação entre direito de propriedade e o direito de construir, o combate à retenção especulativa de imóveis urbanos e a vigência da função social da propriedade urbana". (CYMBALISTA, 2006, p. 30). A instituição da "outorga onerosa do direito de construir", tanto nas operações urbanas consorciadas, como no resto da cidade, a definição das "zonas especiais de interesse social" e do "direito de preempção", abrem possibilidades para a reversão do processo de segregação sócio-espacial, sendo concebidos como mecanismos que possibilitam uma política urbana progressista e socialmente mais justa. A viabilização desse "potencial" depende, no entanto, da decisão pelo Poder Público Municipal de articular agentes sociais envolvidos e da interação entre agentes e a própria municipalidade. O modelo empregado atualmente, porém, pelas leis de zoneamento se baseia em modelos estáticos de delimitações de perímetros, onde a lei indica quais os coeficientes e usos a serem respeitados, com nenhum projeto urbanístico ou outros mecanismos atrelados a seu desenvolvimento. De acordo com essa lógica, os projetos urbanísticos devem vir depois, aprovados por leis específicas, geralmente utilizando o instrumento da desapropriação para adquirir parcelas de terras para as obras públicas e, após sua execução, admitir que o mercado imobiliário seja receptivo a esses novos vetores de transformação. Portanto, o modelo estático delimitado pelas leis de zoneamento, muito baseado nos de desenvolvimento do ocidente europeu e norte-americano, vem se mostrando pouco eficiente. E isso não se deve a esses países estarem em condições mais avançadas, mas se deve ao fato de que suas taxas de crescimento são muito inferiores. (ver: SOUZA, *op. cit.*, 2011, p. 19-20.)

CORRUPÇÃO URBANÍSTICA – DESCRIÇÕES RELEVANTES | 211

mesmo ano. Posteriormente a Defensoria ajuizou nova ação pública, alegando que:

> Não apenas nesta ata, mas também da leitura da ata da reunião de 7.3.2012, verifica-se que a participação popular foi apenas deferida para se autorizar que os representantes populares falassem, mas suas ponderações foram todas indeferidas, formando-se um verdadeiro muro diante das suas reivindicações. Os esclarecimentos foram dados de forma genérica, passando-se na reunião seguinte à votação, numa reunião em que, segundo consta na ata (fls. 365/367), o número de lugares para o público foi bem reduzido em relação a reuniões anteriores, e com limitações de filmagem.[437]

A liminar foi concedida e cassada pelo Tribunal em junho de 2012. Porém, na decisão do mérito o TJSP, em janeiro de 2013 determinou ao Município que o Projeto Nova Luz fosse refeito, afirmando que: "A situação atual é de constante desrespeito da prefeitura municipal para com a exigência constitucional".

Depois da decisão judicial, em 24 de janeiro de 2013, o Prefeito Haddad, após receber os representantes do consórcio detentor da concessão urbanística, cancelou o Projeto justificando o ato, que foi assim relatado pelo Jornal Folha de São Paulo, veículo que, aliás, deu ampla cobertura a sucessão de fatos e disputas judiciais e políticas no projeto Nova Luz:

> O Prefeito Fernando Haddad recebeu em audiência, no dia 22 de janeiro, os representantes do Consórcio Aecom/Nova Luz, que fizeram uma exposição do projeto contratado pela gestão anterior para a região da Nova Luz. Do ponto de vista econômico-financeiro, a proposta, como foi originalmente concebida, na forma de concessão urbanística, se mostrou tecnicamente inviável. A recomendação do próprio grupo é que a proposta seja analisada na forma de PPP (parceria público-privada) (...) O plano urbanístico elaborado tem méritos e, portanto, a Prefeitura estudará seu aproveitamento dentro da lógica das PPPs, o que permite a execução de forma segmentada no espaço para o qual foi projetado. (...) A Administração pretende trabalhar pela requalificação dessa região com base nas parcerias público-privadas, conforme foi exemplificado no anúncio recente da licitação para a construção de 16 mil moradias de interesse social no centro da cidade, com aporte financeiro da Prefeitura, Governo do Estado e Governo Federal (Minha Casa Minha Vida).[438]

---

[437] Ação Civil Pública – Processo nº 0019326-64.2012.8.26.0053.
[438] Disponível em: <http://www1.folha.uol.com.br/.../1219633-Haddad-engaveta-plano-de-kassab-do-projeto-nova>.Acesso em : 25 set. 2016.

5.4.2 O Caso Deutsche Bank – Lavagem de dinheiro oriundo da construção da Avenida Água Espraiada e obra do Túnel Ayrton Sena

Entre os anos de 1993 a 1996, gestão do então Prefeito Paulo Maluf, houve a construção da Avenida Água Espraiada, atual Avenida Roberto Marinho. Do pagamento das obras para construção desta avenida e do Túnel Ayrton Sena, resultaram investigações de desvio de verbas públicas e remessa de divisas para o exterior.[439][440]

Em 2001 o Ministério Público paulista instaurou Inquérito Civil objetivando investigar desvio de verbas e a remessa de valores para o exterior, originários do respectivo desvio. O investigado foi o então Prefeito Paulo Maluf e outros, assim como figurava o Deutsche Bank S/A, pois o dinheiro evadido foi localizado em uma das agências da Instituição bancária localizada nas Ilhas Jersey. Deste inquérito civil decorreu o ajuizamento de diversas ações cautelares e de uma ação de

---

[439] Disponibilização: sexta-feira, 24 de outubro de 2014. Diário da Justiça Eletrônico – Caderno Judicial – 1ª Instância – Capital São Paulo, Ano VIII – Edição 1762. Processo 1025522-62.2014.8.26.0053 – Procedimento Ordinário – Transação – M.P.E.S.P. – D.B.A. e outros – TERMO DE CONCLUSÃO Aos 17 de outubro de 2014, eu, escrevente técnico, faço estes autos conclusos a(o) MM. Juíza de Direito Dr.(a) Maria Gabriella Pavlópoulos Spaolonzi. SENTENÇA Processo Digital n.: 1025522-62.2014.8.26.0053. Classe – Assunto Procedimento Ordinário – Transação Requerente: MINISTÉRIO PÚBLICO DO ESTADO DE SÃO PAULO Requerido:.DEUTSCHE BANK S/A – BANCO ALEMÃO e outros. Juíza de Direito: Dr.(a) Maria Gabriella Pavlópoulos Spaolonzi. VISTOS. O MINISTÉRIO PÚBLICO DO ESTADO DE SÃO PAULO, regularmente representado, postula a HOMOLOGAÇÃO JUDICIAL da TRANSAÇÃO EXTRAJUDICIAL de folhas 397/416 firmada com: DEUTSCHE BANK S.A BANCO ALEMÃO, instituição financeira constituída segundo as leis do Brasil, com sede social em São Paulo, DEUTSCHE BANK AKTIENGESELLSCHAFT, pessoa jurídica constituída segundo as leis da Alemanha, com sede em Frankfurt, Alemanha, DEUTSCHE BANK INTERNATIONAL LTD, pessoa jurídica constituída segundo as leis de Jersey, com sede em Pauls Gate, New Street, St, Helier, Jersey DEUTSCHE INTERNATIONAL CORPORATE CORPORATE SERVICES LTD, pessoa jurídica constituída segundo as leis de Jersey, com sede em St. Pauls Gate, New Street, St. Helier,Jersey, DEUTSCHE INTERNATIONAL CUSTODIAL SERVICES LTD, pessoa jurídica constituída segundo as leis de Jersey, com sede em S.t Pauls Gate, New Street, St. Helier, Jersey e DB SERVICE URUGUAY S.A., pessoa jurídica constituída segundo as leis do Uruguai, com sede na Cidade de Montevidéu, Uruguai mediante a ANUÊNCIA do MUNICÍPIO DE SÃO PAULO por intermédio do Exmo. Sr. Dr. Procurador Geral do Município. Consta, ainda, a aquiescência do Estado de São Paulo a se aperfeiçoar até a data do efetivo pagamento pelo Deutsche Bank. O pedido avoca o disposto pelos artigos 840, 436 e 439, do Código Civil, artigo 475-N, inciso III, do Código de Processo Civil e pelo artigo 5º, parágrafo 6º da Lei n. 7.347/1985.

[440] Inquérito Civil – PJPP – CAP 344/2001, instaurado pelo Ministério Público de São Paulo, em face de Paulo Salim Maluf – Prefeito na gestão 93/96, por desvio de verbas ocorrido durante a construção do Túnel Ayrton Senna e da Água Espraiada (atual Avenida Roberto Marinho), construídos no Município de São Paulo e remessa de divisas para o exterior.

CORRUPÇÃO URBANÍSTICA – DESCRIÇÕES RELEVANTES | 213

improbidade administrativa,[441] contra Paulo Salim Maluf e diversas outras autoridades e empresas. No curso da investigação o Deutsche Bank S/A, Banco Alemão, demonstrou que informou as autoridades das Ilhas Jersey sobre o dinheiro, bem como comprovou a repatriação de parte do valor dirigida à Empresa Eucatex S.A., conforme documentos bancários remetidos pela instituição bancária.

Em 2014, Ministério Público de São Paulo, Deutsche Bank S/A, com a anuência do Município de São Paulo, por meio de seu Procurador-Geral, aquiescência do Estado de São Paulo e homologação do acordo pelo Conselho Superior do Ministério Público do Estado de São Paulo, propõe judicialmente a homologação de acordo extrajudicial, segundo o qual, o Deutsche Bank S/A propôs o pagamento de U$ 20.000.000,00 (vinte milhões de dólares), restituindo o Município por valores materiais e danos morais coletivos que por ventura possam ter dado causa e, em contrapartida, objetivando que o Município de São Paulo e o Ministério Público não propusessem ação contra o Deutsche Bank ou quaisquer outras instituições coligadas, associadas subsidiárias, holdings ou pertencentes ao mesmo grupo econômico e seus respectivos adminis-tradores, diretores, gerentes e funcionários. O acordo extrajudicial foi devidamente homologado, conforme publicação do Diário de Justiça Eletrônico de 24 de outubro de 2014.[442] Da decisão de homologação vale destacar o que segue:

Fator relevante é a informação lançada a folhas 437 dos autos di-gitais no sentido de que as pessoas jurídicas de direito privado arroladas não desviaram recursos públicos e receberam apenas U$1.000.000,00 na movimentação de valores das empresas da família Maluf. Aliás, com-provaram ter noticiado às autoridades da Ilha de Jersey. Todavia, para evitar a propositura de uma ação civil pública, essas mesmas empresas ofereceram, para fins de indenização por danos materiais e morais cole-tivos sofridos pelo Município de São Paulo, o total de U$20.000.000,00. Ou seja, vinte vezes a quantia que a família Maluf movimentou em seu banco. Há prova de que o Conselho Superior do Ministério Público anuiu com o arquivamento do inquérito civil em relação às empresas ligadas ao Deutsche Bank, no que diz respeito a esses fatos. Por outro lado, o Ministério Público, com a anuência expressa do Município de São Paulo, reconhece que, com a concretização do pagamento, haverá

---

[441] Ação de Improbidade nº 0028613-32.2004.8.26.0053, que tramita na 4ª Vara da Fazenda Pública da Comarca de São Paulo.

[442] Paginas 1094 e 1095 do Diário de Justiça Eletrônico, de 24/10/2014 – Decisão na íntegra consta no Anexo I desta tese.

a quitação automática em favor do Deutsche Bank ou quaisquer instituições coligadas, associadas, subsidiárias, holdings ou pertencentes ao mesmo grupo econômico e seus respectivos administradores, diretores, gerentes e funcionários, de toda e qualquer obrigação que porventura pudesse ser exigida em razão de: 1. quaisquer atos, fatos ou documentos relacionados direta ou indiretamente com quaisquer dos procedimentos administrativos ou judiciais acima referidos (Inquérito Civil, Ação Civil de Improbidade, Ação Civil Pública, Ações Cautelares, Parecer CAEX e Ações Jersey); 2. quaisquer custas e despesas judiciais, administrativas e operacionais incorridas em razão dos fatos tratados naquelas ações e procedimentos; 3. quaisquer movimentações financeiras realizadas até a presente data, ou, ainda, quaisquer atos ou fatos ilegais envolvendo quaisquer das pessoas físicas ou jurídicas mencionadas no Inquérito Civil, Ação Civil de Improbidade, Ações Cautelares, Parecer Caex e Ações Jersey, bem como em quaisquer futuras ações de qualquer natureza relacionadas aos mesmos fatos ou às mesmas pessoas.

Em suma, na linha do que os Tratados Internacionais anticorrupção descritos no capítulo 2 vem convencionando, o acordo extrajudicial homologado e que resultou no recebimento pelo Município de São Paulo de cerca 20 milhões de dólares, a título de danos materiais e morais coletivos, dá conta das iniciativas internacionais para identificação de recursos públicos originários de corrupção e de lavagem de dinheiro e representam um importante avanço no combate à corrupção. Apurar os desvios, identificar os responsáveis, rastrear o destino dos recursos somente é possível a partir dos mecanismos internacionais desenvolvidos, da participação do Brasil nos Tratados Internacionais, bem como da estruturação interna do Brasil.

Para além disso, a atuação conjunta entre as instituições – Procuradoria-Geral do Município de São Paulo e Ministério Público Estadual –, representa um enorme avanço na identificação dos processos corruptivos, sendo um importante precedente a ser difundido e utilizado.

5.4.3 A inspeção procedida na SMOV/SMURB em Porto Alegre em 2012

Em 2012 o Prefeito de Porto Alegre[443] determinou à Procuradoria-Geral do Município que coordenasse uma Inspeção no processo de

---

[443] O contexto do período era de um Prefeito que havia sido reeleito no 1º turno das eleições, com uma votação significativa e legitimação para teoricamente proceder a mudanças. Aliado

aprovação municipal, notadamente nas secretarias que desempenhavam esta função na cidade, Secretaria de Planejamento Municipal (SPM) e Secretaria Municipal de Obras e Viação (SMOV).[444] Nesse cenário foi determinado se proceder a um "pente fino" no processo de aprovação municipal.

Nessa Inspeção houve uma atuação conjunta com o Ministério Público Estadual, Promotoria de Justiça Especializada Criminal de Porto Alegre,[445] pois ao longo dos trabalhos foram recebidas denúncias que, para a devida apuração, extrapolavam o âmbito de investigação administrativa, exigindo quebra de sigilos telefônico, bancário e fiscal. Diante disso, a Procuradoria-Geral do Município e o Ministério Público Estadual somaram esforços e atuaram conjuntamente para, de um lado, identificar as práticas corruptivas e, de outro, comprovar o modo de operação, mediante a aferição nos respectivos processos administrativos das condutas adotadas. A Força-tarefa resultou no compartilhamento da prova criminal com o Município, e foi utilizada para responsabilização administrativa e demissão de oito servidores envolvidos em desvios de condutas funcionais, assim caracterizados nos respectivos processos disciplinares.

No âmbito do Município, a Portaria 422,[446] de 22 de novembro de 2012, designou o grupo de trabalho para a respectiva atuação.[447] As inspeções administrativas são instrumentos de controle interno da Administração Pública para verificação da legalidade, legitimidade e,

---

a este aspecto, a coligação que o elegeu tinha 15 partidos representando uma coalizão com as mais variadas espécies de ideologia e de modo de atuar. Deste Governo resultaram 36 secretarias, divididas entre os partidos da base que mantinham tal coalizão.

[444] À época a SPM foi sucedida pela SMURB, que incorporou atribuições na aprovação de projetos que eram executadas por um setor da SMOV.

[445] Pela Promotoria de Justiça Especializada Criminal atuou o Dr. Flavio Duarte.

[446] Portaria designando a realização da Inspeção, os componentes e objetivos do que na imprensa e pelo Prefeito foi denominado "Pente-fino" no processo de aprovação de projetos urbanísticos no Município de Porto Alegre.

[447] A signatária coordenou a Inspeção. Todos os dados aqui citados constam nos relatórios produzidos, foram disponibilizados publicamente, enviados aos secretários titulares das pastas e apresentados ao Sr. Prefeito Municipal. Integraram a Comissão os seguintes servidores: Vanêsca Buzelato Prestes, 249832/2, Paulo Ricardo Rama, 381886/1 e Agueda Reny Martins Gonçalves Pahim, 235432/1, todos da Procuradoria-Geral do Município; Izabel Christina Cotta Matte, 292269/3, do Gabinete de Planejamento Estratégico; Maurício Gomes da Cunha, 777990/1, Andréa Teichmann Vizzotto, 104647/2, Ana Luísa Soares de Carvalho, 310454/1, Napoleão de Barros Neto, 286580/1, Roberto Silva da Rocha, 935752/2; Luciano Saldanha Varella, 442206/5, todos da Procuradoria-Geral do Município e Cleber Lemos Costa, 210514/2, da Secretaria Municipal da Fazenda. O Procurador-Geral do Município era João Batista Linck Figueira. A Inspeção durou de novembro de 2012 a abril de 2013.

especialmente, o atendimento da finalidade pública e foram a justificativa da medida adotada.

Os conteúdos objeto da Inspeção foram: Declarações Municipais de uso do solo (DMs), que é o documento que informa o regime urbanístico dos imóveis, a aprovação e o licenciamento das edificações, a conversão em moeda corrente de áreas de destinação pública municipal em parcelamento do solo, as transações com índices construtivos, as Comissões responsáveis pela aprovação dos projetos no Município (CTAAPS, CAUGE, CADHAAP, CAUGE e CVEA), o Protocolo Setorial e os Termos de Compromisso. Ao longo da Inspeção, ainda foram apontadas as Ações e Programas Descontinuados e foi examinada a Área de Conservação Permanente.

O grupo de trabalho desenvolveu uma metodologia que consistiu em: (a) exame aleatório de expedientes sobre cada tema; (b) entrevistas com servidores que atuavam nos órgãos pelas matérias; (c) exame dos dados informatizados e do grau de informatização dos conteúdos (exame de banco de dados e coleta de informações nos setores de modernização respectivos). Para cada item examinado foi produzido um relatório com sugestões de medidas a serem adotadas, tanto de prevenção quanto de estruturação dos setores, sempre na perspectiva da uniformização e transparência de procedimentos, bem como no registro da motivação das decisões administrativas. Também, foi objeto de preocupação, a observância do princípio da impessoalidade e da continuidade administrativa.

Dos temas inspecionados destacamos os seguintes apontamentos que passaremos a expor nos próximos subitens.

5.4.3.1 DMs – Declarações Municipais de Uso do Solo

Para a realização deste trabalho foi estabelecido o seguinte: (a) entrevista com os servidores que integram a UAI I e UAI II, setores responsáveis pela emissão das DMs, (b) exame de 30 expedientes administrativos referentes à emissão de declarações municipais, escolhidos aleatoriamente; (c) exame do banco de dados da Companhia de Processamento de Dados do Município de Porto Alegre (Procempa) e da Intranet da SPM; (d) coleta de informações no Setor de Modernização da Secretaria Municipal de Administração (SMA). A Comissão teve como objetivo identificar a regularidade, competência, tempo de tramitação, fluxos, sistemas informatizados de controles de dados e rotinas que envolvem a emissão das DMs.

Foram detectadas DMs com anotação a lápis, a adoção de procedimento pouco usual pelo secretário Municipal, que modificou a já frágil rotina e passou a assinar as DMs e entregá-las em seu gabinete para alguns empreendedores, e a descontinuidade do processo de informatização que estava em andamento, visando à publicização do conteúdo na internet. Como sugestões foram apresentadas as seguintes medidas: a) Reativação do redesenho de processos para estudo e elaboração de sistema de tramitação eletrônica de documentos; b) Elaboração de instrução normativa para regulamentar rotina interna dos setores UAI I e UAI II; c) Criação de uma central de atendimento virtual com registro por intermédio de protocolo; d) Criação de parâmetros seguros de consulta e registros de dados na emissão das DMS, através de sistemas interligados automatizados, que contenham dados necessários à emissão das DMs, especialmente no tocante às condicionantes, de altura, esgotos, água, incidência de patrimônio cultural; e) publicação de ordem de serviço para determinar, no prazo de 3 meses, a inserção dos dados relativos a incidência de patrimônio cultural, a fim de publicizar as características destes bens para a cidade; f) Interligação do sistema oracle gerenciado pela Procempa contendo os dados do DMAE sobre redes de esgoto e água, com o sistema de emissão de DMS, para automatização da informação na emissão da DM e disponibilização na internet.

5.4.3.2 Protocolo Setorial

Foram realizadas entrevistas e visita *in loco* para aferir as condições das instalações, bem como verificar a metodologia do trabalho. Foi possível verificar a falta de ordem nos expedientes, o atendimento aleatório que possibilita a escolha daqueles que são encaminhados primeiro, a desorganização completa do ambiente, a degradação da estrutura e do processo de gestão. Como sugestões foram propostas as que seguem:

> Retomada do projeto de virtualização e digitalização dos expedientes administrativos, conforme piloto implantado em 2005, quando foi contratada a empresa FACCENTER;
> Lotação de um administrador para formular e aplicar sistema de gestão do Protocolo Setorial, bem como analisar a necessidade de incremento do número de servidores para o atendimento adequado da demanda do setor;
> Criação de um sistema informatizado interno de controle de arquivamento de expedientes administrativos;

Colocação de sistema de monitoramento de segurança com utilização de câmeras de vídeo;
Imediata restrição ao acesso de pessoas estranhas ao Protocolo Setorial, sejam oriundas de setores internos, sejam de interessados externos;
Trancamento das portas que dão acesso ao Protocolo Setorial, dentro e fora do horário de expediente;

Pode-se dizer que o Protocolo Setorial estava "largado", e, por ele, passavam toda a tramitação dos expedientes administrativos, sendo um setor vital. Conforme visto no relato das experiências europeias, esta falta de cuidado, de atenção, essa deterioração é ingrediente que torna o ambiente vulnerável aos processos corruptivos. Fazer que não se está enxergando a situação é um modo de, mesmo que não conscientemente, ser conivente com ela.

5.4.3.3 Recompra – Conversão de área pública de loteamentos em moeda

O trabalho partiu do exame dos dados elencados pela Auditoria-Geral da Secretaria Municipal da Fazenda, realizando o controle interno da administração pública.

Constatou-se que havia conversões autorizadas, porém cujo valor não tinha sido recolhido aos cofres públicos, apesar dos parcelamentos já estarem aprovados e executados. Foram realizadas sindicâncias, e os empreendedores chamados no âmbito da Inspeção, recolheram aos cofres públicos municipais os valores correspondentes.

Destaca-se que, em decorrência desta medida, foram recolhidos cerca de R$ 5.333.448,25 (cinco milhões, trezentos e trinta e três mil, quatrocentos e quarenta e oito reais e vinte e cinco centavos), valores estes devidamente atualizados.[448]

Também deste trabalho resultou um novo Decreto[449] regulamentador do instrumento da recompra, amplamente discutido com as secretarias envolvidas, no qual ficaram previstas as regras para conversão, diminuindo a discricionariedade na concessão, estabelecendo as responsabilidades pela efetiva cobrança, a fim de evitar situações como as que possibilitaram o não pagamento detectado, bem como as

---

[448] Processo administrativo n. 002.209271.00.9.

[449] Decreto nº 18.431, de 22 de outubro de 2013. Regulamenta o procedimento administrativo para fins do disposto no art. 138, §1º, inc. I, II e III da Lei Complementar n. 434, de 1º de dezembro de 1999, com a redação dada pela Lei Complementar n. 646, de 8 de outubro de 201. Disponível em: <http://www.leismunicipais.com.br>. Acesso em: 10 out. 2016

condições de pagamento, haja a previsão de desconto pelo pagamento à vista inapropriado para esta espécie de negócio, na medida em que se trata de valor de área pública.

5.4.3.4 Aprovação e Licenciamento de Projetos: SALP e Vistoria

Nesse item foram examinados expedientes, feitas entrevistas e analisadas as rotinas adotadas pelos setores responsáveis pela aprovação de projetos. Foram detectadas as seguintes anomalias que abrem espaço para gerar dificuldades a fim de possibilitar "facilidades": a) não existe transparência no sistema de aprovação e licenciamento de projetos; não tem distribuição objetiva de processos; há descontrole na retirada de documentos dos expedientes; b) foi abandonado o desenvolvimento do processo de aprovação virtual dos projetos arquitetônicos; segundo a Procempa, em 2005 a SMOV pediu para descontinuar o projeto que estava em andamento e era fruto de financiamento do Banco Internacional de Desenvolvimento (BID); c) não há normatização interna relativa à distribuição de processos, tanto para aprovação, quanto na vistoria.

Ainda, verificamos os inúmeros pedidos de comparecimento na SALP (setor que aprova os projetos), bem como as idas e vindas nas vistorias. Fica evidente a necessidade de procedimento regulador, bem como a necessidade de utilização de instrumentos tecnológicos para dar maior celeridade e transparência aos apontamentos efetuados nestas duas etapas.

Como medidas sugeridas constam as seguintes: SALP: a) desenvolvimento de um boletim de análise para que haja no processo histórico e registro das correções necessárias para aprovação; b) elaboração de instrução normativa para regular os procedimentos internos relativos à distribuição de processos, procedimentos de plantões, atendimento aos comparecimentos e controle de tempo de tramitação; c) retomada do sistema de aprovação digital de projetos, para dar mais transparência e agilidade ao processo de aprovação e licenciamento; d) regulamentar, por instrução normativa, todas as rotinas internas dos revisores, com um protocolo padronizado de atuação; e) definição de critérios objetivos relativamente à distribuição de projetos para os revisores; f) qualificação do setor que controla os comparecimentos, com a designação de servidores do quadro capacitados para tarefas relevantes com a do controle de documentos e expedientes. VISTORIAS (após a vistoria o habite-se é concedido): a) dotar o setor de vistoria com condições mínimas de trabalho, com veículos em melhores condições, computadores atualizados, ambiente de trabalho salubre; b) desenvolvimento, pela

Procempa, no prazo máximo de 90 dias, de um boletim de vistoria eletrônico, para ser utilizado no local de vistoria; c) desenvolvimento, pela Procempa, no prazo máximo de 180 dias, de um sistema informatizado básico de controle de vistorias, em plataforma web, contendo relatório gerencial, com dados e estatísticas sobre quantidade total de vistorias, quantidade de vistorias por vistoriador, quantidade de vistorias por dia, tempo máximo de atendimento, tempo de tramitação de expedientes no setor e interface para registro de boletins de vistoria eletrônicos; d) aquisição imediata de tablets (ou equipamento remoto equivalente) para uso dos vistoriadores, para anotação e transmissão de dados do boletim de vistoria eletrônico, em tempo real, com registro e controle interligado ao sistema gerencial a ser desenvolvido, em plataforma web; e) desenvolvimento de uma ferramenta em plataforma web para acompanhamento da vistoria pelo vistoriado, em tempo real; f) regulamentação, por instrução normativa, de todas as rotinas internas dos vistoriadores, com um protocolo padronizado de atuação; g) disponibilização aos vistoriados de um canal de reclamações transparente e ágil; h) elaboração de um requerimento padrão de forma completa e com os dados corretos com relação ao proprietário, requerente e responsável técnico, nos casos em que o requerente não for o proprietário, este deverá juntar procuração; i) o responsável técnico indicado no requerimento deverá ser o responsável pela obra com ART. Caso seja substituído ao longo do processo, deverá apresentar nova ART.

5.4.3.5 Comissões

A apuração do trabalho das Comissões também se deu mediante exame de processos administrativos, entrevistas e análise das respectivas rotinas. Deste exame resulta a sugestão da adoção das seguintes medidas: a) tramitam nas Comissões os projetos especiais. Para serem especiais há uma qualificação jurídica estabelecida pelo Plano Diretor de Desenvolvimento Urbano e Ambiental (PDDUA) que em muitos processos não aparece referida. Recomendamos que ao receber o pedido a Comissão aponte o enquadramento como Projeto Especial. Esta qualificação é importante, porque na maioria das hipóteses implica na existência de mitigações e compensações, na forma estabelecida na legislação em vigor. O projeto especial é uma via de mão dupla, cabendo o aceite do Município de Porto Alegre e a assumpção de responsabilidades pelo empreendedor; b) não há uma uniformidade de atuação das Comissões em termos de procedimentos. A CVEA (Comissão Técnica de Viabilidade de Edificações), por exemplo, não mantém arquivadas as plantas que geraram a aprovação e os pareceres estão arquivados fisicamente, não estando digitalizados. Importante que as ferramentas de informática hoje existentes sejam utilizadas pelas Comissões de modo uniforme, a fim de dar maior segurança ao processo de gestão; c) constatou-se, também, que não fica clara a função da Secretaria da Comissão, especialmente no que diz com o monitoramento das decisões da Comissão. Nos processos de gestão contemporânea o monitoramento da decisão torna-se tão importante quanto a decisão colegiada. Assim, não basta decidir de modo coletivo, mas fazer com que esta seja cumprida. Neste sentido, recomendamos que a Secretaria mantenha o acompanhamento das etapas que sucedem a decisão da Comissão, pois há inúmeros instrumentos utilizados que decorrem da respectiva decisão (recompra, elaboração de Termo de Compromisso, vagas em garagens próximas, etc.); d) o representante das Secretarias traz para o processo o conteúdo discutido na origem. Por isso, importante registrar nos expedientes o tipo de discussão técnica e os respectivos participantes que geraram a medida X ou Y. Isso porque, em muitos processos constatamos que há mudança técnica considerável nas medidas apontadas e havendo o dever de motivar os atos administrativos não resta claro o motivo pelo qual medidas apontadas como mitigadoras foram posteriormente dispensadas.[450] Essa discricionariedade técnica é um outro elemento que deve ser observado, pois favorece os processos corruptivos.

Dessas medidas destaca-se a necessidade de monitoramento das decisões das comissões, isso porque, são uma forma de diminuir a discricionariedade administrativa. Todavia, a falta de monitoramento dos encaminhamentos de lá resultantes, gera um descrédito neste modo de atuar, bem como insegurança no processo de gestão.

5.4.3.6 Ações e programas descontinuados

Ao longo da Inspeção fomos identificando projetos que tiveram financiamento externo (BID) e investimento do Município e que foram descontinuados, gerando desperdício de dinheiro público (GERPAV, processo digital de aprovação e licenciamento de projetos e edificações, DM eletrônica).

O GERPAV era um projeto para qualificação do serviço de asfalto na cidade, que se continuado permitiria o acompanhamento da qualidade dos serviços realizados.

---

[450] A Empresa Pública de Transporte e Circulação – EPTC tem um modelo interessante (comitê) que pode ser compartilhado com as demais Secretarias.

5.4.3.7 Serviços de conservação permanente de vias públicas

O objeto em exame foi o asfaltamento. Foi constatada a falta de critério impessoal para atendimento da demanda de serviços, bem como a desestruturação do setor que estava sendo desenvolvido para planejar, controlar a qualidade dos serviços contratados, ainda foi constada a realização de serviços em locais inadequados, sem critérios técnicos, em áreas não cadastradas como logradouros públicos, determinados a partir de e-mail da assessoria comunitária do Gabinete do Secretário.

Como medidas, sugeriu-se: a) ao retorno do desenvolvimento do GERPAV, projeto que visava à qualificação do serviço de asfalto, o cadastramento das vias e o acompanhamento da qualidade dos serviços realizados; b) a criação de novas rotinas que estejam em consonância com o princípio da impessoalidade.

5.4.3.8 Índices Construtivos

No âmbito da Inspeção, a partir do exame das rotinas, da entrevista com os servidores e de expedientes administrativos, foram detectados os seguintes problemas: a) não há controle de uso dos índices por Unidade de Estruturação Urbana (UEU) e por quarteirões; b) fragilidade dos cadastros existentes (anotações em fichas manuais); c) falta de controle nas movimentações dos índices (tem saldos, mas não é possível identificar a origem deles); d) falta de relatórios gerenciais, retenção excessiva de processos, sem justificativa; e) tramitam na Unidade de Desapropriação e Reserva de Índices (UDRI) uma série de processos que não são da sua atribuição e muitos processos ficam sem definição.

Como sugestão de medidas corretivas foram apresentadas duas minutas de Decretos, um para regular Solo Criado e outro para Transferência de Potencial Construtivo (TPC), visando a diminuir a insegurança e a discricionariedade nas negociações, bem como melhorar a transparência no uso dos instrumentos. As minutas foram adotadas e o controle dos índices construtivos passou a ser efetuado pela Secretaria Municipal da Fazenda, por se tratar de patrimônio público.

5.4.3.9 Termos de Compromisso

Os Termos de Compromisso são instrumentos de concertação administrativa, destinados a ajustar direitos e obrigações entre a Administração Pública e os particulares. No Município de Porto Alegre esse instrumento é utilizado há bastante tempo, ajustando condicionantes e medidas de compensação e de mitigação dos impactos oriundos de projetos arquitetônicos, urbanísticos e de atividades, por exemplo. Todavia, mesmo com o uso cotidiano deste instrumento, não há uma regulamentação municipal sobre a celebração dos Termos de Compromisso, o que é sugerido por meio da minuta anexa a esse relatório.

Os Termos de Compromisso, como ajuste administrativo, foram introduzidos no ordenamento jurídico brasileiro pelo artigo 79-A da Lei Federal nº 9605/98, permitindo aos órgãos integrantes do Sistema Nacional do Meio Ambiente (SISNAMA) firmarem Termos de Compromisso para ajuste de direitos e obrigações com os responsáveis por atividades potencialmente poluidoras. De lá para cá se ampliou a realização dos Termos de Compromisso com força de título executivo extrajudicial. Os Termos de Compromisso são, portanto, ferramentas capazes de solucionar de modo rápido e eficiente eventuais conflitos existentes entre a Administração Pública e os particulares, sempre balizados pela lei.

Em se tratando de transação administrativa, a Administração Pública não está autorizada a transacionar, senão nos limites legais. Portanto, necessário que os Termos de Compromisso firmados sirvam para ajustar condições, prazos, execução de medidas compensatórias e mitigadoras decorrentes de empreendimentos ou atividades, de modo objetivo, buscando-se afastar qualquer ponto de subjetividade. Dessa forma, com impessoalidade e transparência, é possível afastar eventuais conflitos existentes, mantendo-se o interesse público orientador da celebração dos Termos de Compromisso.

A fim de otimizar o grau de eficácia e eficiência dos Termos de Compromisso firmados pelo Município de Porto Alegre faz-se necessária a inclusão de medidas que assegurem o cumprimento do que foi ajustado. É dizer, a utilização desses instrumentos de concertação, se desprovidos de mecanismos de efetivação, transformam os Termos em mera formalidade, desprovida de qualquer sentido prático e sem fundamento no interesse público.

Após exame dos instrumentos nos processos administrativos, sugeriu-se: a) a disponibilização do TC na Internet; b) a definição do conteúdo mínimo que deve constar nos TCs; c) a definição do conteúdo das medidas mitigadoras e compensatórias; d) a explicitação do momento em que o TC deve ser firmado.

5.4.3.10 Atuação Conjunta com o Ministério Público Estadual

No início do relato, dissemos que houve uma atuação conjunta entre a Procuradoria-Geral do Município e o Ministério Público Estadual.

No âmbito da Promotoria foi instaurado procedimento que desencadeou a denominada "Operação Domus", na qual foi requerida a interceptação telefônica de servidores municipais, a partir de denúncias recebidas. Por meio das interceptações procedidas tais denúncias se mostraram verdadeiras.

A prova carreada aos autos, decorrente da interceptação telefônica, foi compartilhada com a Procuradoria-Geral do Município, nos autos do processo cautelar nº 001/2.12.0124904-8. Com base nas escutas telefônicas foi possível identificar os servidores envolvidos nos ilícitos – recebimento de propina para movimentação de processos, agilização de expedientes, troca de planta em expediente administrativo, falsificação de licença, defesa de interesses de particulares no âmbito do processo decisório municipal –, e proceder a respectiva responsabilização administrativa, resultando em oito demissões[451][452] de servidores estáveis. Os processos de responsabilização administrativa foram conduzidos pela Comissão Processante de Inquérito (CPI), vinculada à Procuradoria-Geral do Município.[453]

No âmbito do Ministério a prova produzida na esfera criminal foi compartilhada para fins de responsabilização por improbidade administrativa, resultando no ajuizamento de quatro ações criminais e duas ações de improbidade administrativa.

A primeira denúncia foi por corrupção ativa e passiva e envolve 20 denunciados. Destes, 05 são servidores municipais, que respondem por corrupção passiva. Os 15 restantes são arquitetos, engenheiros civis, empresários e despachantes que respondem por corrupção ativa.

A segunda denúncia[454] envolve 01 denunciado por corrupção passiva, incurso nas sanções dos artigos 317 *caput* e 327, §2º, do Código Penal.

A terceira denúncia[455] foi por falsificação de documento público, com concurso de pessoas, incurso nas sanções previstas 297, §1º, combinada com art. 29, na forma do art. 71, do Código Penal.

---

[451] Registra-se que os servidores demitidos ajuizaram ações de reintegração que seguem em tramitação, mas que até o presente momento não obtiveram nenhuma das medidas requeridas, sendo que já há, inclusive, sentenças.

[452] A defesa do Município nos processos movidos pelos servidores demitidos é feita pela Procuradoria de Pessoal Estatutário (PPE).

[453] À época desses inquéritos a CPI era Presidida pela Procuradora Municipal Clarissa Fernandes Cortes Borher.

[454] Distribuição por Dependência – Processo Cautelar nº 001/2.12.0124912-9.

[455] Distribuição por Dependência – Processo Cautelar nº 001/2.12.0124912-9.

A quarta denúncia tem como réus dois servidores municipais por crime contra a administração pública em geral. Nessa ação houve transação penal.[456]

Já, no âmbito da improbidade administrativa, a primeira ação ajuizada tem como réus os mesmos 20 denunciados na ação criminal anteriormente mencionada e tramita sob nº 001/1.14.016124-8 (CNJ 0198762-12.2014.8.21.001).[457] Vale destacar uma passagem da inicial da ação de improbidade administrativa:

> Na verdade, os fatos apurados pela Procuradoria-Geral do Município eram conhecidos há muito tempo, praticamente notórios, jamais, contudo, formalizados. Era, pois, corrente no meio imobiliário local a imensa dificuldade de que qualquer empreendimento, desde o início, tivesse andamento célere junto às secretarias municipais, em especial pela precariedade organizacional dos órgãos incumbidos de manejar com questões relacionadas à construção civil. Toda e qualquer agilização ou mesmo o contorno de algum obstáculo não raras vezes estavam relacionados ao pagamento de "propinas" aos servidores responsáveis. Valia, no caso, a máxima: cria-se a dificuldade para, posteriormente, oferecer a facilidade. Muitas vezes os incorporadores ou mesmo os pequenos construtores, premidos por prazos contratuais, diretamente ou por meio de intermediários, recorriam a tais procedimentos, fomentando ainda mais a corrupção. Isso, como se disse era notório no meio local.[458]

E os promotores de justiça da promotoria especializada firmatários da ação de improbidade prosseguem dizendo:

> A diferença constatada na representação formulada ao órgão ministerial foi que a própria Procuradoria-Geral do Município, em meio à inspeção administrativa, apurou os fatos e os noticiou ao Ministério Público, descrevendo as possíveis circunstâncias dos delitos, com importante detalhamento e indicando suposta autoria. Em razão disso, de imediato, era impossível não conferir importante credibilidade ao órgão municipal, mais que legitimado para apurar, ou no caso, informar fatos ocorridos no seu próprio âmbito.[459]

---

[456] Processo nº 001/2.15.0037879-6, CNJ nº 0119909-52.2015.8.21.0001.

[457] Ação ajuizada pelos Promotores de Justiça Diomar Jacinta Rech e Marta Weiss Jung.

[458] Petição inicial da Ação de Improbidade nº 001/1.14.016124-8, CNJ: 0198762-12.2014.8.21.001, p. 58.

[459] *Ibidem*, p. 59.

A segunda ação de improbidade tem 04 réus e tem por objeto o serviço de pavimentação asfáltica, apontando favorecimento impessoal na realização do serviço em troca de apoio eleitoral.[460]

De todo o exposto salienta-se que a Inspeção determinada pelo Senhor Prefeito Municipal inaugurou uma atuação da PGM no sentido de investigar, propor e responsabilizar, destacando-se a tarefa de buscar o ressarcimento ao erário de recursos públicos, que, na Inspeção em comento, superou 5 milhões de reais.

Depois dessa Inspeção, ainda na mesma gestão do Prefeito Fortunatti, a PGM procedeu Inspeções no Departamento de Esgotos Pluvial (DEP) e na Fundação de Assistência Social e Cidadania (FASC).

No DEP,[461] além das funções de Coordenação da Inspeção, por um mês, um procurador foi designado para administrar o Departamento. Nesse órgão, a partir da revisão dos contratos, do relato de testemunhas, do exame dos expedientes administrativos e da aferição das folhas de medição dos serviços, restou demonstrado que os serviços eram pagos, sem, contudo, aferir se efetivamente eram realizados. Restou identificado um modo de operar da fiscalização destes, que era centralizada no Diretor da Unidade de Conservação. Chamadas as empresas prestadoras dos serviços, foi desencadeada a apuração de responsabilidades e a devolução de recursos ao erário municipal. Somente um dos TACs,[462] firmados envolve a devolução de 6 milhões de reais por serviços não executados, porém pagos indevidamente pelo Município.

Enquanto que na primeira Inspeção envolvendo a SPM e a SMURB havia um ambiente refratário, incomodado e resistente à Inspeção por

---

[460] Inquérito Civil nº 00829.00081/2012, Processo nº 011500012425 – Promotoria de Justiça de Defesa do Patrimônio Público de Porto Alegre, ajuizada pela Promotora de Justiça Luciana Moraes Dias.

[461] A Inspeção foi conduzida pela PGM com a colaboração de servidores de outros órgãos municipais, inclusive do próprio DEP. Na PGM a condução dos trabalhos coube à Procuradora-Geral, Cristiane da Costa Nery e a designação para atuar na Direção do DEP ao Procurador-Geral Adjunto Lieverson Luiz Perin.
Membros designados para atuação na Inspeção do DEP: PGM – Procuradoria-Geral do Município: Cristiane da Costa Nery – Procuradora-Geral do Município; Lieverson Luiz Perin – Procurador-Geral Adjunto; Luciano Saldanha Varela – Engenheiro; Paulo Ricardo Rama – Administrador; Ricardo Cioccari Timm – Procurador Municipal; Roberto Silva da Rocha – Procurador Municipal; Vanêsca Buzelato Prestes – Procuradora Municipal; SMF – Secretaria Municipal da Fazenda: Bárbara Baum Vívian – Auditor de Controle Interno; Cleber Lemos Costa – Engenheiro e membro da Comissão; Leonardo Garcia Santana – Auditor de Controle Interno; SMPEO – Secretaria Municipal de Planejamento Estratégico e Orçamento: Renê José Machado de Souza – Engenheiro; SMA – Secretaria Municipal da Administração: Paulo Iser – Administrador; DEP – Departamento de Esgotos Pluviais: Daniela da Costa Bemfica – Engenheira.

[462] Termo de Ajustamento de Conduta.

parte dos servidores e da Direção da Secretaria, na segunda Inspeção, procedida no DEP, e também na que vem ocorrendo na FASC, houve um ambiente de intensa, salutar e necessária colaboração dos servidores, sobretudo no DEP, pois a Inspeção serviu para uma reestabilização do órgão e das funções por ele desempenhadas.[463]

As Inspeções não são garantia de cessação dos processos corruptivos, até, porque, como visto ao longo deste trabalho, estes integram as engrenagens. Contudo, são um meio de identificar as vulnerabilidades, atingir as fragilidades do sistema e não tratar somente casos específicos. Nos caso examinado, do ambiente até certo ponto hostil e de difícil relação estabelecida com as Secretarias SPM e SMOV, decorreu a impossibilidade de monitoramento das medidas apontadas e retomada da situação depois de certo tempo. O monitoramento e a aferição da situação passado um tempo é elemento central para verificar se as vulnerabilidades visualizadas mantêm-se ou se foram sanadas. Enfrentar as vulnerabilidades dos processos corruptivos precisa ser uma constante, pois também estas se modificam ao longo do tempo.

5.5 Fatores que favorecem a corrupção urbanística

De tudo o que vimos até aqui, podem ser sintetizados fatores apontados como espaços abertos que favorecem as práticas corruptivas.

5.5.1 A desregulamentação: o caso das contratações urbanísticas

Da experiência europeia, um dos fatores exaltado como desencadeador e mecanismo que permite a vulnerabilidade a processos corruptivos, são as contratações urbanísticas.

As contratações urbanísticas foram a forma que expressaram a expansão do consenso na ação administrativa como modo de agir disciplinador da administração pública. Conforme Correia, os últimos anos do século XX denotaram uma tendência de evolução dos sistemas da Administração Pública executiva europeia para a introdução do consenso e da concertação do agir administrativo.[464]

---

[463] Há Inquérito tramitando na CPI envolvendo servidores estáveis, além do afastamento da Direção do órgão. Contudo, o quadro técnico do Departamento deu amplo apoio, inclusive prestando depoimento, apontando as fragilidades a fim de serem sanadas.

[464] CORREIA, Jorge Andre Alves. *Contratos Urbanísticos: concertação, contratação e neocontratualismo no direito do urbanismo.* Almedina (teses de mestrado): Coimbra, 2009.

Os planos urbanísticos dos séculos XVIII e XIX tinham por função atender às exigências de higiene, salubridade e segurança das habitações, além das necessidades de trânsito e de localização dos edifícios públicos mais importantes. A partir do século XX as funções foram se modificando e o uso, ocupação e transformação do solo passaram a ser elemento central dos planos, estendendo-se de setores da cidade ao conjunto desta e, posteriormente, a todo território. E, no caso de áreas conturbadas a mais de uma cidade.[465]

Nessa linha de alargamento das funções dos planos municipais, surgiu a tendência dos planos serem menos prescritivos e minuciosos, tendo certa indeterminação. Essa flexibilização de regras foi defendida por parte significativa da doutrina italiana. Em 1967 teve seu início com a Lei nº 765/1967, porém, seu ápice com as características antes descritas são dos anos 90, com a Lei nº 142. Já em Portugal, o Decreto-Lei nº 316/2007 trilhou o mesmo caminho.[466]

A planificação mais elástica, menos conflitual e orientada para a definição de grandes definições ou, também considerada, visão estratégica do território, foi a característica destas legislações que inauguraram um ciclo do urbanismo naqueles países, alinhada com a concertação administrativa e que tem no urbanismo de contratação a sua base.

O paradoxo deste modo de planejar e de atuar no urbanismo foi o amplo espectro de corrupção que foi descrito nos capítulos e itens anteriores. Dito de outro modo, o desregrar pavimentou o caminho para a vulnerabilidade aos processos corruptivos.

Não se está a sustentar o retorno ao planejamento prescritivo, de comando e controle, como modo de enfrentar ou minimizar a corrupção. Contudo, não chegar a vulnerabilidade neste modo significa, também, deixar de enfrentar os problemas dela decorrentes.

Itália e Portugal ao descrever os descaminhos e espaços de vulnerabilidade têm apontado seus caminhos, que não são idênticos e respeitam as peculiaridades respectivas, mas, a seu modo e em consonância com os Tratados Internacionais de combate à corrupção, tem apontado o setor do urbanismo como um dos vulneráveis e que precisam ser monitorados, em especial nas contratações urbanísticas que têm este amplo espectro de concertação.

---

[465] *Ibidem*, p. 23.

[466] *Ibidem*, p. 24 e 91.

5.5.2 A discricionariedade

Um dos paradoxos da administração gerencial inaugurada no final do século passado está na flexibilização que amplia a discricionariedade. A discricionariedade aqui referida se dá tanto no âmbito administrativo quanto político. No âmbito administrativo decorre das normas abertas que possibilitam a interpretação dos técnicos, tanto dos proponentes quanto dos servidores públicos. Há que se desenvolver estratégias para diminuir essa discricionariedade. Já no âmbito político, emerge das decisões sem base técnica, da proposição de normas sem lastro em estudos que embasem e justifiquem a nova regra. Tanto uma quanto a outra dão margem a processos corruptivos, em especial na descrição feita por Cappelletti, na forma citada neste capítulo.

5.5.3 Lentidão do processo administrativo

Uma das grandes questões atuais é a lentidão do processo administrativo. A nosso ver, decorre do excesso de caminhos a percorrer, da falta de estrutura do poder público, da obsolescência dos instrumentos de gestão, da falta de uso das tecnologias disponíveis no processo de aprovação municipal e da falta de decisão administrativa.

Faz-se necessário debruçar sobre o procedimento administrativo para identificar os entraves e verificar formas de superação. Nesse particular, mais uma vez, vale apontar que as generalizações escondem os problemas e as diferenciações permitem enxergar outras possibilidades. E, conforme visto e consabido popularmente, as dificuldades são o meio pelo qual podem ser vendidas facilidades. Assim, enfrentar a morosidade do procedimento, identificar os gargalos, produzir diferenciações, significa diminuir a vulnerabilidade aos processos corruptivos.

5.5.4 Falta de estruturas compatíveis com a necessidade de gestão

Conforme descrito nos documentos da União Europeia examinados, par e passo com a corrupção estão as estruturas degradadas, corrompidas e que não exercem mais função para a qual foram criadas. A descrição do serviço público italiano, antes e depois do período fascista, exemplifica o processo de desestruturação a partir da corrosão das estruturas. Esse não funcionamento gera a morosidade do processo, as idas e vindas, o não dizer e andar dos expedientes que propiciam os espaços de vulnerabilidade já identificados como ensejadores de práticas corruptivas. Estruturar os setores vulneráveis é prevenir a corrupção.

5.5.5 Quantidade de normas a serem atendidas

Com o alargamento das funções do urbanismo nos séculos XX e XXI, ampliaram-se, também, as legislações a serem atendidas no processo de aprovação. Meio ambiente, acessibilidade, patrimônio cultural, proteção das águas, moradia, entre outros direitos, estão presentes na concretização dos processos de aprovação municipal e precisam ser observados. Isso resulta em uma maior complexidade do que anteriormente observado, quando determinados conteúdos não eram juridicamente protegidos. Por isso, faz-se fundamental compreender o que se passa atualmente, diante da necessidade de atender a quantidade de normas existentes. De outro lado, ao conhecer o conteúdo e compreender os limites das possibilidades, é possível desenvolver estratégias para reduzir o número de normas, possibilitando dar transparência e objetividade ao conteúdo a ser atendido, porém sem ferir o direito protegido. Há normas repetitivas, procedimentos excessivos. Identificar o que é excesso, cuja supressão pode ser proposta, e o que é essência é um dos desafios. Para tanto, faz-se necessário compreender o processo de evolução da legislação e da proteção dos direitos que se expressam no âmbito das cidades e são refletidos nas aprovações municipais.

O ciclo constitucional iniciado no século XX no ocidente é resultado de uma longa evolução sociocultural, segundo a qual, por meio da afirmação do conceito de Constituição como uma reação à diferenciação entre direito e política, faz-se possível, por meio do sistema jurídico, distinguir contínuas operações para apontar o que é direito e o que não é direito.[467] As constituições ocidentais contemporâneas reconhecem uma série de direitos, sendo que a categoria normativa identificada como "novos direitos" é longamente aceita no mundo ocidental. Esses novos direitos constitucionalmente reconhecidos são os direitos fundamentais.[468] Há uma denominada multiplicação histórica dos novos

---

[467] Nesse sentido: LUHMANN, Niklas, In: ZAGREBELSKY, Gustavo; PORTINARO, Peri Paolo; LUTHER, Jörg. *La Consatituzione como conquista evolutiva. Il Futuro della Constituzione.*Torino: Giulio Einaudi Editore, s.p.a., 1996.

[468] Os direitos de 1ª dimensão são tidos como os direitos inerentes à individualidade (igualdade, liberdade, segurança e resistência a diversas formas de opressão). Os direitos de segunda dimensão são os direitos sociais, econômicos e culturais, os direitos fundados nos princípios da igualdade e com alcance positivo. Laffer sustenta que estes são "direitos de crédito do indivíduo em relação à coletividade". São exemplos destes, o direito ao trabalho,

direitos. No dizer de Bobbio, essa multiplicação se deu por três razões: a) aumentou a quantidade de bens considerados merecedores de tutela; b) estendeu-se a titularidade de alguns direitos típicos a sujeitos diversos do homem; c) o homem não é mais visto na especificidade ou na concreticidade de suas diversas maneiras de ser em sociedade, como criança, velho, doente, etc.[469]

Para Luhmann, a função do reconhecimento de direitos fundamentais é fornecer garantias para diferenciação. O paradoxo é que quanto mais se fornece estas garantias, mais de reforça o âmbito de exclusão, pois surgem outras necessidades.

A estruturação na forma prevista no Brasil transformou em direito situações que no sistema anterior integravam o âmbito da política. Dessa forma, produziu uma diferenciação, distinguindo o que é direito e criando meios para sua garantia. Disso resulta uma série de consequências no âmbito dos municípios.

Disso decorre que todos são direitos e não há possibilidade de escolha aleatória ou com critérios fora da racionalidade jurídica. Não há leis que se contradizem. Há direitos protegidos pelo sistema e a racionalidade do sistema jurídico é que deve resolver eventual conflito entre leis. Não é possível ignorar esses direitos protegidos.

Luhmann[470] interpreta o fenômeno de progressiva racionalização do direito a partir de sua teoria dos sistemas. O autor sustenta que, com a ascensão da modernidade, o direito se diferencia na forma de um sistema autopoiético. O sistema jurídico diferenciado fica cego ao sistema político e passa a enxergar apenas a partir de seu código interno: legal/ilegal (Recht/Unrecht). O direito passa a ser aquilo que é produto das operações internas do sistema jurídico, ou seja, é o sistema jurídico que passa a determinar o que é direito. Segundo tal perspectiva, a sociedade moderna é caracterizada por uma formalização funcional de todos os

---

saúde, educação e com estes é identificado o nascedouro do direito sindical. Os direitos de 3ª dimensão são aqueles metaindividuais, coletivos e difusos, direitos de solidariedade e o direito ao desenvolvimento. Estes direitos se expressam no direito ao meio ambiente equilibrado (direitos ecológicos), no direito à cidade e à ordem urbanística, no direito à acessibilidade universal, dos idosos, das crianças e adolescentes, consumidores. Os direitos de 4ª dimensão são identificados como a biotecnologia, bioética e a regulação da engenharia genética. Já os de 5ª dimensão referem-se à sociedade e tecnologia de informação (internet), ciberespaço e da realidade virtual. (LAFFER, Celso. *A Reconstrução dos Direitos Humanos*. São Paulo: Companhia das Letras, 1998.)

[469] BOBBIO, Norberto. *A Era dos Direitos*. 10. reimpressão. Rio de Janeiro: Elservier, 2004.

[470] LUHMANN, Niklas. *Sistema Giuridico e Dogmatica Giuridca*. Bologna: Il Mulino, 1978, passim; *Sociologia do Direito I*. Rio de Janeiro: Tempo Brasileiro, 1983. Tradução brasileira de *Rechtssoziologie 1*, por Gustavo Bayer; *legitimação pelo procedimento*. Brasília: UNB, 1980.

seus âmbitos. Em sociedades como essa, funcionalmente diferenciadas, o direito se especializa em generalizar consensualmente expectativas de acordo com o seu código interno. Então, o sistema jurídico é visto por Luhmann como um círculo fechado de comunicação. Dessa forma, ele se delimita autorreferencialmente em relação aos seus mundos circundantes, de tal forma que passa a desenvolver as suas relações com o exterior apenas por meio de observações.

Também as questões da legitimidade e da validade do direito são entendidas na teoria de Niklas Luhmann como acessíveis somente ao nível interno do sistema jurídico. Segundo essa concepção, a legitimidade passa a surgir da própria legalidade, ou seja, o direito se diferencia como um sistema autônomo que produz o seu próprio direito e sua própria legitimidade. Dessa forma não existe relação do sistema jurídico com o sistema político, ou, com um processo de formação democrática da legislação que se realiza na esfera pública.

De igual modo não há como, administrativamente, optar por uma legislação em detrimento de outra, ou ignorá-las. Cabe à racionalidade do sistema jurídico identificar o modo de operar com o universo de direitos protegidos. Todavia, para chegar a essa fase faz-se necessário identificar todas as legislações incidentes, apontar os espaços de proteção e publicizar o conteúdo protegido, a fim de que esteja claro e acessível para todos.

CAPÍTULO 6

AS POSSIBILIDADES ABERTAS FRENTE À IDENTIFICAÇÃO DA CORRUPÇÃO URBANÍSTICA

Nos dois últimos capítulos descrevemos como se expressa a corrupção urbanística. Citamos exemplos da forma de tratamento na Itália, Espanha e Portugal e demonstramos as fragilidades que, a nosso ver, ocorrem no Brasil. A falta de um sistema jurídico que separe o direito da política, que vede condutas que favorecem a impessoalidade, que favoreça a apresentação de dificuldades para "vender facilidades", o excesso de discricionariedade administrativa, a quantidade de legislação a ser cumprida, muitas vezes aparentemente contraditórias, bem como as descrições que permitem o enxergar de como a corrosão do sistema urbanístico afeta às estruturas diferenciadas da cidade democrática foi a tônica da abordagem.

Feito isso, por ora, passamos a apontar alguns modos de estabilização do sistema, a partir das questões que foram possíveis enxergar e descrever.

Este capítulo não tem a pretensão de ser conclusivo, pois cada um dos itens arrolados são dotados de enorme complexidade e merecem aprofundamento. Contudo, são pontos de partida para as reflexões necessárias a partir da abordagem feita. As situações foram descritas e a elas voltamos, em um movimento circular, porém, diferenciando os sistemas e procurando enxergar o processo de evolução a partir destes.

6.1 O Ordenamento Urbanístico como matéria de Estado e não de Governo

Uma das mudanças importantes e que inicia o processo de reconhecimento do urbanismo como matéria de Estado e não de Governo está na previsão constitucional e na densificação ocorrida após a Constituição de 1988.

A diferenciação dos âmbitos do direito e da política no urbanismo identificadas é pelos conteúdos que eram da política, ou seja, podiam ser ou não adotados, dependendo da prioridade política dos Prefeitos, Governadores e Presidente e passam a ser do direito, integrando os sistemas nacionais de políticas públicas, aprovados por legislação federal. A previsão normativa nesses sistemas nacionais transforma em direito dos cidadãos e dever do Estado o que era demanda social. Então neste rol de temas encontramos: saúde, criança e adolescente, estatuto da cidade, meio ambiente, acessibilidade, trânsito, estatuto do idoso, mobilidade urbana, moradia (implícita aqui a regularização fundiária), mudanças climáticas, desastres, enfim, todas as matérias que se interrelacionam com o direito à cidade, abordado no Capítulo 4 desta tese.

No âmbito da Constituição, destaca-se a introdução de um Capítulo destinado à Política Urbana.[471] Trata-se do Capítulo 2, do Título correspondente à Ordem Econômica e Financeira. Assim, juntamente com os Princípios Gerais da Atividade Econômica (I), da Política Agrícola, Fundiária e da Reforma Agrária (III) e do Sistema Financeiro Nacional (IV), está prevista a Política Urbana (II). Nos termos do art. 182, o plano diretor é a lei que disciplina o cumprimento da função social da propriedade no âmbito das cidades e é obrigatório para cidades com mais de 20.000 habitantes. É lei em sentido material e formal, portanto sujeita aos requisitos jurídicos inerentes, tanto ao processo legislativo, quanto ao controle de constitucionalidade das leis.

Seguindo a técnica constitucional, a legislação infraconstitucional (Estatuto da Cidade, Lei Federal nº 10.257/01) densificou o conteúdo constitucional e estabeleceu que há um conteúdo mínimo a ser observado pelos Planos Diretores. E é isso o que dispõem os artigos 39 a 42 do Estatuto da Cidade, ao estabelecer, em linhas gerais, um conteúdo mínimo dos planos diretores brasileiros que podem ser assim resumido: (a) deve englobar o território como um todo do Município, não se cingindo a área urbana (§2º, do art. 40); (b) o processo de elaboração, de revisão e de fiscalização de sua implementação deve ser participativo, incorporando os vários segmentos da comunidade; (c) deve ser revisto no mínimo a cada 10 anos; (d) é obrigatório para cidades com

---

[471] Conforme Luhmann, na Constituição se dá o acoplamento estrutural entre direito e política, na medida em que os legitimados políticos (Congresso Nacional) definem o conteúdo jurídico a ser observado. Por isto, este conteúdo não é aleatório, não é escolha de outros sistemas, ou isoladas, mas decorre das formas de aproximação dos sistemas sociais.

mais de 20.000 habitantes, para as integrantes de regiões metropolitanas e aglomerações urbanas, nas cidades em que o Poder Público queira utilizar o instrumento da edificação, utilização ou parcelamento compulsório, previsto no §4º, do art. 182 da Constituição Federal, nas áreas integrantes de área especial de interesse turístico, nas áreas inseridas na área de influência de empreendimentos ou atividades com significativo impacto ambiental de âmbito regional ou nacional, e naquelas incluídas no cadastro nacional de Municípios como áreas suscetíveis à ocorrência de deslizamentos de grande impacto, inundações bruscas ou processos geológicos ou hidrológicos correlatos. Para as cidades com mais de 500.000 habitantes deverá ser elaborado um plano de transporte integrado, compatível com o plano diretor ou nele inserido.

Ainda, cumprindo sua função de norma geral, o Estatuto da Cidade exige que os planos diretores devem dispor sobre: a) delimitação das áreas urbanas onde será aplicado o parcelamento, edificação ou utilização compulsórios, considerando a existência de infraestrutura e de demanda para utilização; (b) disposições requeridas para implementação do direito de preempção, da outorga onerosa do direito de construir, das operações urbanas consorciadas e da transferência do direito de construir; (c) sistema de acompanhamento e controle. Esse sistema de acompanhamento e controle exige a criação de ferramentas que monitorem o crescimento e a expansão da cidade, permita visualizar a aplicação dos instrumentos de intervenção urbanística utilizados, em especial a outorga onerosa, a transferência do direito de construir, as operações urbanas e o direito de preempção, bem como registrar as informações relevantes cadastrais do território da cidade, servindo como mecanismo de conhecimento da realidade local.

Assim, vê-se que a seleção operada, exigindo que planos diretores sejam leis formais e materiais com fundamento na Constituição Federal, estabelece um claro limite entre o direito e a política no ordenamento urbano. A superação dos Planos Diretores físico-territoriais implica compreender que hoje são planos de gestão, responsáveis pela articulação de uma série de instrumentos a serem utilizados de forma compatibilizada, observados os princípios do Estado Socioambiental, representam um modo de seleção para redução da complexidade.

Além dos planos diretores, outras normas infraconstitucionais vêm densificar o direito constitucional, regulamentando uma série de direitos dentre os quais podemos destacar: direito à moradia e regularização fundiária, que tem na Lei Federal nº 11.977/09, denominada Minha Casa, Minha Vida, um conjunto de regras inovadoras em matéria urbanística, a política nacional de mobilidade urbana, Lei Federal nº

12.587/12, a Lei Federal nº 10.098/00, que dispõe sobre a acessibilidade universal, a Lei Complementar nº 140/11, que dispõe sobre as atribuições ambientais, dentre outras.

Importa registrar que matérias outrora do âmbito da política, que tinham a possibilidade do Prefeito fazer ou não fazer, de acordo com suas convicções, passam a integrar o sistema do direito e, com isso, passam a ser cogentes. De prerrogativas da política passam a exigências do direito. Essa é uma evolução do sistema jurídico representada pela Constituição de 1988 e a legislação infraconstitucional que a sucedeu. Por isso, é que se constata que há matérias que eram da política e passam a ser do direito, ou dito de outro modo, passam a ser matérias de Estado e não de Governo, pois as matérias de Governo estão sujeitas às modificações inerentes às prioridades do mandato, contudo, as de Estado são permanentes, contínuas e integram o conteúdo mínimo a ser cumprido pela gestão pública.

Não obstante esta evidente mutação do sistema jurídico, ainda há uma evidente distância com a concretização dos direitos dela decorrentes. Embora estejamos em processo de afirmação de direitos, de cada vez mais haver cobrança destes pelas estruturas jurídicas competentes, há uma distância a ser percorrida no sentido da afirmação do sistema jurídico do urbanismo.[472]

A organização de um sistema jurídico permite separar o lícito/ilícito (sistema do direito) do bom e do mal (sistema da moral), do é prioridade/não é prioridade (sistema da política) e, com isso, passamos a enxergar o que não era possível ver quando tínhamos tudo generalizado.

Desse modo, passamos a perceber, por exemplo, que há um regime jurídico de áreas públicas, que, se não observado, gera ilegalidades. Ou, de outro lado, que as licenças e autorizações do Poder Público precisam seguir procedimentos cuja inobservância geram consequências jurídicas ou, ainda, que há uma série de bens imateriais geridos pelo Poder Público que passam a ter valor econômico na sociedade contemporânea, e que precisam ser tratados desse modo, sob pena de gerar enriquecimento ilícito de partes que os utilizam, em detrimento da cidade como bem difuso.

Com a separação do direito e da política no urbanismo, afirma-se um núcleo de matérias a serem observadas e descritas no Brasil. O espaço

---

[472] Interessante tese de doutorado foi defendida por Cintia Estefania Fernandes denominada: O Mínimo Essencial da Gestão Urbana Territorial em Face da Cidade Constitucional, e que contribui para a dogmática jurídica em construção. Tese apresentada ao Programa de Pós-Graduação em Gestão Urbana (PPGTU), da Escola de Arquitetura e Design. Linha de pesquisa: Planejamento e Projeto Urbano e Regional. Orientador: Prof. Dr. Carlos Hardt, Coorientador: Prof. Dr. Clovis Ultramari – PUC/Paraná, 2016.

da delimitação do direito foi selecionado, estabeleceu-se o conteúdo a ser protegido e que deve ser observado, e eventuais conflitos devem ser resolvidos a partir do sistema jurídico e não das prioridades políticas ou definições morais.

Disso decorre que moradia, por exemplo, não é prerrogativa, é direito, portanto deve ser observado. No período de discussão das obras viárias para Copa do Mundo em Porto Alegre, e em diversas outras cidades, este foi um tema candente. Para alguns, aqueles que ocupavam áreas não eram proprietários, não tinham direito. Todavia, a transformação operada no próprio direito levou a sua mudança e hoje há proteção da posse. Disso resulta que o planejamento inicial que não considerou este fato também precisou mudar. O Sistema Único de Saúde (SUS) também é outro exemplo significativo. Ações para exigir medicamentos ou cirurgias são possíveis, porque há um direito que protege essas pretensões. No sistema anterior não havia a previsão de saúde como direito universal, sendo este um tema da política, ou seja, das prioridades estabelecidas pelos governantes.

A evolução do sistema jurídico que protege estes direitos se dá somente no âmbito do próprio sistema jurídico. Assim, deixar de ser direito protegido apenas ocorrerá com a mutação desse sistema, por meio do processo de alteração de leis. Por isso, não é possível decisões valorativas, que considerem o melhor ou o pior para a cidade, segundo a ótica de um ou de outro, pois a sociedade, a partir das previsões normativas, já estabeleceu a proteção contra ela mesma e contra as tendências de entendimento personalíssimo, que é ínsito aos cidadãos, no momento em que regrou essas matérias como sistemas nacionais que integram o sistema jurídico.

Assim como ocorreu em sistemas como o tributário, urge que o urbanismo se fortaleça e seja tratado e observado em seu conjunto de normas regentes que integram o sistema jurídico da cidade. Neste aspecto, importante destacar que as leis urbanísticas são informadas por conteúdo técnico, exigem demonstração dos motivos técnicos pelos quais devem ser modificadas ou passar a viger. Dito de outro modo, os estudos técnicos são elementos prévios, essenciais e integrantes da lei urbanística.

6.1.1 Da necessidade de servidores estáveis com continuidade

Um dos pontos examinados nos capítulos anteriores, a partir dos dados da Transparência Internacional e da União Europeia é a questão das responsabilidades da atuação. Acompanha par e passo a prevenção e o combate à corrupção a estruturação dos setores que atuam na matéria urbanística, das secretarias que têm esta responsabilidade, a diminuição dos pontos de fragilização e a existência de servidores estáveis, qualificados e que passem por reciclagens, bem remunerados e tecnicamente capazes de exercer as tarefas para as quais foram designados.

Estruturas responsáveis pelo processo de aprovação municipal, pela elaboração de dados, pela proposição de alterações normativas, que avaliam projetos de leis que modificam a cidade devem ser técnicas, permanentes e não sujeitas à alternância de poder inerente aos cargos comissionados.

Exercer função de estado exige permanência, continuidade do exercício das atividades, dos registros, da lógica de atuação, independente do projeto político. Estabilidade na função e profundo conhecimento do ofício são fatores importantes para qualquer projeto político, pois as mudanças propostas partem de dados universais, comprováveis, aferíveis e demonstráveis. E isso é o que se espera de servidores estáveis, admitidos por concurso público, para exercer funções nas estruturas da administração pública. A função constitucional a ser cumprida por cargos em comissão, demissíveis *ad nutum*, é de assessoramento e de direção. As de execução devem ficar a cargo dos servidores estáveis, em função da natureza do serviço desenvolvido, sendo que o urbanismo se caracteriza como uma dessas áreas, não obstante a maior parte dos municípios ainda não terem estruturas com servidores estáveis desempenhando esta função.

Evidentemente que a lógica de atuação evolui, mas sua evolução se dá a partir do sistema das normas e do sistema administrativo, que é ativado pelo sistema da política para dar respostas, repensar procedimentos, enxergar a complexidade que sempre se amplia e é possível enxergar a partir das novas observações. O sistema da política faz estas observações e é um ativador das mudanças do sistema administrativo e jurídico do urbanismo. Contudo, as mudanças, para serem permanentes e cumprirem sua função, não podem decorrer e se limitar ao sistema da política, pois, desse modo, não será ampla e impessoal, atingindo a todos, como é exigível do sistema administrativo. O sistema da política muda a cada eleição, o jurídico tem a função de estabilização, a partir de cada mudança.

Em face desses aspectos, torna-se relevantíssimo enxergar essas estruturas como técnicas, a serviço da sociedade. Desse *status* decorrerá uma maior cobrança de responsabilidades, pois par e passo com a função estruturante, está a necessidade de cobrar responsabilidades por meio da apuração dos desvios, da construção e observância dos códigos de ética de conduta que diferencia este modo de atuar.

AS POSSIBILIDADES ABERTAS FRENTE À IDENTIFICAÇÃO DA CORRUPÇÃO URBANÍSTICA | 239

Dito de outro modo, o mesmo sistema que responsabiliza deve depurar os não responsáveis ou os que se aproveitam dessa atribuição para praticar ilícitos, sendo essa uma das formas de contribuir para a estabilidade desse sistema.

De outra parte, renunciar a compreender a relação da corrupção, do comportamento ilícito na formação e implementação da política pública traz o risco de precluir não somente a plena compreensão do processo de governo e da sua falência, mas a possibilidade do projeto político capaz de defrontar seu impacto. O fato de subavaliar ou não valorizar essa questão pode trazer consequências não somente para análise política, mas, sobretudo, para formulação das políticas públicas. Antecipar um percurso e os obstáculos específicos do curso da ação governativa, que podem encontrar pelo caminho, a partir de variáveis como esta, permite projetar intervenções e elaborar um programa normativo e executivo mais eficaz.[473]

6.2 Procedimentos como limites à intervenção política impessoal no urbanismo

Tema da maior relevância para a administração pública em geral e para o urbanismo, em especial, são os procedimentos.

Os procedimentos constroem os processos de decisão. No sentido clássico exigem a presença de três conceitos básicos: ação, situação jurídica e relação. Para além disso, no desenvolvimento das teorias modernas, o procedimento também passou a ser compreendido como um sistema social de ação de tipo especial, não se tratando de sequência fixa de ações, porque não é um ritual. É, isso sim, uma forma de redução de complexidade, ou seja, no dizer de Luhmann, é a forma de legitimação das decisões que o próprio sistema de decisão pode apresentar.[474]

Tercio Sampaio, ao apresentar a obra de Luhmann – Legitimação pelo Procedimento, traduzida para o português, explica que:

> [...] as normas não podem evitar as desilusões, mas garantem a expectativa, permitindo que, apesar dos fatos contrários ao que se esperava, a parte prejudicada mantenha, sob protesto, o seu ponto de vista. Normas,

---

[473] BELLIGNI, Silvano. Corruzione, malcostume e amministrativo e strategie Etiche. Il ruolo dei codici. Torino, 1999, p. 5-6. Disponível em: <htpp://www.al.unipmn.it/~segrsp/Fac_Scienze_Politiche_II/dip_pol_pub/index.html>. Acesso em: 25 fev.2016.

[474] LUHMANN, Niklas. *Legitimação pelo Procedimento*. Tradução de Maria da Conceição Corte-real. Brasília: Editora da Universidade de Brasília, 1980, p. 2.

nestes termos, são expectativas de comportamento, garantidas de modo contrafático. Normas dão às expectativas duração.[475] Já, o direito, é uma generalização congruente e dinâmica entre eles, possibilitando, socialmente uma imunização simbólica de certas expectativas contra os fatos, em termos de poder atuar de modo indiferente ao que realmente acontece ou venha a acontecer – indiferença controlada. (...) sistema é, para Luhmann, um conjunto de elementos delimitados segundo o princípio da diferenciação. Os elementos, ligados uns aos outros, excluem outros elementos do seu convívio, foram em relação a estes, um conjunto diferenciado. Todo sistema pressupõe, portanto, um mundo circundante com o qual se limita. O mundo é o que não pertence ao sistema. O mundo é em relação ao sistema complexidade, isto é, um conjunto aberto de possibilidades. Todo sistema é uma redução seletiva de possibilidades em comparação com as possibilidades infinitas do mundo circundante. O sistema é contingente, porque as possibilidades selecionadas do sistema podem ou não ocorrer. Aquilo que garante o sistema contra a contingência das possibilidades escolhidas é a estrutura do sistema. Nestes termos a sociedade é um sistema de interações sempre ameaçado pela contingência: a sociedade escolhe interações baseadas, por exemplo, na reciprocidade, mas o indivíduo concreto, que faz parte do mundo circundante, introduz na sociedade a contingência do seu arbítrio.

Conforme já amplamente exposto ao longo desta tese, para Luhmann o direito é uma das estruturas sociais que garantem as expectativas contra a contingência a que estão sujeitas. Dito de outro modo, é a forma de proteção da sociedade contra ela mesma. Assim, se o direito é esta estrutura de garantia de expectativas, o procedimento vem a ser a forma de atribuir legitimidade ao atendimento destas.

No dizer de Tercio Sampaio, explicando Luhmann:

> A função legitimadora do procedimento não está em produzir consensos entre as partes, mas em tornar inevitáveis e prováveis decepções em decepções difusas: apesar de descontentes, as partes aceitam a decisão. A função legitimadora do procedimento não está em substituir uma decepção por um reconhecimento, mas em imunizar a decisão final contra as decepções inevitáveis.[476]

Para Luhmann a função de uma decisão é absorver e reduzir insegurança. Basta que se contorne a incerteza de qual decisão ocorrerá pela certeza de que uma decisão ocorrerá para legitimá-la. Em certo

---

[475] *Ibidem*, p. 2.
[476] LUHMANN, *op. cit.*, 1980, p. 04.

sentido, Luhmann concebe a legitimidade como uma ilusão funcionalmente necessária, pois se baseia na ficção de que existe a possibilidade
de decepção rebelde, só que esta não é, de fato, realizada. O direito
se legitima na medida em que os seus procedimentos garantem esta
ilusão.[477]

No âmbito do urbanismo a observância de procedimento, para
além desta função de redução da insegurança, também é o responsável
pela garantia das normas a serem observadas, tanto para a produção
das normas referentes ao planejamento da cidade, quanto para o cumprimento destas no processo de tomada de decisão. Como o processo
de separação do que é direito e deve ser observado, e o que é espaço
de decisão da política, ainda não está consolidado, muito há que ser
trabalhado na explicitação do funcionamento desses sistemas.

Exemplo disso se dá no processo de elaboração e modificação
dos planos diretores, que são as normas centrais de urbanismo de uma
cidade. A Constituição Federal dispôs sobre a cooperação no processo
de planejamento municipal[478] e a Constituição do Estado do Rio Grande
do Sul foi expressa a assegurar a participação de entidades na definição
do plano diretor e das diretrizes gerais de ocupação do território.[479]

Assim, considerando o preceito estabelecido no artigo 29, inciso
XII, da Constituição Federal, que assegura a participação popular, mediante a cooperação das associações representativas, no planejamento
municipal para a instituição de diretrizes urbanas, tal participação se
transforma em requisito para verificar a constitucionalidade da lei
que fixa diretrizes gerais no Município. Nessa linha, a aprovação de
diretrizes urbanas sem o prévio envolvimento da comunidade em sua
discussão, implica vício formal de inconstitucionalidade, pois viola
direito assegurado às entidades comunitárias de participação na sua
discussão. A comunidade aqui referida e protegida pela lei não é somente a diretamente interessada, mas todos aqueles interessados em

---

[477] *Ibidem*, p. 05.

[478] Art. 29. O Município reger-se-á por lei orgânica, votada em dois turnos, com o interstício
mínimo de dez dias, e aprovada por dois terços dos membros da Câmara Municipal, que a
promulgará, atendidos os princípios estabelecidos nesta Constituição, na Constituição do
respectivo Estado e os seguintes preceitos:
[...]
XII – cooperação das associações representativas no planejamento municipal;

[479] A Constituição do Estado do Rio Grande do Sul, por sua vez, em seu artigo 177, parágrafo
5º, determina:
*§5º – Os Municípios assegurarão a participação das entidades comunitárias legalmente constituídas
na definição do plano diretor e das diretrizes gerais de ocupação do território*, bem como na
elaboração e implementação dos planos, programas e projetos que lhe sejam concernentes.

interagir no processo de gestão. Muitas vezes há interesses contrários que no decorrer dos debates afloram e se aproximam. Esse procedimento prévio se presta ao processo de concertação, justamente por permitir explicitar os interesses antagônicos e obrigar ao diálogo possível. Desse modo, impositiva a disponibilização de espaço público de discussão acerca da matéria objeto da mencionada legislação, no intuito de que a participação popular implemente a condição de validade da produção legislativa.

A norma do art. 177, §5º, da Constituição Estadual do RS foi elevada a requisito de validade do processo legislativo de leis relativas a políticas urbanas, cuja inobservância determina a inconstitucionalidade formal das leis que deixem de observar esta exigência.

Nesse sentido são inúmeras as decisões do Tribunal de Justiça do RS (TJRS) que têm declarado a inconstitucionalidade de planos diretores de Municípios do Estado.[480] Importante destacar que o mandamento constitucional é cogente, tanto para elaboração de novos

---

[480] AÇÃO DIRETA DE INCONSTITUCIONALIDADE. MUNICÍPIO DE BOM JESUS. LEI MUNICIPAL N. 2.422/06. PLANO DIRETOR URBANO DO MUNICÍPIO. PRINCÍPIO DA DEMOCRACIA PARTICIPATIVA (ART. 177, §5º, DA CE). INOBSERVÂNCIA. Ação direta em que se postula a declaração de inconstitucionalidade da Lei Municipal n. 2.422, de 23 de outubro de 2006, dispondo acerca do plano diretor urbano do Município de Bom Jesus. A norma do art. 177, §5º, da CE, concretizando o princípio da democracia direta ou participativa, exige, como requisito de validade do processo legislativo, a efetiva participação da comunidade na definição do plano diretor do seu Município. Insuficiência da única consulta pública realizada pelo Município de Bom Jesus. Inconstitucionalidade formal, por afronta ao art. 177, §5º, da CE, da Lei n. 2.422, de 23 de outubro de 2006, do Município de Bom Jesus. Concreção também da norma do art. 40, §4º, I, do Estatuto da Cidade. Precedentes. JULGARAM PROCEDENTE A AÇÃO DIRETA DE INCONSTITUCIONALIDADE. UNÂNIME. (AÇÃO DIRETA DE INCONSTITUCIONALIDADE N. 70029607819, TRIBUNAL PLENO, TRIBUNAL DE JUSTIÇA DO RS, RELATOR: PAULO DE TARSO VIEIRA SANSEVERINO, JULGADO EM 25/01/2010) AÇÃO DIRETA DE INCONSTITUCIONALIDADE. LEI Nº 1.468, DE 31 DE OUTUBRO DE 2001, DO MUNICÍPIO DE HORIZONTINA. ALTERAÇÃO DO PLANO DIRETOR. VÍCIO NO PROCESSO LEGISLATIVO. AUSÊNCIA DE PARTICIPAÇÃO DA COMUNIDADE. OFENSA AO ART 177, §5º, DA CONSTITUIÇÃO ESTADUAL E AO ART. 29, XII, DA CONSTITUIÇÃO FEDERAL. É inconstitucional a Lei n. 1.468/2001, do Município de Horizontina, pois editada sem que promovida a participação comunitária, para deliberação de alteração do Plano Diretor do Município, conforme exige o art. 177, §5º, da Constituição Estadual e o art. 29, XII, da Constituição Federal. AÇÃO DIRETA DE INCONSTITUCIONALIDADE JULGADA PROCEDENTE, POR MAIORIA. (AÇÃO DIRETA DE INCONSTITUCIONALIDADE N. 70028427466, TRIBUNAL PLENO, TRIBUNAL DE JUSTIÇA DO RS, RELATOR: FRANCISCO JOSÉ MOESCH, JULGADO EM 20.07.2009) ADIN LEI MUNICIPAL. REGULARIZAÇÃO DE EDIFICAÇÕES FALTA DE PARTICIPAÇÃO DE ENTIDADES COMUNITÁRIAS. INCONSTITUCIONALIDADE FORMAL. É inconstitucional a Lei Complementar n. 333/2006 do Município de Santa Cruz do Sul que versa sobre matéria típica de plano diretor ou de lei que fixa diretrizes do território. Trâmite sem qualquer consulta popular. Ofensa ao art. 177, §5º, da Constituição Estadual. Precedentes. JULGADA PROCEDENTE. UNÂNIME. (AÇÃO DIRETA DE INCONSTITUCIONA-

planos diretores como para alteração dos existentes. A inexistência de participação popular, como requisito de procedimento a ser realizado antes do envio do projeto de lei ao Legislativo Municipal e para debater e aperfeiçoar seu conteúdo, faz com que leis aprovadas sem tal requisito sejam eivadas do vício formal de inconstitucionalidade.[481]

Também no âmbito do processo de aprovação há exigências procedimentais que precisam ser observadas, como forma de redução da complexidade e de atribuição de segurança ao processo de decisório. Decisões colegiadas, devido processo legal, com observância da decisão em ordem cronológica, fundamentação das decisões, observância dos prazos, são todos conteúdos procedimentais que funcionam como uma forma de garantia da isonomia e impessoalidade do exame das questões e que precisam ser observadas no âmbito urbanístico.

Ainda, pela relevância, destaca-se importante estudo que foi premiado pela Controladoria-Geral da União, analisando os casos de

---

LIDADE N. 70020527149, TRIBUNAL PLENO, TRIBUNAL DE JUSTIÇA DO RS, RELATOR: MARIA BERENICE DIAS, JULGADO EM 12/11/2007)

[481] AÇÃO DIRETA DE INCONSTITUCIONALIDADE – LEI MUNICIPAL N. 1.635/2001 DE GUAÍBA QUE ALTERA O ART. 55 DA LEI MUNICIPAL N. 1.102/92 (PLANO DIRETOR) – ORDENAMENTO URBANO LOCAL – AUSÊNCIA DE PARTICIPAÇÃO DAS ENTIDADES COMUNITÁRIAS LEGALMENTE CONSTITUÍDAS NA DEFINIÇÃO DO PLANODIRETOR E DAS DIRETRIZES GERAIS DE OCUPAÇÃO DO TERRITÓRIO – FALTA DE AMPLA DIVULGAÇÃO E DA DEVIDA PUBLICIDADE – RISCO DE PREJUÍZOS IRREPARÁVEIS AO MEIO AMBIENTE E À QUALIDADE DE VIDA DA POPULAÇÃO PELA NÃO CONCRETIZAÇÃO DO PRÉVIO ESTUDO DE IMPACTO AMBIENTAL PARA VIABILIZAR A ALTERAÇÃO PREVISTA NA LEI IMPUGNADA – AFRONTA AOS ARTIGOS 1º, 8º, 19, 177, §5º E 251 DA CONSTITUIÇÃO ESTADUAL E ARTIGOS 29, INCISO XII E 37 "*CAPUT*" DA CONSTITUIÇÃO FEDERAL. Ação julgada procedente. (Ação Direta de Inconstitucionalidade N.70008224669, Tribunal Pleno, Tribunal de Justiça do RS, Relator: João Carlos Branco Cardoso, Julgado em 18/10/2004). ADIN. BENTO GONÇALVES. LEI COMPLEMENTAR N. 45, DE 19 DE MARÇO DE 2001, QUE ACRESCENTA PARÁGRAFO ÚNICO AO ART. 52 DA LEI COMPLEMENTAR N. 05, DE 03 DE MAIO DE 1996, QUE INSTITUI O PLANO DIRETOR URBANO DO MUNICÍPIO. O ART. 177, §5º DA CARTA ESTADUAL EXIGE QUE NA DEFINIÇÃO DO PLANO DIRETOR OU DIRETRIZES GERAIS DE OCUPAÇÃO DO TERRITÓRIO, OS MUNICÍPIOS ASSEGUREM A PARTICIPAÇÃO DE ENTIDADES COMUNITÁRIAS LEGALMENTE CONSTITUÍDAS. DISPOSITIVO AUTO-APLICÁVEL. VÍCIO FORMAL NO PROCESSO LEGISLATIVO E NA PRODUÇÃO DA LEI. AUSÊNCIA DE CONTROLE PREVENTIVO DE CONSTITUCIONALIDADE. LEIS MUNICIPAIS DO RIO GRANDE DO SUL SOBRE POLÍTICA URBANA DEVEM OBEDECER A CONDICIONANTE DA PUBLICIDADE PRÉVIA E ASSEGURAÇÃO DA PARTICIPAÇÃO DE ENTIDADES COMUNITÁRIAS, PENA DE OFENSA À DEMOCRACIA PARTICIPATIVA. OFENSA AO PRINCÍPIO DA SEPARAÇÃO DOS PODERES E VIOLAÇÃO FRONTAL AO §5º DO ART. 177 DA CARTA ESTADUAL. ADIN JULGADA PROCEDENTE. (Ação Direta de Inconstitucionalidade n. 70002576239, Tribunal Pleno, Tribunal de Justiça do RS, Relator: Vasco Della Giustina, Julgado em 1º.4.2002)

244 VANÊSCA BUZELATO PRESTES
CORRUPÇÃO URBANÍSTICA

corrupção nos municípios[482] e que trilha o caminho da identificação das práticas corruptivas.

6.3 Desenvolvimento de controle das estruturas

Estruturas deterioradas, que não acompanham seu tempo, com servidores que não se atualizam, com infraestrutura incompatível com os desafios da gestão, representam o caminho para abrir espaço para práticas corruptivas. Desde as descrições dos países africanos, cujos negócios europeus se expandiram nos anos 70, aos países das ex-repúblicas soviéticas dos anos 90 ou dos investimentos americanos dos anos 60 em diante, esta descrição se repete.[483]

No tema da corrupção urbanística, secretarias que não acompanham seu tempo, que deixam de investir na infraestrutura necessária ao seu funcionamento, que enxergam os espaços de corrupção – o todo mundo sabe –, e não tratam de atuar, de enfrentar, que enxergam e permitem a desorganização administrativa prosseguir, que resistem às necessárias mudanças de rotinas, são uma constante. E, quando se fala em estruturas que resistem, não se está tratando dos servidores pontualmente, mas dos responsáveis pelas respectivas estruturas, de um lado, e pela atuação dos servidores, de outro. Enquanto os primeiros tem um papel de responsabilidade pela estrutura e devem responder pelo não atuar, os segundos podem exercer a recriminação moral que dificulta o ambiente, bem como o apontamento dos espaços corruptivos

---

[482] Na categoria profissionais, o trabalho vencedor foi *"O impacto das capacidadesinstitucionais do setor público: um estudo exploratório sobre as causas e efeitos das improbidades na administração pública municipal brasileira"*, de James Batista Vieira. O autor analisou as condições associadas à ocorrência de improbidades na administração pública municipal, elucidando suas possíveis causas e efeitos. Para isso, realizou estudo exploratório, tomando por base uma amostra aleatória de 840 municípios brasileiros, sorteados entre os anos de 2006 e 2010 pelo Programa de Fiscalização de Municípios a partir de Sorteios Públicos da Controladoria-Geral da União, no qual se buscou avaliar o impacto das principais hipóteses descritas na literatura sobre corrupção, tais como: a estabilidade da administração pública, o tamanho do setor público, o capital social, a transparência pública, os aspectos políticos, a transferência de recursos, entre outras. A interpretação dos resultados da pesquisa indica que houve aumento dos casos de corrupção em municípios que integram estados com piores indicadores de capacidade institucional de controle – um diagnóstico de acordo com as diferenças regionais observadas pelas estatísticas descritivas. Cartilha online: Prevenção e combate à corrupção no Brasil: 6º Concurso de monografias: trabalhos premiados / Presidência da República, Controladoria-Geral da União. — Brasília: CGU, 2011. 296 p.: il. Coletânea de monografias Ano IV, n. 6, Dezembro/2011 ISBN 978-85-7202-049-7 1. Corrupção – prevenção. 2. Monografia – premiação. I. Presidência da República. II. Controladoria-Geral da União.

[483] Temas descritos nos Capítulos 1 e 2, desta tese.

existentes. Um órgão eivado de corrupção e com fama da existência desta, afeta a todos os que lá atuam.

Nesse particular, as estruturas de recebimento de denúncias que vêm se organizando – ouvidorias – tem muita relevância, pois se organiza o espaço institucional para declinar os fatos e apontar os responsáveis que poderão contribuir para depuração destas.[484] Esse fator, aliado à devida apuração, é um elemento que reestabiliza o sistema afetado por corrupção, pois faz com que este seja exposto e os responsáveis, responsabilizados. A não responsabilização, o fazer que não vê, só aumenta e se transforma no combustível dos espaços corruptivos. Essa atuação pró-ativa, enfrentando, é que permitirá a reestabilização do sistema.

Outro ponto salientado nas descrições dos países europeus citados são os instrumentos deste novo urbanismo, dotados de ampla discricionariedade. Nesse particular, quanto maior a transparência, as informações públicas referentes ao conteúdo da propriedade, seja no âmbito do uso e ocupação do solo ou das edificações a serem erigidas, o tempo de tramitação dos pedidos, o respeito a ordem cronológica destes, assumem relevância. Enquanto essas questões básicas da universalidade, decorrente da norma ser para todos, não forem observadas, não há que se falar em separação do direito e da política.

No caso de Porto Alegre, declaração das condições de uso do solo (DMs) na internet, informações relativas ao estoque de índice construtivo, Termos de Compromisso publicizados e monitorados, informação relativa às edificações disponíveis, ainda estão em construção e constam de modo pulverizado. Todos esses são elementos que dão margem à discricionariedade administrativa, a nosso ver, merecem ser observados e, quiçá, revistos. São importantes para o sistema, porém, precisam passar por formas de controle, representadas pela publicidade, pelas verificações internas e externas e devem prestar contas da sua efetividade.

---

[484] Nas experiências que a PGM de Porto Alegre tem atuado em Órgãos denunciados e espaços de corrupção, percebemos claramente quando há uma desmobilização dos técnicos porque enxergam os problemas e não têm o que fazer. No caso do DEP isto ocorreu de modo expresso, tanto que os servidores assumiram em conjunto com os "interventores" a gestão do Departamento, inclusive apontando onde os problemas estavam concentrados. Já não foi a postura da 1ª experiência, na qual ainda há resquícios de resistência e indignação com a atuação institucional da PGM, determinada pelo Prefeito. Neste particular, importante destacar que não há bem e mal na atuação, há regras que foram seguidas para apurar condutas. Um protocolo cujos servidores foram demitidos parece não ser responsabilidade de ninguém. O discurso "todos sabiam que lá tinha problema" foi uma constante, como se isto fosse irrelevante.

Exemplo importante em Porto Alegre se dá com os Termos de Compromisso. Eles integram o processo de gestão, constituem o documento que formaliza o processo de concertação, porém não eram monitorados. Disso decorria que os ajustes formalizados não se operavam, gerando um descrédito para o instrumento, quando na verdade o problema não é deste, mas dos responsáveis pela gestão. O instrumento não tem vida própria. Nesse caso, em função da relevância do tema, a Procuradoria-Geral do Município assumiu para si o monitoramento do cumprimento das cláusulas ajustas nos Termos de Compromisso.[485] O Órgão "meio" assumiu tarefa de atividade "fim". E, diga-se de passagem, uma boa administração das concertações, com planificação, com medidas projetadas no tempo, são relevantes instrumentos da gestão urbanística, pois uma pode compensar a outra, as medidas mitigadoras e compensatórias podem considerar as dos demais empreendedores, os estudos prévios podem ser compartilhados e o resultado destes, aproveitado aos futuros empreendimentos. É essa a função instrumental de estudos e de medidas que resultem em qualificação para a cidade como um todo.

6.3.1 Dos códigos de ética

No final dos anos 70, a partir do escândalo Watergate, surge nos Estados Unidos o movimento de institucionalização da ética. O modelo desenvolvido inspirou experiências posteriores no Canadá, na Austrália, na Europa e, em especial na Itália. [486] [487]

Pode ser definido como um conjunto de normas morais que regulam uma associação ou uma empresa. Tem estrutura formal e se

---

[485] Na Procuradoria de Urbanismo e Meio Ambiente, da Procuradoria-Geral do Município de Porto Alegre (PUMA/PGM), é feito este monitoramento. Coordena este relevante trabalho uma arquiteta originária da SMURB, com amplo conhecimento técnico, que atua como responsável técnica naquela Procuradoria Especializada. Os Termos de Compromissos firmados pelo Município de Porto Alegre podem ser localizados na página da PGM.

[486] BELLIGNI, *op. cit.*, 1987, p. 53.

[487] In USA, a partire dalla fine degli anni settanta (con l'Ethics in Government Act del 1978 più volte emendato e sucessivamente con (Executive Order del 1990), è stato edificato un esteso e capillare apparato organizzativo, deputato a regolare la vita pubblica in tutti i suoi aspetti. A tutela dell'esigenza di salvaguardare la comunità dalla slealtà e dall'abuso di potere dei funzionari pubblici e di incrementare la fiducia del pubblico nel governo, sono stati creati a livello federale, ad opera dell'Office of Government Ethics, e poi replicati sul piano statale e locale, codici di condotta per il potere legislativo, esecutivo, giudiziario e per il civil service (Standards of Ethical Conduct for Employees of the Executive Branch), affiancati da commissioni etiche per farli rispettare. (*Ibidem*, p. 53-54.)

trata de documento oficial que uma instituição pública, um negócio ou uma associação adota, se funda e contém declaração de responsabilidade com este conteúdo frente aos interlocutores. Os interlocutores podem ser cidadãos, clientes, políticos, administração pública, outras instituições.[488]

No momento em que se transformam em norma, passam ao âmbito do direito e passam a ser cogentes.

O movimento de institucionalização dos códigos de ética tem pressupostos que partiram da experiência internacional, que emergiu nos EUA dos anos 70. Parte do pressuposto que o burocrata corrupto deseja manter o estado de ineficiência. Por isso, as estratégias de incentivo institucional e organizativo, de fortalecimento das estruturas e de diminuição da discricionariedade tem efeito direto nas posturas que abrem espaço à corrupção.[489]

Dos modelos desenvolvidos para redução de riscos de corrupção dois formatos se destacam, sendo que ambos apontam que o risco nunca será eliminável, mas a tarefa é reduzi-lo e, a tarefa de redução, exige sua identificação. São eles: a) reduzir a discricionariedade do agente público; b) ter uma vigilância, a exemplo de um 2º supervisor, cuja função será verificar se as tarefas são corretamente cumpridas e os objetivos alcançados. De destacar, que entre as tarefas do Supervisor, a incidência de provável/potencial corrupção precisa ser considerada. Isso porque, têm muitos modelos que adotam essa supervisão, mas, apesar de potencialmente enxergarem, não apontam os desvios de percurso.

Importante destacar que o modelo administrativo orientado para gestão, adotado a partir dos princípios da eficiência, do modelo reaja/previna, em superação ao comando/controle, exige autonomia da burocracia.

O paradoxo é que esta desejável autonomia amplia a discricionariedade, exigindo criar outras formas de controle, na medida em que a adoção deste modelo é uma oxigenação da máquina administrativa. Decisões colegiadas, níveis de supervisão, fazem parte das exigências

---

[488] BELLIGNI, *op. cit.*, 1987, p. 55.

[489] Il burocrate corrotto, o orientato a diventarlo, ha interesse a mantenere e ad accentuare lo stato di inefficienza in cui versa il sistema per poter continuare a trarne piccole e grandi rendite (Della Porta, vanucci, 1994; Vannucci, 1997; Cassese, 1992). La strategia di riforma conseguente passa attraverso una limitazione della discrezionalità impropria dell'agente e un recupero di efficienza: è dunque una strategia che punta decisamente su incentivi istituzionali e organizzativi. Anche in questo caso, la profondità del malaffare e del malcostume, testimoniata dalla virulenza che la questione morale ha esibito nel paese, induce a credere che strategie soffici e di lungo periodo, come le strategie etiche, possano sortire l'effetto di pannicelli caldi su piaghe purulente. (*Ibidem*, p. 68)

deste festejado modelo, a fim de diminuir os espaços para práticas corruptivas. E, o enxergar as possibilidades decorrentes desse modelo, propicia a possibilidade de atuar em ambas as frentes. A propósito, diz a doutrina italiana:

> [...] man mano che matura il passaggio da un modello ammnistrativo orientato alla gestione di norme ad uno diretto alla produzione diretta o indiretta di servizi pubblici, l'esigenza di autonomia del burocrate si accentua e la discrezionalità diviene una risorsa irrinunciabile di buona amministrazione e condizione di responsabilità. Ma in pari tempo si accentuano i rischi di un suo uso distorto e irresponsabilile. Da ciò si evince come al cuore del problema dell'etica amministrativa (come del resto di ogni problema etico) vi sia proprio la questione della discrezionalità. Senzalibertà non vi è responsabilità morale: "The moral problem for the bureacrat is how to exercise his discretionary power in a responsible manner even though he is not fomally accountable to the electorate.[490]

Na Prefeitura de Porto Alegre foi adotado um sistema de gestão que premia metas atingidas e há um setor pela aferição destas.[491] Todavia, paradoxalmente, os setores com incidência de potencial corrupção (contratos pagos cheios, porém não executados), como ocorreu no caso do DEP, ou os desvios da SMURB, não são elementos aferíveis nesta metodologia, a ponto do DEP ser reiteradamente premiado por excelência na gestão. Os modelos europeus têm na prevenção da corrupção uma pedra fundante, sendo este um elemento que não é tangenciado, mas destacado nos diagnósticos realizados por setores.

O controle da corrupção exige muita avaliação, disciplina nos controles e constantes recomeços. Não significa que a corrupção seja extirpada com esta atenção permanente, os processos são monitorados e o foco de facilidades deixam de existir, sendo este um dos desafios constantes da administração pública.

---

[490] ROHR, 1988, p. 170 In: BELLIGNI, *op. cit.*, 1999,p. 16.

[491] Há mais de 10 anos de consultoria atua no município de Porto Alegre, representada pelo Programa de Qualidade e Produtividade (PGQP), e tem o mérito de fazer com que as estruturas municipais exerçam o necessário planejamento. Contudo, ao mesmo tempo em que desenvolveu método, envolveu servidores neste processo, exigiu planejamento com controle de metas e resultados, trouxe para a gestão destes processos técnicos destas secretarias, pois remunera melhor. Há um paradoxo nesta atuação, que, a nosso ver, não é problema do programa em si ou da Secretaria responsável por desenvolver este modelo, mas pela fragmentação da administração. Há secretarias "fim", com recursos vultosos para executar, que tem menos administradores do que o órgão responsável pelo seu controle (dado aferido nas secretarias que atuamos nos processos de Inspeção – DEP e FASC, sobretudo).

Os Códigos de Ética para as empresas paulatinamente migram para a administração pública, a partir dos Tratados Internacionais a respeito. Representam o conjunto de normas éticas – que, portanto, como normas deixam de ser morais para serem cogentes –, especialmente para os servidores públicos.

6.3.2 Atualização do estatuto dos servidores públicos

Ponto importante a ser destacado na prevenção do combate à corrupção é a coibição de práticas na administração pública, por um lado, e a punição exemplar, de outro.

A punição tem dupla função: atinge o infrator, mas também dá o recado do controle, ou seja, de que não há conivência do sistema às eventuais práticas corruptivas. Essa função acessória de disseminação de cultura anticorrupção é extremamente eficaz e merece ser incentivada. Por isso, relatórios explicitando os controles, dados da apuração de casos devem ser partilhados e publicizados, pois representam um antídoto para que os espaços corruptivos não sejam ocupados, vez que sua ocupação representará penalização são instrumentos utilizados nesta perspectiva.

No âmbito da União, a Controladoria-Geral da União (CGU) desempenha importante atuação no Brasil, sendo o órgão responsável pelo desenvolvimento de estratégias administrativas para prevenção e combate à corrupção. Cabe a este órgão a sistematização de dados, a responsabilidade do Brasil no cumprimento do Tratado das Nações Unidas de Combate à Corrupção, examinado no Capítulo 2, bem como a adoção de instrumentos que trilhem o caminho da cultura anticorrupção.

Nesse particular, a CGU[492] tem uma série de materiais que podem ser acessados em seu *site*. Destes, destacamos o relatório da CGU de 2015, que dá conta das punições a servidores efetivos, com base na apuração de condutas praticadas:

O próximo ponto do relatório a ser analisado é sobre as fundamentações utilizadas para a aplicação das punições. As fundamentações são embasadas pela Lei nº 8.112 de 1990, que rege os servidores civis do âmbito federal. Conforme seu art. 132, a demissão ocorrerá nos casos de:

Art. 132. A demissão será aplicada nos seguintes casos:

I – crime contra a administração pública;

II – abandono de cargo;

---

[492] Disponível em: <http://www.cgu.gov.br/>. Acesso em 27 out. 2016.

III – inassiduidade habitual;
IV – improbidade administrativa;
V – incontinência pública e conduta escandalosa na repartição;
VI – insubordinação grave em serviço;
VII – ofensa física, em serviço, a servidor ou a particular, salvo em legítima defesa própria ou de outrem;
VIII – aplicação irregular de dinheiros públicos;
IX – revelação de segredo do qual se apropriou em razão do cargo;
X – lesão aos cofres públicos e dilapidação do patrimônio nacional;
XI – corrupção;
XII – acumulação ilegal de cargos, empregos ou funções públicas;
XIII – transgressão dos incisos IX a XVI do art. 117.
Que são:
Art. 117. Ao servidor é proibido:
...
IX – valer-se do cargo para lograr proveito pessoal ou de outrem, em detrimento da dignidade da função pública;
X – participar de gerência ou administração de sociedade privada, personificada ou não personificada, exercer o comércio, exceto na qualidade de acionista, cotista ou comanditário;
XI – atuar, como procurador ou intermediário, junto a repartições públicas, salvo quando se tratar de benefícios previdenciários ou assistenciais de parentes até o segundo grau, e de cônjuge ou companheiro;
Prevenção e combate à corrupção no Brasil:
Art. 39.
...
XII – receber propina, comissão, presente ou vantagem de qualquer espécie, em razão de suas atribuições;
XIII – aceitar comissão, emprego ou pensão de estado estrangeiro;
XIV – praticar usura sob qualquer de suas formas;
XV – proceder de forma desidiosa;
XVI – utilizar pessoal ou recursos materiais da repartição em serviços ou atividades particulares.
Ainda de acordo com a mesma lei:
Art. 134. Será cassada a aposentadoria ou a disponibilidade do inativo que houver praticado, na atividade, falta punível com a demissão.
Art. 135. A destituição de cargo em comissão exercido por não ocupante de cargo efetivo será aplicada nos casos de infração sujeita às penalidades de suspensão e de demissão.
O relatório apresenta os dados. Contudo, queremos destacar o processo de diferenciação produzido na legislação do Estatuto dos

AS POSSIBILIDADES ABERTAS FRENTE À IDENTIFICAÇÃO DA CORRUPÇÃO URBANÍSTICA | 251

Servidores da União, que explicita as condutas de corrupção, advocacia administrativa, improbidade, como tipos administrativos, cujos fatos praticados por servidores incursos nesta caracterização, gera a punição no âmbito administrativo. Explicitar que essas condutas são ilícitos passíveis de punição é uma forma de prevenção. Hoje, a previsão genérica de crimes contra a administração pública está prevista nos estatutos, contudo, gera dúvidas de quais, da eventual necessidade de processo penal a respeito, enfim de formas de tergiversar sobre o tema a ser enfrentado. Expor as vedações é uma forma de diferenciação, representando um processo afirmativo das condutas ilícitas, do que é direito e não direito, e, por isso, revela-se importante.

6.3.3 Do *compliance* – programas de integridade

Também originário do direito americano dos anos 70, influenciado pelo escândalo Watergate (ver Capítulo 2), e desenvolvido nos final dos anos 90, após os Tratados Internacionais visando à prevenção e combate à corrupção, tem-se o *compliance*, traduzidos para o Brasil como Programas de Integridade ou de Cumprimento das Normas. Em nosso país assume relevo com a lei anticorrupção. Isso porque, nesta lei, na linha da indicação do Tratado das Nações Unidas consta a responsabilização objetiva das pessoas jurídicas por atos corruptivos. Assim sendo, os mecanismos internos às empresas precisam estar redobrados.[493] A par disso, a existência dessa espécie de programa, na hipótese de aplicação de penalidade administrativa, possibilita a diminuição da pena.[494]

No Brasil, regulamentando a lei anticorrupção – Lei Federal nº 12.846/13, o Decreto nº 8.420/2015 definiu no seu art. 41 o que é Programa de Integridade:

> Programa de Integridade consiste, no âmbito de uma pessoa jurídica, no conjunto de mecanismos e procedimentos internos de integridade,

---

[493] A propósito, veja-se a descrição do caso do Destsche Bank que devolveu milhões ao Município de São Paulo, em função de ter operado com recursos de lavagem de dinheiro do Túnel Ayrton Sena e da Avenida Água Espraiada na gestão Paulo Maluf, que consta no Capítulo IV.

[494] Art. 7º Serão levados em consideração na aplicação das sanções:
...
VIII – a existência de mecanismos e procedimentos internos de integridade, auditoria e incentivo à denúncia de irregularidades e a aplicação efetiva de códigos de ética e de conduta no âmbito da pessoa jurídica;

auditoria e incentivo à denúncia de irregularidades e na aplicação efetiva de códigos de ética e de conduta, políticas e diretrizes com objetivo de detectar e sanar desvios, fraudes, irregularidades e atos ilícitos praticados contra a administração pública, nacional ou estrangeira.

Os Programas de Integridade tem como foco medidas anticorrupção adotadas pela empresa, especialmente aquelas que visem à prevenção, detecção e remediação dos atos lesivos contra a administração pública nacional e estrangeira, previstos na Lei nº 12.846/2013. Empresas que já possuem programa de *compliance*, ou seja, uma estrutura para o bom cumprimento de leis em geral, devem trabalhar para que medidas anticorrupção sejam integradas ao programa já existente. Mesmo empresas que possuem e aplicam medidas dessa natureza, sobretudo para atender a legislações antissuborno estrangeiras, devem atentar-se para a necessidade de adaptá-las à nova lei brasileira, em especial para refletir a preocupação com a ocorrência de fraudes em licitações e na execução de contratos com o setor público.[495]

Importante destacar que o Programa de Integridade tem 05 focos: a) comprometimento e apoio da alta direção da empresa; b) uma instância responsável pelo Programa de Integridade, dotada de recursos humanos, materiais e financeiros suficientes para o exercício da função, além de autonomia para exercer sua atividade; c) análise e perfil de riscos; d) estruturação das regras e dos instrumentos; e) estratégias de monitoramento contínuos.

Veja-se que o Programa é circular, ou seja, necessita de *feedback*, retroalimentação, fazendo parte e se colocando na estrutura e não fora dela.

Os mesmos itens poderíamos ter em programas de integridade dirigidos à administração Pública. Todavia, na Administração Pública temos estruturas responsáveis pela fiscalização, a exemplo do controle interno dos atos da administração, que não funcionam como se fossem setores à parte da administração. Apontam os problemas, mas não têm a função de monitorar os resultados, por exemplo. Não achamos que devam se formar outras estruturas, mas repensar ou transformar as que existam e desempenham parte dessas funções, pode representar um caminho interessante.

No âmbito privado o comprometimento e apoio da alta direção da empresa é essencial. Nesse particular, com o advento da

---

[495] CONTROLADORIA-GERAL DA UNIÃO (CGU). *Cartilha Programa de Integridade: Diretrizes para Empresas Privadas*, setembro de 2015.

responsabilização objetiva da pessoa jurídica representa um forte convencimento da não corrupção, pois o tema sai do campo da moral e da ética e adentra no campo jurídico, criando o dever jurídico e responsabilizando.

Outro tema de relevância e que também pode ser adotado no âmbito público é a análise e identificação dos riscos, ou dito de outra forma, o processo de diferenciação dos espaços com potencial de corrupção. A orientação da CGU para análise dos riscos aponta para os seguintes fatores:

Análise de riscos:

setores do mercado em que atua no Brasil e no exterior;

estrutura organizacional (hierarquia interna, processo decisório e as principais competências de conselhos, diretorias, departamentos ou setores);

quantitativo de funcionários e demais colaboradores;

nível de interação com a administração pública, considerando-se principalmente a relevância de processos de obtenção de autorizações, licenças e permissões governamentais em suas atividades, o quantitativo e os valores de contratos celebrados com entidades e órgãos públicos, a frequência e a relevância da utilização de terceiros nas interações com o setor público;

participações societárias que envolvam a pessoa jurídica na condição de controladora, controlada, coligada ou consorciada;

as políticas e controles estabelecidos pela empresa.

É importante que o processo de mapeamento de riscos seja periódico a fim de identificar eventuais novos riscos, sejam eles decorrentes de alteração nas leis vigentes ou de edição de novas regulamentações, ou de mudanças internas na própria empresa, como ingresso em novos mercados, áreas de negócios ou abertura de filiais, por exemplo.[496][497]

---

[496] CONTROLADORIA-GERAL DA UNIÃO – CGU. *Cartilha Programa de Integridade: Diretrizes para Empresas Privadas*, setembro de 2015, p. 10.

[497] Além dos aspectos acima citados há um rol destacado na Cartilha da CGU que vale a pena citar: *Obtenção de licenças, autorizações e permissões*
Ao pleitear a obtenção de licenças, autorizações e permissões, funcionários ou terceiros podem ser levados pelo impulso de oferecer vantagens indevidas a agentes públicos, ou mesmo de atender a solicitações desses agentes, com o intuito de beneficiar a empresa.
Contato com agente público ao submeter-se a fiscalização
O contato com agentes públicos nessa situação pode levar funcionários ou terceiros a oferecer vantagens indevidas, ou ceder a solicitações, com o intuito de influenciar o resultado da fiscalização.
Contratação de agentes públicos
Ao contratar agentes públicos, a empresa deve ter especial diligência para verificar se a escolha foi feita em razão do acúmulo de conhecimento do agente público e com o intuito

de prover aconselhamento técnico às decisões da empresa. Caso contrário pode haver a impressão de que a contratação tem como objetivo possibilitar um acesso facilitado a órgãos ou autoridades ou obter informação privilegiada. Procedimentos adicionais podem ser estipulados para verificar se a remuneração estabelecida está condizente com a qualidade e relevância do serviço prestado pelo agente público, de forma a evitar que algum pagamento indevido esteja sendo dissimulado como prestação de serviço. Além disso, a contratação de pessoas ligadas a agentes públicos (familiares, sócios, etc.) pode acobertar o pagamento de uma vantagem indevida. A empresa deve também verificar se o agente público pode, de fato, ser contratado, de acordo com a regulação de conflito de interesses.

Contratação de ex-agentes públicos
Na eventual contratação de ex-agente público, a empresa deve verificar se ele não está obrigado a cumprir um período de afastamento do setor em que atuava quando era servidor ou empregado público (quarentena). Procedimentos adicionais podem ser estipulados para verificar se a remuneração estabelecida está condizente com a qualidade e relevância do serviço prestado, de forma a evitar que uma promessa anterior de vantagem indevida – feita enquanto o agente estava em exercício – esteja sendo dissimulada como prestação de serviço.

Oferecimento de hospitalidades, brindes e presentes a agentes públicos
O oferecimento de cortesias a agente público ou pessoas a ele relacionadas pode ser caracterizado como pagamento de vantagem indevida.
Se a empresa efetua relações comerciais com outros países ou pretender ingressar no mercado internacional, ela deve ter atenção redobrada nesse assunto, sob pena de se caracterizar o suborno transnacional. (Cartilha CGU, p. 13)
Suborno transnacional é a oferta ou o pagamento de qualquer vantagem pecuniária indevida ou de outra natureza, a um funcionário público estrangeiro, com o intuito de influenciar no desempenho de suas funções oficiais. (Cartilha CGU, p. 14)
Recomenda-se muita cautela com a oferta e o pagamento de hospitalidades, brindes e presentes a agentes públicos estrangeiros, pois podem ser entendidos, a depender da situação, como uma vantagem indevida, não somente pela Lei n. 12.846/2013, mas também por outras legislações como, por exemplo, o FCPA (*ForeignCorruptPracticesAct*)* e o *UK BriberyAct*.**

Estabelecimento de metas inatingíveis e outras formas de pressão
A pressão para atingimento de metas irreais, como para o fechamento de contratos, pode levar funcionários a praticar irregularidades, em desrespeito à princípios e políticas da empresa, relacionados à integridade. O monitoramento da política de metas da empresa é importante para que não seja transmitida a orientação de se fechar negócio a todo custo, em detrimento da manutenção de uma conduta ética.

Oferecimento de patrocínios e doações
A distribuição de patrocínios e doações pode servir como meio para camuflar o pagamento de vantagem indevida a agente público. Por isso, é essencial que a empresa conheça as instituições e pessoas que recebem esses benefícios, esteja atenta para seus eventuais vínculos com agentes públicos e acompanhe com muita atenção o resultado dessas práticas.

Contratação de terceiros
A utilização de terceiros nas relações entre a empresa e o setor público é fonte de grande risco para sua integridade, pois eles representam o interesse da empresa, ainda que não façam parte dos seus quadros ou não estejam diretamente subordinados a ela. De acordo com a Lei n. 12.846/2013, as empresas podem ser responsabilizadas por todos os atos lesivos praticados em seu interesse. Desta forma, contínuo monitoramento deve ser voltado para o controle das ações daqueles que podem praticar atos em benefício ou interesse da empresa, pouco importando a natureza de seu vínculo.

Fusões, aquisições e reestruturações societárias
As fusões, aquisições e reestruturações societárias podem representar situações de risco, pois há possibilidade de a empresa herdar passivos de atos ilícitos praticados anteriormente à operação. Dessa forma, é importante que a empresa que não contribuiu para a ocorrência desses ilícitos esteja atenta a esse risco e adote bons procedimentos de verificação prévia.
* Mais informações em: <http://www.justice.gov/criminal/fraud/fcpa/>.
** Mais informações em: <https://www.gov.uk/government/publications/bribery-act-2010-guidance>.

A gestão de riscos voltada à Administração Pública, necessariamente passa pela identificação dos setores vulneráveis às práticas corruptivas, pela diminuição dos espaços que representem possibilidades e pelo constante monitoramento. Medidas específicas para Administração Pública devem ser pensadas. Na Itália, por exemplo, há um rodízio nos postos de chefias. A cada cinco anos devem ser mudados, visando a evitar a criação de nichos de poder. Não sei se para nosso sistema seria uma medida eficaz, mas podemos identificar outras.

Além disso, as Ouvidorias, ou órgãos que sejam responsáveis pelo recebimento e, sobretudo, apuração de denúncias, são essenciais na Administração Pública. E esses órgãos devem prestar contas das suas ações, informar sobre os resultados apurados, comunicar os denunciantes, enfim, desenvolver procedimentos para que a sua existência já represente uma forma de coibir as práticas corruptivas na Administração Pública, especialmente dos Municípios, cujas ações, contratos, serviços, decisões são menos pulverizada que a administração dos Estados ou da União.

6.4 Publicidade dos instrumentos e das possibilidades de aprovação existentes, assim como das concertações realizadas e uso de tecnologias no processo de aprovação urbanística

Ao longo deste capítulo fomos tratando da importância da publicidade e da informação como medida a ser adotada para a coibição de práticas corruptivas. Muitos modelos já foram desenvolvidos neste sentido, que trilham o caminho desde a publicidade nos próprios locais da intenção de construir, disponibilização na internet de modo sistematizado que os cidadãos possam compreender, até mecanismos que explicitam os critérios para aprovação ou rejeição das propostas de utilização do solo e de construções apresentadas. As narrativas da experiência europeia também demonstram a necessidade do atuar neste sentido, como forma de enfrentar o tema da corrupção.

Todavia, o que importa aqui destacar é a ampla tecnologia hoje existente e que precisa ser utilizada nos processos de aprovação municipal.

Pode-se dizer que o século XIX foi dos Impérios, o século XX das Nações e o século XXI é o das Cidades. Cidades Inteligentes, Saudáveis, Resilientes, Sustentáveis, são todos conceitos de agendas internacionais que focam no âmbito local. E nessa narrativa, o protagonismo das cidades que compreenderem o momento implica adotar mecanismos que também são deste tempo. A grande resistência à implementação de ferramentas de gestão com uso de tecnologia, com processos de aprovação municipal, utilizando instrumentos que diminuem a discricionariedade administrativa, conforme amplamente debatido, andam par e passo com espaços para práticas corruptivas, aliado aos nichos de poder técnico.

Esse poder técnico não se encontra só na administração pública, mas também naqueles que apresentam seus projetos e propostas e já conhecem os caminhos e os descaminhos pelos quais devem trilhar. Esse conhecimento privado também é poder, frente a outros concorrentes. Não parece interessar ao setor que detém este conhecimento do funcionamento precário da administração pública, partilhá-lo. A desestruturação, de certo modo, contempla um nicho para o privado que conhece o funcionamento, pois não abre possibilidade a outros concorrentes, funcionando como mecanismo de reserva de mercado.

Portanto, identificar, diferenciar e reagir a este modelo também é uma forma de reestabilizar o sistema.

6.5 Função das Procuradorias Jurídicas

No modelo burocrático de Estado delineado de Hobbes a Hegel e Weber, o burocrata é o servidor do monarca e do Estado, fonte primeira de todo poder. O contrato entre o soberano e o burocrata deriva, historicamente, da transformação dos súditos, cujo nascimento remonta a consolidação do Estado Moderno, com a definição de funções, definição das bases jurídicas e, tanto quanto possível, homogêneas. O burocrata não serve mais ao soberano por ser soberano, mas por força das regras mínimas que estabeleçam retribuição e uma carreira. Ao contrato corresponde uma ética administrativa prevista nos tratados, nas regras, nos estatutos, chegando aos códigos de ética dos tempos atuais.[498] Na administração democrática, a esta caracterização acrescenta-se a responsabilidade com a sociedade. Os poderes – Executivo, Legislativo e Judiciário –, cada qual com suas funções definidas têm responsabilidades previstas e agentes públicos responsáveis pelas tarefas públicas. Nesse sentido, é que os burocratas das democracias, organizados em

---

[498] Neste sentido: BELLIGNI, Silvano. Corruzione, malcostume e amministrativo e strategie Etiche. Il ruolo dei codici. Torino, 1999, p. 5-6. Disponível em: <http://www.al.unipmn. it/~segrsp/Fac_Scienze_Politiche_II/dip_pol_pub/index.html>. Acesso em: 25 fev. 2016, p. 09.

Estados Democráticos de Direito, são servidores do Estado e não do Governo. Os servidores do Governo são os agentes políticos, os cargos em comissão, que têm tarefa relevantíssima, porém, diferenciada dos servidores públicos estáveis.

Nesse particular, tem-se a primeira diferenciação de funções de Estado e de Governo. As funções jurídicas são necessariamente de Estado, porque tem sob sua responsabilidade os temas permanentes e que exigem a continuidade na administração pública, independente da alternância de poder que se dá no âmbito político e devem auxiliar os servidores de Governo nas prioridades estabelecidas em cada período.

Cabe às funções jurídicas, e às Procuradorias em particular, exercer uma atividade seletiva. Essa função seletiva implica dizer o que é direito e o que não é direito, a partir do direito. Ao fazer essa seleção por meio dos instrumentos cabíveis –pareceres, informações, notas técnicas, súmulas administrativas, entre outros – absorve a complexidade e reestabiliza o sistema.

O órgão jurídico transforma problemas sociais em problemas jurídicos, ou seja, ao observar o problema apresentado tem por função descrevê-lo com os pressupostos da lei, das regras, dos regulamentos e não das concepções de moral, de justiça, religiosas, científicas, econômicas ou de conveniência administrativa. O órgão jurídico descreve e confronta as regras atinentes às políticas públicas, explicitando eventuais conflitos entre estas. Ao fazer isso, expõe os problemas e aponta caminhos para atribuir plausibilidade jurídica às escolhas políticas.

A lei é uma forma de estabilização do sistema e, no âmbito da administração, compete aos órgãos jurídicos, diante dos conflitos postos, ou do procedimento regulador, operar a redução da complexidade, por meio do procedimento estabelecido, cabendo, neste sentido, ao órgão jurídico absorver a complexidade, visando reestabilizar o sistema com a emissão de manifestação. Para tanto, também precisa observar seu procedimento interno, porque seu cumprimento integra o mesmo processo de legitimação, mediante um procedimento previamente estabelecido, significando análise por chefias, homologação por quem de direito para ter validade.

Diante de toda a complexidade da modernidade, dos direitos reconhecidos que geram outros direitos, essa função tem extrema relevância para a Administração Pública e precisa ser desempenhada de modo permanente, a partir do sistema jurídico. E, gize-se, essa função não é de Ministério Público, de Judiciário, de Tribunal de Contas ou de outro órgão externo, é, sim, de órgão da administração pública, que participa desta e que não está fora dela. Disso decorre que os órgãos jurídicos são observadores internos à administração pública, diferentes dos órgãos jurídicos externos, que têm função fiscalizadora, tais como o Ministério Público e o Tribunal de Contas.

Essa função das Procuradorias é desempenhada cotidianamente, sobretudo na atribuição administrativa. A lei de licitações foi uma das primeiras que reforçou esta função ao exigir a manifestação jurídica nos editais e formalização dos contratos administrativos.

Depois desta, destaca-se as responsabilidades específicas previstas na lei anticorrupção, referentes à advocacia pública.

A denominada lei anticorrupção, Lei Federal nº 12.846/13, prevê funções específicas para a Administração Pública, a saber: parecer prévio às sanções aplicadas às pessoas jurídicas; [499] interposição de medidas judiciais necessárias para investigação e o processamento das infrações, inclusive de busca e apreensão;[500] o ajuizamento de ações judiciais, independente da responsabilização administrativa, visando ao perdimento de bens, direitos ou valores que representem vantagem ou proveito, direta ou indiretamente, obtidos na infração, suspensão ou interdição parcial das suas atividades, dissolução compulsória da pessoa jurídica, proibição de receber incentivos;[501] o pedido de indisponibilidade de bens, direitos ou valores necessários à garantia do pagamento da multa ou da reparação integral do dano causado.[502]

---

[499] Lei Federal nº 12.846/13 Art. 6º, §2º – A aplicação das sanções previstas neste artigo será precedida da manifestação jurídica elaborada pela Advocacia Pública ou pelo órgão de assistência jurídica, ou equivalente, do ente público.

[500] Lei Federal nº 12.846/13 Art. 10, §1º – O ente público, por meio do seu órgão de representação judicial, ou equivalente, a pedido da comissão a que se refere o *caput*, poderá requerer as medidas judiciais necessárias para a investigação e o processamento das infrações, inclusive de busca e apreensão.

[501] Lei Federal nº 12.846, 13 Art. 19, inc.I, II e III – Art. 19. Em razão da prática de atos previstos no art. 5º desta Lei, a União, os Estados, o Distrito Federal e os Municípios, por meio das respectivas Advocacias Públicas ou órgãos de representação judicial, ou equivalentes, e o Ministério Público, poderão ajuizar ação com vistas à aplicação das seguintes sanções às pessoas jurídicas infratoras:
I – perdimento dos bens, direitos ou valores que representem vantagem ou proveito direta ou indiretamente obtidos da infração, ressalvado o direito do lesado ou de terceiro de boa-fé;
II – suspensão ou interdição parcial de suas atividades;
III – dissolução compulsória da pessoa jurídica;
IV – proibição de receber incentivos, subsídios, subvenções, doações ou empréstimos de órgãos ou entidades públicas e de instituições financeiras públicas ou controladas pelo poder público, pelo prazo mínimo de 1 (um) e máximo de 5 (cinco) anos.

[502] Art. 19, §4º. O Ministério Público ou a Advocacia Pública ou órgão de representação judicial, ou equivalente, do ente público poderá requerer a indisponibilidade de bens, direitos ou valores necessários à garantia do pagamento da multa ou da reparação integral do dano causado, conforme previsto no art. 7º, ressalvado o direito do terceiro de boa-fé.

Nesse cenário, também ganha relevo o ajuizamento de ações visando ao ressarcimento dos cofres públicos dos valores desviados em função de práticas corruptivas. Não basta apontar os problemas e adotar medidas para responsabilização administrativa. É tarefa imperiosa da advocacia pública buscar o ressarcimento aos cofres públicos dos valores desviados, pagos indevidamente, de caixa dois e todas as outras formas caracterizadas como recursos públicos oriundos e decorrentes de corrupção, que devem retornar aos cofres públicos. E essas ações se voltam contra gestores, servidores públicos, pessoas jurídicas, particulares e todos os que se envolvem em ilícitos corruptivos no âmbito da administração pública.

O Município tem titularidade para o ajuizamento de ações de improbidade, e, a nosso ver, a Procuradoria-Geral do Município, que o representa, deve fazê-lo como dever de ofício.

A recuperação de recursos públicos é uma das diretrizes mais contundentes do Tratado das Nações Unidas, do qual o Brasil é firmatário, e que, a nosso ver, é tarefa da advocacia pública assumir para si. Exemplos como o de São Paulo e de Porto Alegre, aqui descritos,[503] dão conta da potencialidade a enfrentar. Como carreira de estado que é, com possibilidade de acesso às informações para o ajuizamento de ações, com expertise no trato dos processos administrativos, com conhecimento dos caminhos tortuosos da administração pública, cumulado com a função de atuação no âmbito jurisdicional, que é seu mister por excelência, certamente tem condições de atuar de modo qualificado e eficaz. Não basta mais somente os esforços de arrecadar. Precisamos usar a expertise para deixar de gastar, de um lado e, de outro, recuperar recursos pagos e/ou utilizados indevidamente.

Enfim, com o processo de evolução da administração pública mudou a advocacia pública, responsabilizando-a de modo contundente. De órgão cuja função principal era a representação judicial em litígios, passa a ser órgão que ao exercer sua função reestabiliza a própria Administração Pública, cenário este que pensamos seja uma tendência a ser acentuada no próximo período.

6.6 As inspeções coordenadas pela PGM de Porto Alegre nos anos de 2012 a 2016

Conforme relatado no Capítulo 5, a partir do ano de 2012 a PGM de Porto Alegre passou a desempenhar uma função institucional que não desempenhava antes.

---

[503] Caso Deutsch Bank e recuperação de recursos em Porto Alegre, descritos no Capítulo 4.

O Senhor Prefeito Municipal,[504] diante de denúncias públicas de irregularidades em órgãos da administração municipal, determinou a apuração de fatos concretos, a averiguação das denúncias mediante o devido processo legal (sindicâncias e inquéritos), bem como a comunicação ao Ministério Público dos conteúdos apurados.[505] Para tanto, foi desenvolvida metodologia que envolve a atuação de outros órgãos da Administração[506] e, no âmbito da PGM, de outros técnicos[507] além da área jurídica *stricto senso*, sendo um verdadeiro mutirão, implicando acúmulo de tarefas para muitos, na medida em que, a princípio, ditas Inspeções deveriam ser extraordinárias e não regra.

Esse modo de atuar inaugurou um modelo que, ao determinar a apuração sem interferência política, de certo modo imunizou o gestor, o qual, a princípio, não tem como acompanhar o cotidiano de uma Prefeitura do tamanho de uma cidade como Porto Alegre,[508] mas é o responsável pelas indicações daqueles que nas secretarias são os agentes políticos que conduzem as prioridades da gestão.

Importante destaque de efetividade ocorreu quando PGM e Ministério Público trabalharam conjuntamente, conforme já descrito, sendo, a nosso ver, um interessante modelo que pode ser seguido no mister da coibição e responsabilização das práticas corruptivas. Acrescente-se aos destaques, a recuperação de recursos, na forma já destacada.

6.7 Previsão legislativa no Brasil incidente à corrupção urbanística

A corrupção urbanística não é sancionada somente no âmbito da lei anticorrupção. O cerne desta lei está dirigido às empresas, motivo pelo qual tem sido chamada de Lei de Responsabilidade Empresarial.

---

[504] O Prefeito era José Fortunatti, mandato de 2012 e 2016. Na gestão anterior, 2008 a 2012, ele era Vice-Prefeito. Em 2010 assumiu como Prefeito em função da renúncia do Prefeito, para concorrer a outro cargo eletivo, assim, já integrava e conhecia a administração municipal.

[505] A mesma determinação ocorreu nos seguintes órgãos: SMURB/SMOV, Procempa, SMAM, DEP e FASC. As Secretarias citadas eram dirigidas por representantes de diversos partidos políticos. No caso da Procempa, da SMAM e da FASC operações do Ministério Público antecederam as medidas adotadas. No caso da SMURB/SMOV a iniciativa partiu do Prefeito, em função de denúncias por ele recebidas, e, a partir daí se desenvolveu uma atuação conjunta com o Ministério Público. No caso do DEP, reportagens do Jornal Zero Hora, repórter Adriana Irion, desencadearam a determinação do Prefeito.

[506] Controladoria, Secretaria da Fazenda, Secretaria de Planejamento e Orçamento, Auditoria trabalharam em conjunto e sob a coordenação da PGM.

[507] Administrador, engenheiro, assistentes administrativos integraram a força tarefa, sendo que a metodologia foi debatida e construída a partir das proposições do administrador.

[508] Porto Alegre tem 1 milhão e 300 mil habitantes.

AS POSSIBILIDADES ABERTAS FRENTE À IDENTIFICAÇÃO DA CORRUPÇÃO URBANÍSTICA | 261

A Lei de Improbidade Administrativa tem sido uma das mais utilizadas para coibição desta espécie de prática. E, gize-se, também a Administração Pública, por intermédio das suas Procuradorias Municipais, pode ser titular dessa ação, sendo a autora delas. E, se não for titular, pode assumir o polo ativo quando intimado da existência desta ação. Em se tratando de práticas corruptivas, há incidência de tipos penais específicos, cujas condutas delituosas podem ser enquadradas.[509] Não temos previsão expressa, como foi o caso de Portugal.

No que diz com tipos penais específicos destaca-se: a lei dos crimes ambientais, que tem um capítulo dos crimes contra o ordenamento urbano e o patrimônio cultural[510] e o capítulo dos crimes contra a administração pública do Código Penal, em especial os crimes de corrupção passiva e ativa, peculato, concussão e advocacia administrativa.

Na lei anticorrupção, além da responsabilidade objetiva da pessoa jurídica, tanto no âmbito civil quanto administrativo, destaca-se

---

[509] A propósito ver as denúncias descritas no Capítulo 5, quando referidos à Inspeção procedida na SMURB, ocorrida em 2012, antes mesmo do advento da lei anticorrupção.

[510] Art. 62. Destruir, inutilizar ou deteriorar:
I – bem especialmente protegido por lei, ato administrativo ou decisão judicial;
II – arquivo, registro, museu, biblioteca, pinacoteca, instalação científica ou similar protegido por lei, ato administrativo ou decisão judicial.
Pena – reclusão, de um a três anos, e multa.
Parágrafo único. Se o crime for culposo, a pena é de seis meses a um ano de detenção, sem prejuízo da multa.
Art. 63. Alterar o aspecto ou estrutura de edificação ou local especialmente protegido por lei, ato administrativo ou decisão judicial, em razão de seu valor paisagístico, ecológico, turístico, artístico, histórico, cultural, religioso, arqueológico, etnográfico ou monumental, sem autorização da autoridade competente ou em desacordo com a concedida.
Pena – reclusão, de um a três anos, e multa.
Art. 64. Promover construção em solo não edificável, ou no seu entorno, assim considerado em razão de seu valor paisagístico, ecológico, artístico, turístico, histórico, cultural, religioso, arqueológico, etnográfico ou monumental, sem autorização da autoridade competente ou em desacordo com a concedida.
Pena – detenção, de seis meses a um ano, e multa.
Art. 65. Pichar ou por outro meio conspurcar edificação ou monumento urbano. (Redação dada pela Lei n. 12.408, de 2011)
Pena – detenção, de 3 (três) meses a 1 (um) ano, e multa. (Redação dada pela Lei n. 12.408, de 2011)
§1º Se o ato for realizado em monumento ou coisa tombada em virtude do seu valor artístico, arqueológico ou histórico, a pena é de 6 (seis) meses a 1 (um) ano de detenção e multa. (Renumerado do parágrafo único pela Lei n. 12.408, de 2011)
§2º Não constitui crime a prática de grafite realizada com o objetivo de valorizar o patrimônio público ou privado mediante manifestação artística, desde que consentida pelo proprietário e, quando couber, pelo locatário ou arrendatário do bem privado e, no caso de bem público, com a autorização do órgão competente e a observância das posturas municipais e das normas editadas pelos órgãos governamentais responsáveis pela preservação e conservação do patrimônio histórico e artístico nacional. (Incluído pela Lei n. 12.408, de 2011)

a criação de tipos administrativos específicos, a teor do que dispõe o artigo 5º da citada lei.

Em síntese, o processo de evolução da Administração Pública, com a adoção de modelos de gestão gerenciais, que se afastaram do comando/controle, ampliou-se a discricionariedade administrativa. Essa ampliação gerou espaços de corrupção, tanto no âmbito público, quanto no âmbito privado (caminhos já conhecidos, facilidades já encontradas). Os modelos contemporâneos de prevenção e combate à corrupção unem esforços públicos e privados neste sentido, adotando como responsabilidade recíproca a incorporação de instrumentos nas práticas para enfrentar a questão. Códigos de conduta, programas de integridade de empresas e a lei anticorrupção são as regras dirigidas ao setor privado. O setor público, para além deste modelo, tem desafios outros, destacando-se a identificação dos espaços vulneráveis, bem como a adoção de medidas permanentes, de monitoramento, pois a corrupção não é das pessoas, mas dos sistemas. Manter íntegro o sistema jurídico, no sentido de desempenhar a função para a qual foi criado, é uma das formas de coibição de corrupção.

CONCLUSÃO

A pesquisa realizada se ocupou da corrupção e, especificamente, da corrupção urbanística, como elemento integrante do tema das cidades. A partir do marco teórico da teoria dos sistemas, descrevemos o passado e o processo de evolução da corrupção e da corrupção urbanística. No mundo moderno direito, ciência, religião e política são subsistemas com seus códigos próprios e funções específicas. E, a fusão ou contaminação desses subsistemas, torna-se uma ameaça destrutiva a cada um destes. As diversas descrições procedidas demonstraram como a fusão dos temas ao longo da história, e, sobretudo, no urbanismo no Brasil, ainda não está devidamente diferenciada do sistema da política.

O sistema jurídico se organiza e constitui num âmbito no qual as condições de operatividade dependem do próprio direito, sendo esta uma das conquistas da modernidade. A verdade, por sua vez, não é algo preexistente que aparece, mas decorre de um processo de construção que tem validade no âmbito examinado e todas as observações da sociedade são também sociedade. A tarefa assumida não foi de construir possibilidades melhores do futuro, mas de descrever e diferenciar para poder enxergar.

Corrupção e não corrupção fazem parte do mesmo sistema. A observação e a descrição da corrupção devem se dar no âmbito desse mesmo sistema. No sistema jurídico a corrupção se observa e se descreve a partir do lícito e do ilícito, do conforme ou não conforme ao direito. No sistema da moral, descrita a partir do bem e do mal; no sistema científico, a partir do falso e do verdadeiro; ou seja, a partir da falsificação das velhas realidades.

A função do direito na sociedade moderna é estabilizar o sistema jurídico, ou seja, ele qualifica um sentido e o transforma em conteúdo normativo. Por isso, a qualificação jurídica da corrupção tem uma função evolutiva. O mecanismo da evolução pode ser descrito deste modo: o agir do indivíduo, assim como o agir dos sistemas sociais é continuamente exposto à contingência, ou seja, abre-se a possibilidade sempre diversa, sendo que todas estas possibilidades são acessíveis, ou seja, possíveis de se realizar. Contingência significa possibilidade daquilo que é outro. Significa que a qualificação jurídica do que é corrupção contribui para a estabilidade da sociedade moderna, porque deixa aberto o espaço para a contínua produção do outro, para a contínua emergência daquilo que é outro.

Se na antiguidade a corrupção era entendida como de costumes, era disseminada na promíscua relação estado/igreja, era confundida e disseminada com práticas consideradas imorais, na Idade Moderna iniciamos um ciclo que permite identificar as práticas corruptivas. Todavia, o percurso do tema oscilou, em determinados momentos foi aceita e incentivada tanto socialmente como mecanismo de desenvolvimento.

A análise funcionalista dos teóricos americanos dos anos 1960 e 1970, afastando as questões morais, identifica uma contribuição da corrupção aos sistemas burocráticos destinados ao imobilismo, bem como nos países socialistas e naqueles em desenvolvimento. O caráter perverso da corrupção em relação ao funcionamento do sistema político em geral e democrático, em particular, não foi um consenso. Esta escola, dos anos 1960/1970, sublinhava a vantagem de certa dose de corrupção para o desenvolvimento de projetos nos países socialistas e naqueles em desenvolvimento.

A corrupção não é algo que se analisa do externo, é algo que o sistema produz quando produz sociedade. Não basta a recriminação jurídica que se reporta à moral, na forma que o mundo antigo fazia. Da mesma forma, é insuficiente o enxergar dos processos corruptivos a partir deles mesmos ou da relação sujeito/objeto. A corrupção está no sistema, é ínsita a este, não é algo que está fora. É isto sim, algo que existe e deve ser enfrentado pelo próprio sistema e com as ferramentas destes.

O estágio atual dos processos jurídicos reconhece que o fenômeno da corrupção se apresenta de diversos modos, cabendo à sociedade estabelecer o freio mediante o ordenamento jurídico próprio, considerando que as leis são uma proteção da sociedade contra ela mesma, na medida em que o direito estabelece o lícito e o ilícito.

Este processo de identificação do lícito/ilícito sofreu uma evolução a partir de marcos significativos especialmente a contar do movimento da Organização para a Cooperação e Desenvolvimento Econômica (OCDE) e das Nações Unidas em torno do tema, no final dos anos 1970, ao diferenciar sistema do jurídico do econômico e se afastar das concepções dos americanos dos anos 70, que viam na corrupção um meio de impulsionar as engrenagens, sobretudo nos processos de colonização. O suborno como prática usual e integrante do sistema, a partir do escândalo Watergate passa por uma diferenciação e opera evolução.

CONCLUSÃO | 265

O sistema jurídico também não tinha regras e controles para além dos estados nacionais. Não era ilícito/ilegal uma empresa americana, inglesa, francesa ou de qualquer outra nacionalidade oferecer propina em outros países, por exemplo.

Todavia, a partir de meados dos anos 70, impulsionado pelo escândalo do Watergate que resultou na renúncia do Presidente Nixon, aliado aos escândalos envolvendo empresas americanas no pagamento de propina, teve início uma crescente mutação no tratamento da corrupção. De relações privadas, de tratamento sujeito/objeto, iniciaram os debates e foram gestadas as iniciativas dos Tratados e da internalização destes nas legislações dos países, bem como a compreensão das causas e efeitos do fenômeno, não como fato isolado, mas decorrente, sobretudo, das operações dos sistemas da economia e da política. Ficou evidenciada a relação da corrupção com a "lavagem de dinheiro", que não era prática adotada só na relação com países subdesenvolvidos, para romper com as amarras dos sistemas burocráticos, que não se tratava de problema estritamente doméstico, afeto à soberania do estado-nação. A relativização até então reinante cede espaço a diferenciação funcional que tem nos Tratados Internacionais uma linha estruturadora.

Depois da assinatura da 1ª Convenção outras se sucederam, objetivando o mesmo intuito e consolidando um tratamento jurídico internacional, com consequências jurídicas, aos estados-nação. Há um intuito novo no ordenamento internacional emergente, tratando a repressão e criando mecanismos expressos e cogentes de prevenção da corrupção. Passa-se do comando/controle para o modelo reaja/previna, adotando-se ferramentas que tenham a capacidade de incidir sobre a prevenção de práticas e não somente na sua penalização.

O Brasil adotando o entendimento de que a corrupção é um problema internacional, na linha de atuação da ONU, de 2002 a 2006 ratificou e internalizou os principais acordos multilaterais específicos sobre o tema, Convenções OCDE, OEA e ONU, além da Convenção de Palermo, fazendo com que tenham força de lei em nosso país.

A Lei Anticorrupção introduziu dispositivo tratando da responsabilidade objetiva das pessoas jurídicas por ilícitos decorrentes de corrupção, em especial as fraudes em licitações públicas, dispondo sobre a responsabilização administrativa de modo bastante contundente, fortalecendo este instituto. Preveem os acordos de leniência, a valorização dos programas de integridade ou programas de *compliance*, multas elevadas, bem como cria um cadastro nacional das empresas punidas. Sua aplicação é no âmbito do território nacional e estrangeiro.

A função do sistema jurídico internacional foi estabelecer um mecanismo de freio para o sistema da política dos estados-nação. A evolução do sistema jurídico a partir dele mesmo é possível a partir das operações resultantes da observação e do processo de diferenciação produzida. O procedimento adotado na Convenção da OCDE, com avaliação sistemática é um dos indutores e garantidores deste *feedback*. O tratamento do tema no Brasil demonstra o rápido desenvolvimento das ferramentas e o aperfeiçoamento do sistema jurídico que permite a adoção das medidas a que hoje assistimos.

A democracia permite externar a corrupção, pois, diferente dos regimes ditatoriais, não a esconde, faz aparecer. Quanto mais democracia, mais os processos corruptivos aparecem, sendo possível adotar medidas que estabilizem o sistema, pois possibilitam incidir nos temas específicos em que há vulnerabilidade às práticas corruptivas. Por isso, a corrupção não é uma desilusão da democracia, mas a democracia é que permite enxergar os processos corruptivos e identificar os espaços propícios para o desenvolvimento desta. E, o aparecer, o enxergar as práticas corruptivas, permite desenvolver os controles necessários para reestabilizar o sistema.

Importante destacar que não se previne a corrupção com falta de controle, com a desestruturação da máquina administrativa, com o descaso com os serviços públicos e com as estruturas que devem prestá-los. Todos esses modos de agir são portas abertas para as práticas corruptivas. No âmbito da administração pública, além das medidas de controle e responsabilização dos servidores, bons salários, estrutura compatível com as funções a serem desempenhadas, adoção de códigos de conduta, de programas de integridade, também para administração pública, são formas de prevenção da corrupção. A descrição sobre o serviço público na Itália, sobretudo a desconstituição ocorrida no período fascista, pode nos auxiliar a compreender o nosso processo interno, bem como a examinar as possibilidades com olhos de quem vê que a desestruturação e o desleixo com a administração pública também representaram uma função ao longo dos tempos e da história.

A corrupção dos sistemas gera a corrosão destes e, por conseguinte, afeta a sociedade. Os mecanismos de estabilização destes sistemas auxiliam no retorno ao seu equilíbrio.

A corrupção, em sentido juridicamente repreensível, somente pode aparecer quando ocorrer a diferenciação do sistema político e os seus processos jurídicos estiverem suficientemente avançados.

Na sociedade moderna o direito tem uma função de estabilização das expectativas. O direito é indiferente à moral, pois são ambas – direito e moral – qualificações de sentido que não se entrelaçam. E nisso está a estabilização necessária.

Não podemos analisar o fenômeno da corrupção como se estivéssemos fora dele. Integramos os sistemas e evoluímos com eles, estamos em meio a eles. Por isso, não obstante a coibição da corrupção exigir um tratamento daqueles que praticam o ato em si seja pessoas físicas ou jurídicas, a corrupção é dos sistemas e todo modo de irritação possível é desse sistema.

O processo de diferenciação funcional produziu as formas jurídicas de combate à corrupção. E as formas jurídicas evoluíram a partir das diferenciações produzidas. No século passado, o combate à corrupção se dava por meio dos crimes de peculato e concussão. Hoje há um sistema jurídico que trata a corrupção nas suas especificações, a partir das diferenciações e das seleções operadas. Ainda, há um tratamento jurídico para prevenção da corrupção (*compliance*, meios de prevenção de lavagem de dinheiro), técnicas que não se cogitavam em tempos não tão remotos. Isso é possível em função do processo de evolução do sistema originário das diferenciações produzidas. E ele é interno ao sistema jurídico.

A sociedade moderna é altamente complexa. Os processos corruptivos também o são. Por isso, quanto mais os diferenciamos mais complexidade foi gerada e este incremento da complexidade permite enxergar outros modos de corrupção.

A corrupção se dá no âmbito dos sistemas e, na sociedade funcionalmente diferenciada, os controles precisam ser voltados a estes e não às pessoas. Mas, para tanto, os sistemas precisam ser observados, descritos e diferenciados a partir das observações produzidas.

Corrupção e não corrupção fazem parte do mesmo código e se diferenciam do ponto de vista jurídico quando há o lícito e o ilícito.

No caso da corrupção urbanística no Brasil, faz-se necessário produzir mais observação. Ainda não enxergamos a corrupção urbanística como modo juridicamente condenável. Projetos de lei que alteram uso do solo e do regime urbanístico sem critérios técnicos permitem aumento de altura aumentando valor de imóveis sem contraprestação, ou as facilitações de licenças, de autorização para construir com benefícios diretos para os proprietários não são descrições que se aplicam somente a Portugal, Espanha e Itália. Até mesmo os subornos para fazer andar os processos de aprovação ou a contratação daqueles que, por serem ou terem sido servidores, conhecem os caminhos, são tolerados, lembrando a escola americana dos anos 70/80. A nosso ver, ainda não operamos as diferenciações necessárias.

A pesquisa observa/descreve o que ocorre em matéria de corrupção urbanística na União Europeia, em especial em Portugal, Espanha e Itália. No Brasil, sustentamos que há precária diferenciação entre direito e política no urbanismo. A falta de um sistema jurídico que separa o direito da política, que vede condutas que favorecem a impessoalidade, que favorecem a apresentação de dificuldades para "vender facilidades", o excesso de discricionariedade administrativa, a falta do desenvolvimento de controles no processo urbanístico, a carência de publicidade das regras, a falta de publicidade dos instrumentos e das possibilidades existentes, o excesso de legislação e a precária informação da existência destas, bem como das concertações realizadas são uma constante. Assim, trabalhamos com soluções personalíssimas, muitas vezes casuísticas e que não modificam o sistema, mas tangenciam o problema.

Compreender que uma sociedade que protegeu direitos de diferentes origens –ambiental, urbanística, acessibilidade, moradia, patrimônio histórico e cultural, que afetam e são constitutivos da aprovação municipal, é enxergar a complexidade da sociedade atual. A partir dessa compreensão é que será possível desenvolver formas de diminuição da complexidade, por meio do desenvolvimento de procedimentos, de um lado e da racionalidade do sistema jurídico de outro. Não é possível deixar de considerar um dos direitos protegidos. Isso representa a própria corrosão do sistema e em um momento ou outro será exposto. Faz-se necessário, a partir deste enxergar, desenvolver estratégias de redução de complexidade.

Descrições que não permitam o enxergar como a corrosão do sistema urbanístico afeta às estruturas diferenciadas da cidade democrática não se prestam mais à compreensão da sociedade moderna.

Entendemos que corrupção urbanística no Brasil ainda não é tratada com a diferenciação necessária. Os sistemas do direito e da política em nosso país ainda estão muito próximos, umbilicalmente ligados, de um lado, e, de outro, produzem aparência de legalidade por meio de alterações legislativas das leis urbanísticas que imputam legalidade a projetos que ferem a impessoalidade e trazem benefícios específicos a determinados grupos ou pessoas, em detrimento do caráter difuso do controle urbanístico inerente ao direito à cidade.

De outra parte, as descrições e diferenciações operadas, possibilitaram enxergar o seguinte: a) as descrições precisam ser feitas com olhos no passado e não no futuro; b) a corrupção não é das pessoas, mas dos sistemas; c) a relação sujeito-objeto, no caso corrupto x corruptor = punição é insuficiente para coibição das práticas corruptivas; d) procedimentos e legislação são indispensáveis para separar direito e política e permitir enxergar e coibir a corrupção dos sistemas; e) a existência de corrupção não é uma das promessas mal cumpridas das democracias, pois nas democracias, com a organização de procedimentos, com a separação dos sistemas direito e política e as legislações é possível percebê-la e enfrentá-la, sendo o direito o modo de estabelecer os freios e limites à sociedade frente a ela mesma, sendo um mecanismo de estabilização do sistema.

Para operar essa separação dos sistemas do direito e da política que já deveria ter ocorrido e que abre enorme espaço para as práticas corruptivas, temos que o urbanismo deve ser matéria de Estado e não de Governo, que os procedimentos, ainda frágeis em nosso sistema, precisam ser desenvolvidos e aperfeiçoados, que se faz necessário o desenvolvimento de controles que atentem para o tema da corrupção urbanística e deixem de banalizar situações, que adote tecnologias de gestão para minimizar os espaços de discricionariedade administrativa, que entenda a função da publicidade e da transparência como função de diminuir os espaços corruptivos. Os procedimentos são essenciais e são formas de redução de complexidade, de legitimação das decisões que o próprio sistema de decisão pode apresentar. No urbanismo são meios de garantir a impessoalidade e a transparência, além de diminuir os espaços que propiciam a corrupção.

Ainda, o processo de evolução da Administração Pública e do sistema jurídico desta, com a adoção de modelos de gestão gerenciais, que no urbanismo se expressam pelas concertações, afastaram-se do comando/controle, ampliando a discricionariedade administrativa. Essa ampliação gerou espaços de corrupção, tanto no âmbito público, quanto no âmbito privado. No espaço privado possibilita que aqueles que já conhecem os caminhos facilitados, os atalhos, se beneficiem. Por isso, a adoção de modelos com transparência, informação pública, diminuição de espaços de discricionariedade, modelos de concertação com regras e envolvendo os setores da administração e não as pessoas, são essenciais.

Isso porque os modelos contemporâneos de prevenção e combate à corrupção unem esforços públicos e privados neste sentido, adotando como responsabilidade recíproca a incorporação de instrumentos nas práticas para enfrentar a questão. Códigos de conduta, programas de integridade de empresas e a lei anticorrupção são as regras dirigidas ao setor privado. O setor público, para além deste modelo, tem desafios outros, destacando-se a identificação dos espaços vulneráveis, bem como a adoção de medidas permanentes, de monitoramento, pois a corrupção não é das pessoas, mas dos sistemas. O subsistema urbanístico é um deles. Precisamos, de um lado, enxergar a corrupção e, de outro, desenvolver metodologias de estabilização deste. Manter íntegro o sistema jurídico, no sentido de desempenhar a função para a qual foi criado é uma das formas de coibição de corrupção.

As resistências a esse processo de diferenciação indica que as leis urbanísticas não têm exercido a função de estabilização do sistema por ainda serem pontuais e direcionadas, sem exercer o papel mais amplo que a Constituição lhes possibilita. Eis uma tarefa que está em construção.

REFERÊNCIAS

ARAGÃO, Maria Alexandra de Souza. *O princípio do poluidor pagador: pedra angular da política comunitária do ambiente.* Universidade de Coimbra: Coimbra Editora, 1997.

ARISTOTELE. La generazione e la corruzione. A cura di Maurizio Migliori e Lucia Palpacelli. Bompiani Il Pensiero Occidentale. Milano: Giugno, 2013.

ARISTÓTELES. *Política.* São Paulo: Martin Claret, 2003.

BELLIGNI, Silvano. Corruzione e scienza politica: una riflessione agli inizi. In: *Teoria Politica.* III, 1987. n. 1.

BELLIGNI, Silvano. Corruzione, malcostume e amministrativo e strategie Etiche. Il ruolo dei codici. Torino, 1999. p. 5-6. Disponível em: <www.al.unipmn.it/~segrsp/Fac_Scienze_Politiche_II/dip_pol_pub/index.html>.

BENÉVOLO, Leonardo. *História da cidade.* São Paulo: Perspectiva, 2003.

BOBBIO, Norberto. *A era dos direitos.* Rio de Janeiro: Elservier, 2004.

BOBBIO, Norberto. *O futuro da democracia: uma defesa das regras do jogo.* Rio de Janeiro: Paz e Terra, 1986.

BOBBIO, Norberto. *Quale democrazia?* Brescia: Editrice Morcelliana, 2009.

BRASIL. Controladoria-Geral da União – CGU. *Cartilha Programa de Integridade: Diretrizes para Empresas Privadas,* setembro de 2015.

BRASIL. Controladoria-Geral da União – CGU. *Convenção das Nações Unidas Contra a Corrupção.* Brasília: CGU, 2008.

BREVE *história da corrupção no Brasil,* com Laurentino Gomes (Autor de 1808, 1822 e 1889). Transmitido ao vivo em 11 de abr de 2015. Disponível em: <https://www.youtube.com/watch?v=2WbzHRb4n24>.

BRIOSCHI, Carlo Alberto. *Il Malafare: breve storia della corruzione.* Milano: Longanesi, 2010.

BUARQUE DE HOLANDA FERREIRA, Aurélio. Mini Dicionário Aurélio da Língua Portuguesa: século XXI. 4. ed. rev. e ampl. Rio de Janeiro: [S. n.]; 2001.

CABRAL, Lucíola. Operação Urbana Consorciada: possibilidades e limitações. *Revista Magister de Direito Ambiental e Urbanístico,* v. 19, ago./set. 2008.

CALABRO, Francesco. *Incerteza e vínculo:* Il Raconto del diritto nel pensiero di Niklas Luhmann. Lecce: Pensa Multimedia, 2007.

CALVINO, Italo. *A especulação imobiliária.* São Paulo: Companhia das Letras, 2011.

CAMPILONGO, Celso Fernandes. *O Direito na sociedade complexa.* São Paulo: Saraiva, 2011.

CANALI, Mauro. Il riformismo ammnistrativo del primo governo Mussolini e la corruzione In: *Etica Pubblica e Ammnistrazione - per una storia della Corruzione nell' Italia Contemporanea.* [S. l]: [S.n.], [S. d].

CANTONE, Raffaele; MERLONI, Francesco (a cura di). *La Nuova Autorità Nazionale Anticorruzione*. Torino, G. Giappichelli Editore, 2015.

CAPPELLETTI, Mauro. *La corruzione nel governo del territorio:* forme, attori e decisione nella gestione occulta del territorio. BookSprint Edizioni, finito di stampare, maio 2012.

CARACCA, Le partecipazioni statali. In: *Etica Pubblica e Ammnistrazione*: per una storia della Corruzione nell' Italia Contemporanea. [S. l]: [S.n.], [S. d].

CASSERE, Sabino. Ipotesi sulla storia della corruzione in Italia. In: *Ettica Pubblica e Ammnistrazione:* per una storia della Corruzione nell' Italia Contemporanea. [S. l]: [S.n.], [S. d].

CAVALLAZZI, Rosângela Lunardelli. O estatuto epistemológico do Direito Urbanístico brasileiro: possibilidades e obstáculos na tutela do Direito à Cidade. In: COUTINHO, Ronaldo; BONIZZATO, Luigi (Org.) *Direito da Cidade:* novas concepções sobre as relações jurídicas no espaço social urbano. Rio de Janeiro: Lúmen Júris, 2007.

CAZZOLLA, Franco. *Della Corruzzione: fisiologia e patologia di un sistema politico*. Bologna: Il Mulino, 1988.

CHEVALLIER, Jean-Jacques. *As grandes obras políticas de Maquiavel a nossos dias*. Brasília: Editora da Universidade de Brasília, 1982

CIAMPANI, Andrea. Interessi economici, istituzioni amministrative e progetti politici dopo l'Unità: un rapporto a più dimensioni. In: *Etica Pubblica e Ammnistrazione:* per una storia della Corruzione nell' Italia Contemporanea. [S. l]: [S.n.], [S. d].

COMISSÃO EUROPEIA. relatório da comissão ao conselho e ao parlamento europeu - Relatório anticorrupção aa UE - COMISSÃO EUROPEIA Bruxelas, 3.2.2014 COM(2014) 38, p. 18. Disponível em: <http://ec.europa.eu/dgs/home-affairs/e-library/documents/policies/organized-crime-and-human-trafficking/corruption/docs/acr_2014_pt.pdf>.

CORREIA, Jorge Andre Alves. *Contratos Urbanísticos*: concertação, contratação e neocontratualismo no direito do urbanismo. Coimbra: Almedina, 2009.

CORRUPÇÃO em Portugal. Disponível em: <http://asul. blogspot.com.br/2009/07/corrupcaoemportugal5.html>.

COSTA, Regina Helena Lobo da. Corrupção na História do Brasil: reflexões sobre suas origens no período colonial. In: DEL DEBBIO, Alessandra; MAEDA, Bruno Carneiro Ayres; SILVA, Carlos Henrique da (Coord.). *Temas de anticorrupção e compliance*. Rio de Janeiro: Elsevier, 2013.

COULANGES, Fustel. *A cidade antiga*. São Paulo: Martin Claret, 2007.

CRAVERI, Piero. L'attiazione dell'ordinamento regionale di fronte alla degenerazione del sistema politico negli anni 80. In: *Etica Pubblica e Ammnistrazione:* per una storia della Corruzione nell' Italia Contemporanea. . [S. l]: [S.n.], [S. d].

CROCCE, Benedetto. *Storia d'italiadal 1871 al 1915*. 11. ed. Bari: Laterza e Figli, 1956.

CROCELA, Carlo; MAZZONIS, Fillipo. Iniziative parlamentari contro la corruzione. La commissione parlamentare d'inchiesta per le spese di guerra (1920-1923). In: *Etica Pubblica e Ammnistrazione:* per una storia della Corruzione nell' Italia Contemporanea.

CURAMI, Andrea. Le Forniture Militari. In: MELLS, Guido (Coord.). *Etica Pubblica e Ammnistrazione*. Napoli: Cuen, 1999.

DALLARI, Dalmo de Abreu. Auto-organização do Município. *RDP 37/38*, jan./jun. 1976.

REFERÊNCIAS | 273

DARIAS, Jerez M. Luis; MARTÍN, Víctor O. Martín; PÉREZ GONZÁLES, Ramón. Aproximación a una Geografía de la Corrupción Urbanística en España. Ería, 87 2012.

DE GIORGI, Raffaele. *Azione e Imputazione. Semantica e critica di un Principio nel diritto penale*. Lecce: Milella, 1984

DE GIORGI, Raffaele. *Direito, democracia e risco:* vínculos com o futuro. Porto Alegre: Sergio Fabris, 1998.

DE GIORGI, Raffaele. *Direito, tempo e memória*. Tradução Guilherme Leite Gonçalves. São Paulo: Quartier Latin, 2006.

DE GIORGI, Raffaele. *Jurisprudencia: es uma comedia? es uma tragedia? Simposio Internacional de Jurisprudencia*. Campeche: México, 2009.

DE GIORGI, Raffaele. Os desafios do juiz constitucional. In: *Impasses e aporias do direito contemporâneo*. São Paulo: Saraiva, 2011

DE GIORGI, Raffaele. *Scienza del Diritto e legittimazione (con un poscritto 1998)*. Lecce: Pensa MultiMedia, 1998

DE GIORGI, Raffaele. *Temi di Filosofia del Diritto*. Lecce: Pensa Multimedia, 2015. v. 2.

DE LUCIA, Vezio. L'Urbanística. In: *Etica Pubblica e Ammistrazione:* per una storia della corruzione nell' Italia Contemporanea.Guido Melis (a cura di). Napoli: Cuen, 1997.

DEL DEBBIO, Alessandra; MAEDA, Bruno Carneiro; AYRES, Carlos Henrique da Silva (coord.). *Temas de anticorrupção e compliance*. Rio de Janeiro: Elsevier, 2013.

DEL VECCHIO, Angela; SEVERINO, Paola (a cura di). *Il Contrasto alla Corruzione nel Diritto Interno e nel Diritto Internazionale*. Collana di Studi 34. Dipartimento di Giurisprudenza. Itália: Casa Editrice Dott. Antonio Milani, 2014.

DELLA PORTA, Donatella; MENY, Yves (a cura di). *Corruzione e Democrazia:* Sette paesi a confronto. Napoli: Liguori Editore, 1995.

DIAS, Maria do Carmo. Breves Notas sobre os Crimes previstos nos artigos 278º-A e 382º-A do Código Penal. *Boletim de Informação e Debate*, ASJP, VI Série, n. 5, Janeiro, 2011.

FAORO, Raimundo. *Os donos do poder:* formação do patronato político brasileiro. 3. ed. rev. São Paulo: Globo, 2001.

FAVERO, Valentina. Il Fenomeno della corruzione: profili di diritto nazionale, internazionale e sovranazionale. In: *Analisi Storica, Giuridica e Sociologica del Fenomeno Corruttivo*. A cura di Laura Stefani, Gabriella Rappa e Anna Chiara Carobolante. Elsa (European Law Studentes Association). Padova: Coop. Libraria Editrice Universitàdi Padova, 2012.

FERNANDES, Cintia Estefania. O Mínimo Essencial da gestão Urbana Territorial em face da Cidade Constitucional. Tese apresentada ao Programa de Pós-Graduação em Gestão Urbana (PPGTU) da Escola de Arquitetura e Design. Linha de pesquisa: Planejamento e Projeto Urbano e Regional. Orientador: Prof. Dr. Carlos Hardt Coorientador: Prof. Dr. Clovis Ultramari - UFPR: 2016

FERNANDES, Edesio. Direito do Urbanismo: entre a "cidade legal"e a "cidade ilegal". In: FERNANDES, Fernandes (org.) *Direito Urbanístico*. Belo Horizonte: Del Rey, 2000.

FIALE, Aldo. *Compendio di Diritto Urbanistico*. X ed. Napoli: Edizione Giuridiche Simone, aprile 2015.

FIALE, Aldo; FIALE, Elisabetta. *Diritto Urbanistico*. XV ed. Napoli: Gennaio, 2015.

FREITAG, Bárbara. *Teoria das cidades*. Campinas: Papirus, 2006.

FURTADO, Lucas Rocha. *As raízes da corrupção no Brasil:* estudos de casos e lições para o futuro. Belo Horizonte: Fórum, 2015.

GIANNETTO, Marina. Dalle ispezioni alle questure e prefetture al confornto della società civile. Il servizio ispettivo del Ministero dell'Interno fra età liberale e fascismo. In: *Etica Pubblica e Ammnistrazione*: per una storia della Corruzione nell' Italia Contemporanea. [S. l.]: [S. n.], [S. d.].

GRAU, Eros Roberto. *Direito Urbano: Regiões metropolitanas, solo criado, zoneamento e controle ambiental, Projeto de Lei de Desenvolvimento Urbano.* São Paulo: Revista dos Tribunais, 1983.

GRIMM, Dieter. Il Futuro della Costituzione. In: *Il Futuro della Costituzione, a cura de Gustavo Zagrebelsky, Pier Paolo Portinaro e Jörg Luther.* [S. l.]: [S. n.], [S. d.].

GUSTAPANE, Enrico. Per una Storia della Corruzione nell 'Itália Contemporanea. In: *Ettica Pubblica e Ammnistrazione:* per una storia della Corruzionenel l'Italia Contemporanea. [S. l.]: [S. n.],1997.

HAYASHI, Felipe Eduardo Hideo. *Corrupção*: combate transnacional, compliance e investigação criminal. Rio de Janeiro: Lumen Juris, 2015.

HEERS, Jacques. *La Città nel Medioevo in Occidente:* paesaggi, poteri e conflitti. Milano: Editoriale Jaca Book, 1999, secondaristampa.

HEINEN, Juliano. *Comentários* à *Lei Anticorrupção*. Belo Horizonte: Fórum, 2015.

HOLANDA, Sérgio Buarque de. *Raízes do Brasil*. São Paulo: Companhia das Letras, 2006.

KLITGAARD, Robert E. *A Corrupção sob controle*. Tradução Octavio Alves Velho. Rio de Janeiro: Jorge Zahar, 1994.

LAFFER, Celso. *A reconstrução dos Direitos Humanos*. São Paulo: Companhia das Letras, 1998.

LE GOFF, Jacques. Por amor às cidades. São Paulo: Fundação Editora da Unesp, 1998.

LEAL, Rogério Gesta. *A função social da propriedade e da cidade no Brasil*. Porto Alegre: Livraria do Advogado, 1998.

LEAL, Victor Nunes. *Coronelismo, enxada e voto:* o município e o regime representativo no Brasil. 2. ed. São Paulo: Alfa-ômega, 1975.

LEFEBVRE, Henri. *O direito à cidade*. São Paulo: Centauro, 2001.

LIVIANU, Roberto. *Corrupção:* incluindo a nova lei anticorrupção. São Paulo: Quartier Latin do Brasil, 2014.

LOPES, Jose Mouraz. *O espectro da corrupção*. Coimbra: Almedina, 2011.

LOPES, Jose Mouraz. *Cómo es posible el orden social?*. Ciudad de Mexico: Universidad Iberoamericana, 2009.

LOPES, Jose Mouraz. *Esistono ancora norme indispensabili?* Roma: Armando Editore, 2013.

LOPES, Jose Mouraz. *Illuminismo sociologico*. Milano: Il Saggiatore, 1983.

LOPES, Jose Mouraz. *Introdução* à *teoria dos sistemas*. Tradução Ana Cristina Arantes Nasser. Petrópolis: Vozes, 2009.

LOPES, Jose Mouraz. La Costituzione come Acquisizione Evolutiva. In: *Il Futuro della Costituzione, a cura de Gustavo Zagrebelsky, Pier Paolo Portinaro e Jörg Luther.* Torino: Eunadi, 1996

REFERÊNCIAS | 275

LOPES, Jose Mouraz. *Legitimação pelo procedimento*. Tradução Maria da Conceição Corte-real. Brasília: Editora da Universidade de Brasília, 1980.

LOPES, Jose Mouraz. *Observaciones de La Modernidad:* racionalidad y contingência em La sociedade moderna. Paidos Studio, Barcelona, Buenos Aires e Mexico, 1997/ Osservazioni sul Moderno. Roma: Armando Editore, 2006.

LOPES, Jose Mouraz. *Potere e complessità sociale*. Milano: Il Saggiatore S. P. A., 2010.

LOPES, Jose Mouraz. *Sociologia del riesgo*. Tradução Silvia Pappe, BrunhildeErker, Luis Felipe Segura. Universidad Iberoamericana, Universidad de Guadalajara, 1981. Guadalajara, Jalisco, Mexico.1992.

LOPES, Jose Mouraz. *Stato di diritto e sistema sociale*. Milano: Guida editori, 1990.

LOPES, Jose Mouraz; DE GIORGI, Raffaele. *Teoria della società*. 11. ed. Milano: Franco Angeli, 2003.

MACCARONE, Salvatore. Ética, morale e finanza. In: *Etica Pubblica e Ammnistrazione:* per una storia della Corruzione nell' Italia Contemporanea. [S. l.]: [S. n.], [S. d.].

MARICATO, Ermínia; FERREIRA, João Sette Whitaker. Operação urbana consorciada: diversificação urbanística participativa ou aprofundamento da desigualdade? In: OSORIO, Letícia Marques (Org.). *Estatuto da cidade e reforma urbana: novas perspectivas para as cidades brasileiras*. Porto Alegre: Sérgio Antonio Fabris, 2002. p. 215.

MARINELA, Fernanda; PAIVA, Fernanda; RAMALHO, Tatiany. *Lei Anticorrupção*. São Paulo: Saraiva, 2015.

MARTINS, José Antonio. *Corrupção*. São Paulo: Globo, 2008.

MEDARD, Jean-François. Francia-Africa: affari di famiglia. In: DELLA PORTA, Donatella; MENY, Yves (a cura di). *Corruzione e democrazia. sette paesi a confronto*. Liguori Editore. Napoli: 1995.

MEIRELLES, Hely Lopes. *Direito de construir*. 7. ed. atual. Eurico de Andrade Azevedo. São Paulo: Malheiros, 1996.

MELIS, Guido (a cura di). *Etica Pubblica e Ammnistrazione:* per una Storia della Corruzione nell' Italia Contemporanea. Napoli: Cuen, 1999.

MILESKI, Helio Saul. *O Estado contemporâneo e a corrupção*. Belo Horizonte: Forum, 2015.

MUMFORD, Lewis. *A cidade na história: suas origens, transformações e perspectivas*. 4. ed. São Paulo: Martins Fontes, 1998.

NOONAN JR., John T. Mani Sporche. *La corruzione politica nel mondo moderno*. Milano: SugarCo, 1987. v. II.

NOONAN JR., John T. Mani Sporche. *Subornos*. Tradução Elsa Martins. Rio de Janeiro: Bertrand Brasil, 1989.

NOONAN JR., John T. Ungere le ruote: storia della corruzione politica dal 3000 a.C, alla Roviluzione Francese. In: SPORCHE, Mani. *La corruzione politica nel mondo moderno*. Milano: SuggarCo, 1987. v. II.

OCDE - *Comitê de la gestion publique, L'ethiquè dans le service public*. Question et pratiques actualles. Paris: OCDE, 1996.

PAGOTTO, Leopoldo. Esforços globais anticorrupção e seus reflexos no Brasil. In: *Temas de anticorrupção e compliance*. Rio de Janeiro: Elsevier, 2013.

PARSONS, Talcott. *Teoria sociologica e società moderna*. Tradução Paolo Maranini. Milano: Universale Etas, 1979.

PELLETIER, Jean; DELFANTE, Charles. *Cidades e urbanismo no mundo*. Lisboa: Instituto Piaget, 1997.

PÉREZ, Laura Pozuelo (Coord.). *Derecho Penal de la Construcción*. Granada: Comares, 2006.

PINTO, Victor Carvalho. *Direito Urbanístico: plano diretor e direito de propriedade*. 2. ed. rev. e atual. São Paulo: Revista dos Tribunais, 2010.

RAZZANTE, Ranieri. La Nuova Fisionomia del delitto di corruzione nel diritto italiano. In: RAZZANTE, Ranieri (a cura di). *La nuova regolamentazione anticorruzione*. Torino: G. Giappicheli, 2015.

RELATORIO AUKEN, PARLAMENTO EUROPEU. Disponível em: <http://www.europarl.europa.eu/sides/getDoc.do?type=REPORT&reference=A6-2009-0082&format=XML&language=PT>.

RIBEIRO, Carlos Vinícius Alves. Cidades são possíveis? A ordenação do solo urbano e a corrupção urbanística. *Revista Brasileira de Direito Municipal – RBDM*, ano 16, n. 56, p. 49-60, abr./jun. 2015.

RODOTTÁ, Stefano. Corruzione e Consenso Sociale Contributo al dibattito. In: *occasione del convegno 'Legalità e corruzione*. Disponível em: <http://www.noidonne.org/blog.php?ID=03678>.

SABATIBI, Giovanni. Gli strumenti di regolazione e le norme etiche della Borsa negli anni Ottanta e Novanta. In: *Etica Pubblica e Ammnistra.zione*: per una storia della Corruzione nell' Italia Contemporanea. [S. l.]: [S. n.], [S. d.].

SANTOS, José Maria dos. *A política geral do Brasil*. Porto Alegre: Itatiaia, 1989.

SARLET, Ingo Wolfgang. *A eficácia dos direitos fundamentais*. Porto Alegre: Livraria do Advogado, 1988.

SARLET, Ingo Wolfgang. O direito fundamental à moradia na Constituição: algumas anotações a respeito de seu contexto, conteúdo e possível eficácia. In: MELLO, Celso Albuquerque; TORRES, Ricardo Lobo (Org.). *Arquivo de Direitos humanos*. Rio de Janeiro: Renovar, 2002.

SAULE JR., Nelson. *Novas perspectivas do Direito Urbanístico brasileiro*: ordenamento constitucional da política urbana – aplicação e eficácia do plano diretor. Porto Alegre: Sérgio Fabris, 1997.

SECCHI, Bernardo. *La Città del Ventesimo Secolo*. Roma-Bari: Laterza, 2005.

SEIBEL, Wolgang. Costruzione dello stato e etica pubblica in Germania. In: DELLA PORTA, Donatella; MENY, Yves (a cura di). *Democrazia e Corruzione*: Sette paesi a confronto. Napoli: Liguori, 1995.

SILVA, José Afonso da. *Direito Urbanístico brasileiro*. 2. ed. ver. atual. São Paulo: Malheiros,1995.

SILVA, José Afonso. Inovações municipais na Constituição de 1988. *Revista dos Tribunais*, n. 669, p. 12, jul. 1991.

SOUZA, Felipe Francisco de. *A batalha pelo centro de São Paulo*: Santa Ifigênia, concessão urbanística e Projeto Nova Luz. São Paulo: Paulo's 2011.

REFERÊNCIAS | 277

SOUZA, Felipe Francisco de. *Um olhar crítico sobre a concessão urbanística em São Paulo*: formulação pelo executivo, audiências públicas e regulamentação pelo legislativo. 143 f. Orientador: Marta Ferreira Santos Farah. Dissertação (mestrado) – Escola de Administração de Empresas de São Paulo, 2010.

SOUZA, Luis de. *Corrupção*. Lisboa: Fundação Francisco Manoel dos Santos, 2011.

STEFANI, Laura; RAPPA, Gabriella; CAROBOLANTE Anna Chiara (a cura di). *Analisi Storica, Giuridica e Sociologica del Fenomeno Corruttivo*. Elsa (European Law Studentes Association). Padova: Coop. Libraria Editrice Università di Padova, 2012.

STEFANI, Marta. *Corruzione e Generazione. John T. Needham e L'Origine del Vivente*. Firenze: Leo S. Olschki Editore, 2001.

SUNDFELD, Carlos Ari (Coord.) *Parceiras público-privadas*. São Paulo: Malheiros, 2007.

TABORDA, Maren Guimarães. *O principio da publicidade e a participação na Administração Pública*. Tese (Doutorado) – Universidade Federal do Rio Grande do Sul, Programa de Pós Graduação em Direito, 2006.

TARELLO, Giovanni. *Storia della Cultura Giuridica Moderna*. Bologna: Società editrice il Mulino: 1976.

TOCQUEVILLE, Alexis de. *A democracia na América*. Tradução Eduardo Brandão São Paulo: Martins Fontes, 2005. livro 1: Leis e costumes.

TOSATTI, Giovanna.L'inchiesta del 1908 sulla Pubblica Istruzione. In: *Etica Pubblica e Ammnistrazione*: per una storia della Corruzione nell' Italia Contemporanea.

WEBER, Max. *Economia e Sociedade: Sociologia del Diritto (iten VII)*. Volume secondo. Milano: Edizioni di Comunitá, 1974.

ZAGREBELSKY, Gustavo; PORTINARO, Peri Paolo; LUTHER, Jörg. *La Consatituzione como conquista evolutiva*: il futuro della Constituzione. Torino: Giulio Einaudi, 1996.

Sites consultados

<http://abc.es/hemeroteca/historico-06-11-2006/Nacional/el-mapa-de-la-corrupcion-urbanistica-en-espa%F1a_1524119294984.html>.

<http://elpais.com/tag/corrupcion_urbanistica/a>.

<http://estadao.com.br>.

<http://folhapress.folha.com.br/>.

<http://g1.globo.com>.

<http://g1.globo.com/Noticias/SaoPaulo>.

<http://infograficos.oglobo.globo.com/brasil/politicos-lava-jato.html>.

<http://lavajato.mpf.mp.br/>.

<http://memoriasdaditadura.org.br/biografias-da-resistencia/vladimir-herzog/>.

<http://memoriasdaditadura.org.br/corrupcao/>.

<http://noticias.uol.com.br/politica/ultimas-noticias/2015/04/01/conheca-dez-historias-de-corrupcao-urante-a-ditadura-militar.htm>.

<http://www.cepcorrupcao.com.br/?page_id=97&lang=pt>.

<http://www.cgu.gov.br/>.

<http://www.cgu.gov.br/assuntos/controle-social/educacao-cidada/biblioteca-virtual-sobre-corrupcao/biblioteca-virtual-sobre-corrupcao>.

<http://www.cgu.gov.br/assuntos/controle-social/educacao-cidada/biblioteca-virtual-sobre-corrupcao/biblioteca-virtual-sobre-corrupcao>.

<http://www.correiodopovo.com.br/blogs/juremirmachado/2014/03/5810/o-tamanho-da-corrupcao-na-ditadura/>.

<http://www.eldiario.es/politica/investigacion-urbanistica-Espana-transparencia-institucional_0_288021440.html>.

<http://www.elmundo.es/especiales/2006/11/espana/corrupcion_urbanistica/sospechosos>.

<http://www.imf.org/external/index.htm>.

<http://www.itamaraty.gov.br/pt-BR/politica-externa/diplomacia-economica-comercial-e-financeira/119-fundo-monetario-internacional>.

<http://www.jusbrasil.com.br/noticias>.

<http://www.justice.gov/criminal/fraud/fcpa/>.

<http://www.muco.com.br/home.htm, acesso em 08/10/2016>.

<http://www.oas.org/pt/sobre/quem_somos.asp>.

<http://www.oecd.org/>.

<http://www.onu.org.br/ Guerra Mundial>.

<http://www.planejamento.gov.br/assuntos/assuntos-internacionais/publicacoes/cartilha_ocde.pdf>.

<http://www.prpr.mpf.mp.br/news/ministerio-publico-federal-oferece-mais-tres-denuncias-da-operacao-lava-jato>.

<http://www.rtve.es/temas/corrupcion-urbanistica/6210/>.

<http://www.unioviedo.es/reunido/index.php/RCG/article/view/9654/9400>.

<http://www2.camara.leg.br/atividade-legislativa/plenario/discursos/escrevendo historia/20-anos-do-impeachment/20-anos-do-impeachment-do-presidente-fernando-collor>.

<http://www2.portoalegre.rs.gov.br/pgm>.

<http://www2.portoalegre.rs.gov.br/pgm/default.php?reg=981&p_secao=33>.

<https://nacoesunidas.org/agencia/banco-mundial/>.

<https://www.gov.uk/government/publications/bribery-act-2010-guidance>.

<https://www.transparency.org/>.

<https://www.unodc.org/documents/lpo- brazil//Topics_corruption/Publicacoes/2007_UNCAC_Port.pdf>.

<http://www.folha.uol.com.br/.../1219633-Haddad-engaveta-plano-de-kassab-do-projeto-nova>.

<http://www.leismunicipais.com.br>.

<http://www.parlamento.pt>.

<http://www.planalto.gov.br>.

<http://www.tjrs.jus.br>.

Esta obra foi composta em fonte Palatino Linotype, corpo 10,5
e impressa em papel Offset 75g (miolo) e Supremo 250g (capa)
pela Laser Plus Gráfica, em Belo Horizonte/MG.